大腦喜歡這樣學改變

Mindshift

break through obstacles to learning and discover your hidden potential

芭芭拉·歐克莉（Barbara Oakley, Ph.D.）◎著
高霈芬◎譯

推薦

「這本書適合給需要再次充電、重新啟動、重新出發的人。本書裡有滿滿的啟發人心的真實故事，也有實用的觀念和訣竅，這是一本可以改變你的書。」

——丹尼爾．平克（Daniel Pink），商業趨勢暢銷書作家

著有《未來在等待的人才》（*A Whole New Mind*）、《動機：單純的力量》（*Drive*）等書

「大幅的改變是可能發生的。芭芭拉．歐克莉教授此書為我們開啟新的方式看見自己的潛力而後加以發揮出來。不要猶豫，這件事很重要。」

——塞斯．高汀（Seth Godin），商業趨勢暢銷書作家

著有《紫牛》（*Purple Cow*）、《怪咖時代》（*We are all weird*）等書

「跟著熱情走是容易的，找到熱情才是困難的。這本書提供非常豐富的真人實例，讓我們看到他們如何找到方法繞過障礙，或是直接從障礙裡鑿出一條路。」

——亞當．葛蘭特（Adam Grant），紐約時報暢銷書作家，著有《給予》（*Give and Take*）等書

「歐克莉教授的書，既有廣度，也有深度。……非常引人入勝。」

——《華爾街日報》書評

「這本書的訊息非常有說服力，你可以學習、改變，成長到遠超過你現在以為能做到的程度。快去讀這本書，去學習，享受它。」

——法蘭西斯科・阿雅拉（Francisco Ayala），加州大學爾灣分校，曾任美國研究科學促進協理事長兼董事長（Board of the American Association for the Advancement of Science）著有《演化，解釋，倫理與美學：建構生物學的哲學基礎》（*Evolution, Explanation, Ethics and Aesthetics*）

「繫好安全帶：這本書會全盤推翻你的想法，讓你重新看待什麼叫做可能性。你會了解，原來只要採用幾種學習方式，扭轉幾個對於學習的觀念，就能大幅翻轉現有狀態。這些方法逐漸變得普及而且幾乎免費，人人可以取得。用這本書讓你的心智升級，讓你的人生升級。」

——史考特・考夫曼（Scott Barry Kaufman），想像力學院科學總監共同著作《天生我才是為了創造》（*Wired to Create*）

目錄

第1章 你可以改變到什麼程度 009
當你從小以來的天分和熱情變成熟練而平淡
從爵士樂手到醫生，改變的不只是身分

PART 1 不想只走一種路的人

第2章 學習不只是讀書 031
運動是讓大腦學習新的認知
戰勝長期憂鬱症的公車司機

第3章 轉變是一條曲折的路 049
數學不好的人如何學會寫程式
打高爾夫球的數位行銷總監

第4章 無用的過去與全新的未來 069
從來沒想到可以因為興趣得到嶄新的工作
用線上遊戲經驗經營論壇社群

第5章　中輟生的非典型學習歷程　087
當學校體制無法激發學習的熱忱，要靠內在的動機
休學後才開始真正的學習　當上大學學院院長

PART 2　學習中的國家：新加坡

第6章　一個為未來做準備的國度　113
兩種專長與終身學習
從警察到律師，再到工會祕書長

第7章　給每個人平等的教育機會　143
重新定義自己的缺點
把自己的學習經驗擴大分享

PART 3 把危機當轉機的人

第8章 當學術生涯進入撞牆期 183

當年的冷門研究路線，後來的熱門領域
腦神經科學家把理論應用於自己的人生

第9章 十八歲就被延誤的夢想 223

不可抗力的家庭因素激發新的學習方向
克服冒牌貨症狀的女孩想當數學老師

第10章 把中年危機變成轉機 237

假如穩定的工作已經無法滿足內心渴望
工程師從頭開始學習木工

PART 4 不必走進教室的學習

第11章 線上學習的價值 267
依照大腦喜歡的學習方式在運作
善用線上課程讓自己發現新的可能性

第12章 如何製作一門線上課程 303
拍攝線上教課影片是一種全新的學習
給今日網路教學的實務建議

尾聲 如何教馬學會聽話 335
人類花了五萬年才認識馬的潛力，
你現在有哪些可能性還沒有被發現？

註釋 359

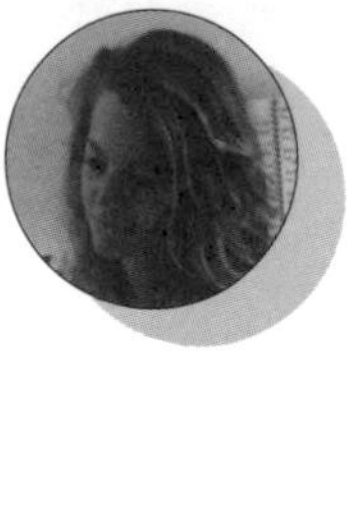

1 你可以改變到什麼程度？

葛漢．基爾（Graham Keir）的職業規劃就像子彈列車一般勇往直前，無人能擋。他不只是追隨著夢想而活，夢想更是推動他前進的生活動力。

至少他是這麼認為。

基爾從小學開始就對音樂相當著迷。他生性活潑開朗，四歲開始學小提琴。沒多久，在八歲那年，他練起了吉他，更為拓寬音樂領域。高中時，氤氳的爵士樂流行起來，於是他玩起自由爵士（free jazz），無時無刻都浸淫其中。

基爾住在費城近郊；費城正是孕育諸如比莉．哈樂黛（Billie Holiday）、約翰．柯川（John Coltrane）、艾索．華特斯（Ethel Waters）、迪吉．葛拉斯彼（Dizzy Gillespie）等等知名爵士樂手的地方。一到晚上，基爾便溜出他家那幢老維多利亞式建築風格的房子，穿過寬敞的後院，來到緊鄰的車站，跳上賓州東南交通局的R5列車。下了車，他腳踩費城市區的斑駁水泥地，踏入爵士酒吧、現場演奏的奇幻世界。他只有在聽爵士表演時，才感覺自己活了過來。

後來，基爾進入兩所頂尖音樂學府接受訓練，分別是伊士曼音樂學院（Eastman School of Music）和茱莉亞音樂學院（Julliard School）。他還得到《DownBeat》雜誌賦予「大專級最佳獨奏」的稱號。

然而，基爾在其他的領域可就沒有如此平步青雲。情況差得遠了。凡是和音樂無關的領域他都無法堅持下去。數學就是個悲劇——他的代數和幾何學一塌糊塗，他對微積分和統計敬謝不敏。基爾高中時的理科成績很爛。考完高中生涯最後一次化學期末考，他立刻回家把所有相關資料燒光，慶祝自己通過考試。在SAT（Scholastic Assessment Test，美國的學科能力測驗）大考前一晚，別人為了上大學都繃緊神經挑燈夜戰，研究題解、複習先修歷史，他卻放棄了本就差強人意的學業，跑

葛漢・基爾竟然放棄自己鍾愛的音樂，改行選擇最痛恨的數學和理科，連他自己也難以相信。然而現在的他過得非常快樂。

去聽爵士演奏。

基爾很清楚，自己想要當樂手，他就是要。因為他光是想到數學和科學就渾身不對勁。後來發生了一件事，不是意外事故，也並非家人過世，命運的輪盤沒有忽然轉動。這事件沒什麼戲劇性，但也正因為如此，他的生涯轉向就更顯得劇烈了。

轉念的力量

幾十年來，我一直很佩服那些能夠改變生涯規劃的人——能夠改變職涯方向的人，往往生活不虞匱乏，衣食無缺，擁有豐富的社會安全資源。然而，即便對這樣擁有資源的人來說，改變職業方向仍然像是從一輛高速列車跳向另一輛高速列車一般令人不安。不管是出於什麼理由而決定學習新事物或克服挑戰的人，我都非常感興趣——有個羅曼語言學家，克服了他的數學障礙；有個成績不理想卻愛打電動的學生，最後找到方法，在競爭激烈的新加坡學業成績突飛猛進；有位四肢癱瘓的人攻讀資訊工程研究所，最後成為線上課程的助教。在這變化速度日益加快的時代，我越來越相信，職業跑道大轉彎和終身學習的態度（不論是就讀大專院校或是校外學習）是推動創造力的兩大關鍵，但社會並沒有正視這兩股改變的力量。

轉換職業跑道的人，或是很晚才開始學習新技能的人，常會覺得自己只是「業餘」，只是個新手，絕對跟不上同學腳步。這些人跟自以為是麻瓜的巫師一樣，低估了自己的能力。

我也和基爾一樣，對於數學和理科懷有強烈的厭惡，從小在這兩個領域的表現都很差。但我和他不同的是，我小時候沒有展現其他的特殊天分或專長，每天就是混日子。我父親是軍人，所以我們搬很多次家，往往落腳於郊區的邊陲地帶。偏遠地區的房價便宜，至少在當時是如此，所以我們可以養動物——大型動物。每天放學後，我把書一扔，便跳上我家馬兒的裸背，上路蹓蹓。能在午後的陽光下奔馳，我哪管得了學業成績和將來的生涯規劃！

我家是只說英語的家庭，所以我七年級（國二）時上西班牙語課上得很痛苦。父親聽了我抱怨，說：「妳有沒有想過，也許問題不在老師，問題在妳？」

我父親這句話，在後來我們又搬家之後，證明是錯的。新學校的高中語文老師給了我很多啟發，於是我開始想知道，「用外語思考」會是什麼感覺。我發現自己喜歡學習語言，便開始讀法文和德文。能激勵學生學習的老師非常重要。這樣的老師不僅能讓學生喜歡教材，更能讓學生喜歡自己。

我父親要我就讀數學或理工相關科系，他希望自己的孩子可以在社會上出人頭地。但我當時認定數學和理科跟我的人生八竿子打不著關係。畢竟我從小學、國中，直到高中，這些科目我都表現不佳。我想讀的是語文。那時還沒有大學就學貸款的資源，所以我決定不讀大學，轉而投筆從戎。我在軍中不但可以學語文，又可以賺錢。而我也在軍隊裡學會了一門語言——俄文。

可是最後，我突破重重困難，違逆原先的計畫，成為一名工程學教授，在數學和理工的世界穩穩扎根。我和索爾克研究院（Salk Institute）的法蘭西斯克里克講座教授（Francis Crick Professor）泰倫斯．索諾斯基（Terrence Sejnowski）一起，教授目前全世界最熱門的線上課程：「學會如何學習」（Learning How to Learn）。這門課是加州大學聖地牙哥分校（UC San Diego）的「Coursera平台」所提供的線上課程，是一種大規模網路免費公開課程（譯註：MOOC，massive open online course，或譯為「磨課師」，本書譯為「大規模網路免費公開課程」，或直接稱MOOC，或簡稱「線上課程」），開課第一年就吸引了一百萬名來自兩百多個國家的學生註冊選修。在你閱讀本書的時刻，我們的學生人數已超過兩百萬人了。這般的普及度和影響力，在教育界可說是前所未有——顯然大家都求知若渴、想要改變、想要成長。我這輩子做過的工作包羅萬象，諸如：餐廳服務生、清潔工、家教、作家、妻子、全職媽媽、美軍軍官、白令海蘇聯拖網漁船上的俄語翻譯、南極科學考察站的電台作業員。我有一天無意間發現，我的學習能力和改變的能力，遠比我自己想像的要大得多。我在一份工作中學到的東西，總是能替我下一階段的人生帶來新的啟發，而前一份工作中看似微不足道的小事，常常為我下一份工作奠定有力的基礎。

現在，我看到世界各地幾百萬名學習者發現自己擁有學習和改變的潛力，我意識到：該是時候提出新理念了。我們需要提出一項「轉念宣言」，強調改變心態的重要性，讓大家知道，藉由轉念可以打造出有活力與創意的社會，可以幫助我們活出自己的全部潛力。

轉念：心態改變，是經由學習而得到的生命的深刻改變。這也正是本書的主題。

心態改變，是經由學習而得到的生命的深刻改變，這也正是本書的主題。在這本書裡，可以讀到許多經由學習改變自己的人生故事——這些人擁有一些看似已經過時或是無關緊要的知識，以自己的改變讓世界也起了精采的變化，變得更有創意、更加美好。

這些人的故事，以及學習和改變的科學，將會大大啟發我們——啟發我們去學習如何成長，完全活出自己的潛力。

發掘自己潛藏的潛力

在職業生涯中出現意外轉彎是常有的事。一早，你在辦公桌前坐下，開始一天的工作，這時你的老闆夥同一群保全向你走來，準備把你請出公司。就這麼突然，你被開除了；二十年累積的經驗和對公司作業流程的熟練掌握，一夕之間成了昨天的事，而公司的作業方式也跟你一樣被拋開。

或者，你的老闆是個大混蛋，這時冒出了一個可以讓你逃出牢籠的機會——只要你願意學習新事物、接受挑戰。

可能，你覺得自己沒有其他選擇。也許你一直以來都是乖乖牌，對父母的話唯命是從，於是你困坐在這個高薪的位子上，心裡卻始終想望著當初沒有被你選上的那一條路。

或是，你奮鬥不懈，好不容易在這個求職不易的環境裡找到自己的專業領域，因此你不敢隨便冒險轉換跑道，加上有了孩子，可不能讓自己的孩子承受你搞砸的風險。

或是……當年你母親在某場重要考試的前一晚過世了，而你這位本來是金字塔頂端的優秀學生就這樣被當了，好似這個考試體制就是設計來當掉所有學生似的。於是你現在卡在這個低薪的工作上。

或是……你好不容易畢業了，拿到一張漂亮的文憑，你可是卯足全力才得到這個學位，因為你下定決心要逐夢前進（畢竟朋友都說應該這麼做）。然後你大夢初醒，發現父母的話是對的，這行飯薪資報酬低，工作內容糟糕，現在想轉行卻困難重重，而你還有大筆的學生貸款等著還清。

或是……你熱愛你的工作，但總覺得好像少了什麼。

現在你該怎麼辦？

不同的社會環境和個人遭遇，會對每個人學習新技能和轉換職業跑道設下不同的障礙——有些關卡甚至非常難以克服。好消息是，現在世界各地都邁入新紀元，以前只有少數幸運兒可以取得的訓練或知識，現在已經逐漸普及，而且為了取得資源所需付出的個人代價或金錢代價比起過去大為減少。然而這並不代表轉念是一件容易的事，事實上這是困難的事，只是說在許多層面上、對很多人來說，這件事的門檻確實降低了。

新的學習方式或管道，變得很容易取得——這種方便性來勢洶洶，使得大家的共同反應通常是：**（又有新方法嗎？）噢，不了，不了，舊的職涯規劃和學習方式沒有問題，現在的制度很好！這些新玩意不過是曇花一現罷了。**然而，觀念革命的種籽已慢慢地、悄悄地萌芽。這種轉變，不只是學習新技能或轉換職業跑道，也包含態度、個人生活和人際關係的轉變。改變可以只是偶一為之的活動，也可以是你全力以赴的努力，或是介於這兩端之間的付出。

有不少研究指出，我們在某個領域中的成功與否並非絕對。史丹佛大學（Stanford University）有位學者，卡蘿・杜維克（Carol Dweck），提出「成長型思維模式」（growth mindset），談到如果對於改變的能力抱持正面態度，便可以促成改變的發生。但是我們身為成人，很難確切得知這種正面態度在現實生活上究竟帶來什麼影響。我們在興趣、技能、職業等各方面究竟可以達到怎樣的改變？最新的研究提出了什麼務實的建議嗎？在改變的過程中，新的學習方法又扮演著什麼樣的角色？

這本書記錄了世界各地許多則職涯發生重大轉彎、克服龐大學習障礙的真人實事。不論你正處在哪一行裡，想轉入什麼職業，興趣為何，書中這些把握了「第二次學習機會」的人都有許多寶貴見解值得參考。我們可以看到：有人克服重重困難從文科轉到理科，有人從高科技產業轉攻美術；我們會看到「戰勝憂鬱」跟「成功創業」這兩件事之間有怎樣的關聯；也可以看到聰明絕頂的世界級科學家被迫停下自己的學術事業；也可以看到所謂的資質不聰明，對於學習困難的科目來說卻是有好處的。

我們會探討這些人的動機，研究他們如何在充滿挫折的改變過程中持續下去。我們將會拜訪這些了不起的「成人學生」，然後發現，即使到了當今的數位時代也可以教老狗學會新把戲（提示：玩電動遊戲是個有效的方法）。我們會從科學的角度來看一看，這些轉換職業跑道的人和成人之後再學習的故事帶來哪些新的角度，並且從神經科學中找出論點來幫助我們了解，成年以後要如何持續在心智上有所成長。我們也會和新的學習者見面——這是一群「超級MOOC客」，他們運用線上學習來打造自己的人生，提供激勵人心的啟發。

觀念和態度的轉變是極為重要的事，有一些國家現正著手設計相關制度，以利於這種轉變的發展。所以我也會遠赴極具創新能力的國家，新加坡，深入了解有助於強化職業技能的嶄新策略。這個小小的亞洲國家可以提供許多見解，讓我們在「理想」和「務實」的拉扯之間看見開新的道路。

這本書也將帶著你環遊世界，分享我從我站在全世界最熱門課程講師的位置，對於學習這件事提出的有趣認識。跟著全世界幾百萬名學生一起透過鏡頭觀察世界，會是什麼感覺？你會從中得到很多實用的建議，幫助你藉著線上學習或面對面學習，選擇最適合你的改變和成長之道。

除了運用高科技以外，我們也可以藉由簡單的概念來改變，如「心智重新框架」（mental reframing），甚至也可以「善用負面的態度」，來幫助自己跨越生命中的重重障礙。這些不因循傳統的學習者可以提供非比尋常的想法，幫助我們戰勝看似無法排解的各種難關。

本書主要強調的翻轉，是從藝術領域轉換到數學或科技領域的轉變。這是因為許多人認為，「從藝術家變成分析者」是不可能的任務。而且，不管我們喜不喜歡，目前的社會趨勢確實是較為偏向科技領域。總而言之，不論你的興趣為何，都可以從本書中獲得許多啟發——戰勝憂鬱症的公車司機；改行從事木工的電機工程師；還有在眾人面前說不出話的年輕數學才女，最後卻找到自己潛在的演講天賦。

本書（英文版）的原副標：突破學習障礙並發掘自己的潛能，是一張大型畫布，而這張畫布就屬於你。你將會發現你的學習能力可以到達的程度，遠遠超過你自己的想像。

現在，讓我們接著講前面提到的基爾的故事。

基爾的轉念

真的只是一件很小的事啟動了基爾轉換職業跑道的念頭。某天，附近一間小兒癌症中心邀請基爾去演奏吉他。他希望自己最愛的音樂可以幫助病童打起精神。那次回來之後，他再度受邀表演，這一場再接著一場。這些勇敢的病童打動了基爾，其中一些孩子的故事更是讓他久久不能自已。最後，基爾決定為癌症病患舉辦一系列的表演。

在這段過程中，基爾發現一件出乎意料的事：儘管他熱愛音樂，但日復一日演奏音樂並不能給他帶來成就感。不知怎的，有個想法在他心裡萌芽——他想在病患最軟弱的時候親自照顧他們，這件事會比替他這輩子可能只會見到一次的人表演更有意義。

在一個瞬間，基爾心上冒出一個念頭，一個相當懾人的念頭：他想要當醫生。

基爾覺得自己好蠢，在他過去的經驗中，沒有任何跡象顯示他可以掌握數學和科學。他現在又怎麼可能辦到呢？

他和其他打算重新打造自己的人一樣，基爾決定從簡單的小地方開始學習自己需要的認知技能。他報名了微積分課程。

但是基爾沒有馬上開始上課。他在課程開始之前幾個月，購買了iPhone版本的微積分先修電子書，這樣一來，他就可以在前往演出或上課通勤的路上先讀一點相關概念。一開始他覺得很挫折，書中有太多基礎數學概念是他早就忘得一乾二淨，或根本從來沒搞明白過的——咦，指數有規則？他不得不想：天啊，我到底在幹嘛？我在音樂領域已經是個佼佼者，但現在卻要在未知的醫學領域從頭學起。

在這同時，基爾也很明白自己的強項在哪裡，這也是他多年練習樂器所習得的一樁很單純的技能——堅持。他可以在艱難的任務中堅持下去。既然他當初可以花這麼多時間練習而考上茱莉亞音樂學院，沒道理學不會微積分。他需要的只是專注和努力學習。

然而，認識自己的強項何在，無法解除基爾對自己的懷疑，而學習微積分對他來說仍然難如登天。他課堂上的同學，大多是哥倫比亞大學的醫科預備生，或是高中已經學過微積分的工程系學生，他們重修微積分只是為了拉高理科的平均成績。基爾覺得自己像一個開著卡丁車想要跟專業賽車選手競賽的人。當基爾對教授說他自己是個樂手，教授完全無法理解他怎麼會想修這門課。但最後，他的鍥而不捨造就了A-的學期成績。對於一個痛恨數學和理科的人來說，大學第一門微積分課可以得到這樣的成績真的很不錯！

基爾心中的自我質疑稍微褪去了一些，但是他仍然掙扎：

我記得每一次大考前我都會失眠，我總是想：「拿不到A我就進不了醫學院。我已經放棄了音樂事業，如果這條路不通，該怎麼辦？」

而且很多事情都一次又一次提醒著我，我可真是放棄了大好前程。超級盃的前一晚，我正在苦讀下週一就要舉行的兩項大考：生物化學和有機化學。我不看超級盃，但我心裡想著我有個吹薩克斯風的朋友會在超級盃的中場與碧昂絲一起表演。我必須關掉臉書，否則一上臉書就會看到朋友參與的各種有趣活動，巡迴演出啦，大排場的表演等等的。我已經下定決心了，我必須堅持下去。

最難克服的是，總是會有好意的親朋好友想要勸退我。他們知道我在音樂界的成就，所以不能理解為什麼我現在要這樣。有人建議我去找簡單一點的職業。朋友在我腦子裡種下疑惑的種子，使我在遭遇困難的時候更難以堅持下去。我需要一再提醒自己是為了什麼才要做這個改變，我需要努力回想那些造成我決定轉換跑道的關鍵時刻。那時，我大多數的樂手朋友都不知道我究竟在做什麼。我不想要把話說絕，我還想要與爵士表演界保持良好的聯繫，繼續能接到表演機會對我來說非常重要。我可以說是同時在使用兩個不同的身分。

一開始我先減少接表演案子，因為我想認真讀書。然而第二個學期我的表演案子增加了，平均成績卻和上學期一樣，生活也因為有了表演這個喘息的機會而開心多了。表演對我來說是社交、賺錢、休閒的三合一。

理科的課程很困難。剛開始上課的時候，我需要克服自己一直以來碰到數學、理科就覺得噁心的毛病。但真正進入課程以後，我覺得內容非常新鮮有趣。我開始愛上畫有機化學鏈圖、花時間解數學題。每一次在教科書中看到厲害的題解，便會發自內心笑出來。

但是我仍然不習慣學習理科時需要注意到的小細節。我會告訴自己，是因為考卷設計不公平，我其實懂某個概念，只是從測驗上看不出來。不過我很快就發現，班上就是有人可以答對考題，只是我自己不會。這些人一定比我更融會貫通。所以不是老師的問題，問題在我。

我開始明白，光是弄懂一個概念還不夠，還需要反覆練習，就像練吉他一樣。於是我開始自己去找教授，上課時也會發問。高中時我從來不會主動尋求課業上的幫助，因為我根本不承認自己有問題。我覺得只有比較「遲緩」的學生需要課後輔導。這時我終於了解到我需要放下自尊。我的目標是要考高分，而不是一直扮演一個天才。

我很幸運，在上這些課以前就讀過《記憶人人hold得住》（*Moonwalking with Einstein*）這本書。我運用書中提到的各種記憶技巧，像是「場所」（loci）和「記憶宮殿」的方式，來把訊息轉換成記憶。我知道有些人天生對於數字和抽象的概念記憶力很強，但我不是這種人。人要能夠盡早發現自己的缺陷。一旦有了這樣的自覺，我就可以對症下藥，克服難關。

基爾決定花一年又一個暑假的時間把所有必修課都修完。他的第一堂課就是他一直以來的死對頭——化學。基爾說：「信不信由你，我得了A。高中時的初級化學課我得了C+，但現在我很努力學習，就完全變成另一個學生。」

基爾最後在有機化學、生物化學，以及十年前他根本不會想要修的各種困難課程中都得了A。基爾在期末考後一週，參加了美國醫學院入學考試（Medical College Admission Test，MCAT）。他現在是喬治城大學（Georgetown University）醫學院三年級的學生。他來選了我的「學會如何學習」課程，修完課程之後，我仍繼續在線上幫助他學習醫學課程。

而基爾的音樂背景，對他的醫學職涯發展是有幫助的。舉例來說，醫生聽診時需要聽心音來進行診斷，這時基爾訓練有素的聽力就能派上用場，可以比別人更快聽出音質和心律的細微差異。

然而，對基爾的從醫生涯影響最大的，卻是音樂為他帶來的其他好處。身為一名醫生，一定要對生理學、藥學瞭若指掌；但是基爾發現，帶著同理心傾聽病患說話可能也同等重要。基爾在與樂團中的其他樂手一起演奏時，要先聽其他樂手的意見，而不是馬上說出自己的音樂理念。因此他也就發現，給予病患表達的空間，不打斷他們說話，可以讓診斷更順利，也可以建立醫生和病患間良好的關係。

此外，基爾也發現樂手表演時所需要的特質，竟然與醫生看診、執行手術時需要的特質相似。他開始慶幸自己可以在醫學界運用他多年來練習即興表演的經驗。基爾也發現自己可以用不同的方法來運用他累積而得的專業能力，以此面對突發狀況或緊急事件。從音樂切換到醫學很不容易，但這加強了基爾適應環境的能力，讓他可以踏出舒適圈。

執業醫生常常會告訴在學中的醫學院學生，學校教的內容很多都需要背誦牢記，這在無意間可能會讓人覺得醫學是一門枯燥乏味的學科。然而在實務上，醫藥學的運用其實是有彈性的，常需要靠「直覺」判斷，也講究「醫療的藝術」。基爾已經意識到他的行醫生涯會比其他醫學院學生更為順利，原因正是他過去花了大把時間演奏音樂。

不只這樣，基爾在給我的信中寫道：

> 讀醫學院的第一年，我在學習上遇到很多困難。我為什麼去Coursera平台選修妳的課，原因之一就是我發現我的學習效率出了問題。我的讀書時數比別人多，但是學得不見得比較好。妳的課程幫助我了解到，把學習變成一個主動的過程是很重要的。我以前會花好幾個小時反覆閱讀投影片，但其實一半的時間我都在放空，無法專心。我運用你提到的「番茄鐘工作法」，並且反覆自我測驗，就看到進步了。

這是個好例子。絕對可能在生命中創造大幅的改變——你不必用「預設興趣」或是自認

的專長來定義自己，也不用讓這些來決定自己最後要從事哪一行。談到這裡也必須提一點：有人放棄本行改走醫科，也有許多醫生轉換跑道，進入完全不同的領域。譬如，暢銷電影《侏儸紀公園》（*Jurassic Park*）和影集《急診室的春天》（*ER*）的原著小說作者，麥克・克萊頓（Michael Crichton），他擁有哈佛醫學院學位，卻從未報考醫師執照執業。另外，孫逸仙放棄了他在夏威夷的醫學學業，投身參與革命行動，創建新國家。你可能會想：「可是，看他的樣子，基爾其實就是個聰明人啊，只不過以前沒有把心力放在數學和科學上罷了吧。」

但是有多少人能像他一樣做得到，投入心力學習以前從來不感興趣的科目、技能或專業領域呢？

究竟，有多少人現在沒有走對道路？有多少人可以藉由學習新技能和新的學習方法而人生翻轉成功？還有多少人現在看似在職業軌道上正常運轉，卻在內心渴望能嘗試全新的、截然不同的事物？

番茄鐘工作法

法蘭西斯柯·齊立羅（Francesco Cirillo）在一九八〇年代發明了「番茄鐘工作法」，這是一種幫助專注的技巧，非常簡單卻相當管用。齊立羅建議，使用一種番茄造型的計時器來幫助工作（譯註：這裡用的是pomodoro此字，是義大利文的番茄，有一種番茄造型的計時器也以此為名）。

首先你要先關掉手機、電腦等可能會隨時響起或震動的裝置，避免分心。

把計時器定時，設定為二十五分鐘。然後在這二十五鐘當中盡可能專心做好手邊的工作。二十五分鐘到了之後（接下來的活動跟專心工作一樣重要），讓你的大腦休息幾分鐘——上網爬文、聽首歌、起來走一走、找人聊天——任何可以讓自己分心一下的活動都好。

番茄鐘工作法非常管用，特別適合用來對付拖延，幫助自己保持進度——這種工作法也包含休息時間，適度休息對學習來說同等重要。

轉念關鍵

新手的心態

學習新事物，有時意味著要從頭開始，當一個新人。但這也會是一場新鮮刺激的探險！

不管是平凡人也好，傑出優秀的人也好，很多人就是因為保有一顆願意學習的心，才能在生命中造就不凡的大改變。你將會在這本書裡看到，過往的經歷和背景不但不會成為你的束縛、妨礙你逃出你想逃開的過去，反而還能成為你的新職涯的墊腳石。在接下來各章裡，我們將要用科學的角度來檢視，為什麼某些人會選擇某個領域，人如何跳脫生物性的限制，以及如何隨著年齡增長繼續有效學習。

歡迎來到轉念的新世界。

換你試試看

拓展你的熱情

你是否因為聽從「有夢就去追」的建議，為自己設下不必要的限制？你是否一直都在從事自己天生擅長的事情？你是否曾經挑戰自己，做一些對你來說非常困難的事？

不妨捫心自問：拋開那些說法，如果現在讓你去拓展你的熱情的話，讓你去做對你來說必須耗費心力的事，你現在可能在哪裡、做著什麼？如果你真的接下這項挑戰，你可以運用哪些你過去以來具備的技能和知識呢？

你可能沒有想過，若能把自己的思緒記錄下來，寫在紙上，就可以幫助你發覺自己內心真實的想法，並且採取有效的行動。

請拿一張紙，最好是準備一本專用的筆記本，以「拓展熱情」為標題，針對上述問題，寫下你的答案——可以只是短短幾句，也可能你會連著寫下好幾頁。

本書將會有很多這樣的小練習，需要你主動進行——你會發現，這些練習有助於你統整思緒、更深入學習。讀完本書後，回頭溫習你所寫下的筆記，可以讓你用更為全面的角度認識你自己、你的學習風格，以及你的生活目標。

PART 1

不想只走一種路的人

2 學習不只是讀書

克勞蒂亞・麥道絲（Claudia Meadows）無法自主小便的那一天，一切就都變了。

在她無法小便的這一刻之前，她的人生並不快樂，甚至可以說是非常不順遂。如今年過六十的麥道絲，想不起來自己過去哪一段時期可以連續開心超過幾個星期。

憂鬱症是主因。麥道絲一生飽受憂鬱症之苦。儘管如此，她仍自豪於自己可以在人前佯裝「正常」。這意味著她有時候要在心裡對自己說：「我必須站起來……我必須離開沙發。」但這還不夠，有時她甚至需要把這些念頭大聲說出來──「我可以抬起腿」──她才能成功離開沙發。

但是她心裡又會出現另一個抗拒的聲音：「有什麼差別嗎？站起來了又怎樣？」

麥道絲的憂鬱症並沒有主要的觸因。雖然她在小時候就出現憂鬱跡象，但她直到十八歲離家讀大學之後才確診出憂鬱症。這個診斷結果並不令人意外。憂鬱症蔓延麥道絲全家——她的父親有重度憂鬱，幾位兄弟姊妹也患有憂鬱症。

既然是遺傳的問題，她還能怎樣呢？

麥道絲有一份兼職工作，正常情況下她都可以準時上班。她是美國西雅圖國王郡（King County）的公車司機，負責尖峰時刻的班次。她還可以做晚飯、照顧她心愛的家人。她的醫生通常會每隔一段時間就替她換新藥。新藥可以撐一陣子，但最終的結果都一樣：幾個月後，至多一年，新藥就逐漸失去作用，麥道絲又會回到原先的狀態：真空。麥道絲覺得自己需要努力脫離這種惡性循環，但同時又覺得自己是個沒用的人，根本沒有破局的能力。她困在一種揮之不去的痛苦之中。但她知道她不能自殺，因為家人對她來說太重要了，她不能、也不會傷害他們。她的治療師保羅對她說，自殺會使她的家人「痛不欲生」。況且，麥道絲是傳統的天主教徒，如果造成了別人由於她自殺而

麥道絲在西雅圖居住了超過五十年，她自認是在這座鬱鬱蒼蒼的「翡翠之城」土生土長的居民。

必須收拾恐怖的殘局，她會有種矛盾的罪惡感。

工作上，麥道絲駕駛的是四十英尺（約十二公尺）或六十五英尺（約十八公尺）長的兩截式公車。開公車這工作很適合麥道絲，一來薪水不錯，二來即使憂鬱症發作，她還是可以上班。她的工作受到美國在一九九三年頒布的「家庭與醫療休假法規」（Family and Medical Leave Act）保護；而且公司也有代班駕駛的制度。麥道絲通常開早班或傍晚班的車。上下班的乘客與中午搭車或半夜搭車的乘客特質不太一樣，平日搭車的這些在車上閱讀、打瞌睡的上班族比較不會導致她憂鬱症發作。而麥道絲盡量避免比較麻煩或容易遇到怪乘客的路線。

不過，麥道絲還是活在心驚膽顫之中。多數人都不明白，在大都會區開公車是多麼辛苦的一件事。公車的車體寬大笨重，路上其他駕駛（就先不提腳踏車和行人了）通常不知道，公車若要停下來，要比一般小客車更花時間，所以汽車往往會亂竄，無端製造危險。每年各大城市都會發生與公車相關的意外死傷事件。這類的交通事故通常都由公車司機承擔責任，若是重大事故則往往導致公車司機被解聘。

意外發生的那天早晨，麥道絲按掉鬧鐘、穿上制服，快速吃了早餐，喝了隔夜咖啡，然後走向陽光中。

麥道絲打卡上班，確認當天的工作內容，上了她要開的班車，做好安全檢查。公車司機每天行駛在相同的路線，但是駕駛的是不同的車輛。那天早上，麥道絲開的是四十英尺長的三〇八號公車。

一旦開車上路之後，很容易就進入工作的節奏。停車；開門；等乘客爬上車；收錢……她慢慢起動，一面看路一面注意車上的乘客；剎車；停在公車停靠區。然後從頭開始，再來一次整套步驟。

沒多久，公車就載滿了乘客，走道上也有人站著。麥道絲熟練地控制著方向盤，開上I-5公路上的快速道車道。交通非常壅塞——她的公車也跟著車流的節奏往前。

麥道絲開往西雅圖市區的史都沃街出口。這時，意外發生了，速度太快，她對接下來發生的事根本反應不過來。

忽然間，前面的車一個踉蹌停了下來，往路肩靠。這條公路的路肩只是一道狹窄的鋪面。麥道絲其實應該來得及轉向、閃過前方車輛。

可是，麥道絲看見前方拋錨車輛的駕駛，打開車門，擋住她的車道，並且就在公車正前方準備下車。

麥道絲瞄一眼駕駛側的後照鏡，打了方向燈，往左切，然後急踩剎車，這就像是推著承載一條二十噸大鯨魚的超市購物車還試圖轉向停車。這下子，麥道絲切到了另一條車道上，但這車道上有輛車也停了下來。

她的公車就這樣朝那輛車鏟了過去。

麥道絲反應很快，巧妙地讓公車慢了下來，所以車上的乘客毫髮無傷。但當她下車查看被撞的那台車，她發現了可怕的後果。

麥道絲的公車後方停了一排車，裡面想必有上百名氣急敗壞的駕駛和乘客。警察到場了，麥道絲按照標準流程辦妥意外相關手續。根據規定，開車必須採取防禦性駕駛，也就是說，駕駛隨時要準備好面對突發狀況——不管突發狀況多麼光怪陸離，譬如現在這樣，有人突然踩剎車並在車陣中下車——於是麥道絲被開了一張罰單：未保持行車安全距離。

這簡直像是有人在她肚子打了一拳。

麥道絲一直很努力在對抗憂鬱症，她知道這次的意外會讓她長期的努力化為烏有，使她掉入深淵裡。這個想法使她痛苦萬分。

同時，公車營運公司裡一名主管也用藥物測試來找她麻煩。麥道絲並沒有濫用藥物（完全沒有。她根本可以控告主管騷擾），但是這次意外對她造成壓力，導致她無法順利小便，尿在測試公司發給她的小尿杯中。

她試到第三次的時候，試驗人員在報告上寫：麥道絲「拒絕提供尿液樣本」。她嚇壞了，懇求試驗人員再給一次機會。試驗人員滿臉不悅，勉強答應。麥道絲趕緊回到廁所，硬逼自己的身體就範。

「管他的。」她心想：「我再也不要開公車了。就上交通法庭解決吧，就這樣。」

腦子浮現出這兩個想法，她終於尿了出來，填滿了尿杯。

麥道絲避掉了藥物測試失敗所可能造成的法律糾紛。但她也按照對自己的承諾，辭掉了工作。只是，辭職也意味著失業。

一如預期，嚴重的憂鬱症回來找她。麥道絲對於憂鬱症很有經驗——她很了解自己，也非常明白接下來幾個月會發生什麼事。想到即將接踵而來的折磨，加上沒有工作可以讓她分心，麥道絲覺得痛苦萬分。

完了，這就是麥道絲的滑鐵盧。

就在此時，麥道絲意識到，如果她想要脫離痛苦，就必須有所改變。不僅僅是改變用藥、改變工作、改變她自己的小世界；她必須徹底改變她的腦子、她的身體、她的習慣，還有她的信念。

麥道絲下定決心，急切地想要改變。她告訴自己，她的人生掌握在自己的手中。過去，她服藥、接受治療，都無法讓生活好轉。現在她決定嘗試各種方法——閱讀心理相關書籍、尋找老師、找教練、了解神經科學，甚至是運用常識思考。麥道絲覺得荒謬，但她必須學習讓自己振作起來，這是她最後的孤注一擲，不成功便成仁。而她即將走入一個自我發掘、探索的過程，堅定持續，直到看見隧道另一端理應出現的一線曙光。

展現出自信就會有自信

麥道絲在辭職前一個月，遵照治療師的建議去了一趟某咖啡廳；她在店裡碰到一個朋友，同桌還有朋友的一位女性友人。店裡沒有其他空桌，麥道絲便問朋友可不可以一起坐，她們欣然答應。與麥道絲同桌的兩人，剛從一堂「爵士瘋舞動」（Jazzercise）的課程下課，情緒還很高昂。運動對麥道絲來說完全不是有趣的事，大約像是拿榔頭把釘子釘到腳上一樣有趣吧，但是這兩位女子當天的模樣在她心裡種下了種子。

意外事故發生的隔天，麥道絲沒有去上班，反而去了運動課程。對於一個造成公車事故的天主教徒來說，這門課有點像是某種懲罰，用以消弭罪惡感。

這堂運動課要收三十八美元的月費。麥道絲下定決心要天天去上課，用她原本應該上班的時間來值回月費。第一堂課，她站在教室最後方，手腳軟趴趴地跟著動，看著其他學生跳得熱力四射、滿身大汗。課後，充滿活力的老師問她喜不喜歡今天的課程。麥道絲說：「我動作沒辦法那麼快。」老師只回她：「那就盡量跟上大家囉。」就跳走了。

但老師其實是在觀察。

第二堂課教的是左右擺臀（shimmy）。麥道絲當然不會擺臀，天主教出身的女孩是不會扭屁股的。

嗯，也許她們會扭腰擺臀？

麥道絲真是開了眼界，這堂課還不只扭腰擺臀，當歌詞傳來男歌手煽情大叫：「寶貝！我想要！」，大家都挺出胸部，用屁股繞圈圈；歌詞唱到「沒有人能阻止我」的時候，同學則跟著節奏，揮舞著拳頭；唱到「陽光普照的豔陽天」時，所有人開始滑步。

沒多久，麥道絲就愛上了這門課。

運動是有效的轉念工具（但不是萬靈丹）

麥道絲從前也想過，要靠運動戰勝憂鬱症，但沒有奏效。她以前為什麼會覺得運動可能有幫助呢？現在和以前又有什麼不同呢？

神經科學家一度認為，人類與生俱來的神經元數目是固定的，會隨著老化而減少。當然，現在我們知道，這樣的論點完全不正確。我們每天都會有新的神經元生成，尤其是大腦海馬迴中的神經元；海馬迴是對於學習和記憶非常關鍵的區域。

研究肌動學（kinesiology）的學者查爾斯．希爾曼（Charles Hillman）提到：「我們發現到，運動對於認知大有助益，特別是在執行功能（executive functioning）方面，其中包括注意力和工作記憶的提升，以及多工能力的提高。」

「運動的效果比我開給你的任何處方藥都強大。」麥道絲的精神醫師這樣告訴她。沒錯，運動就像是萬能的大腦重開機按鍵。運動會刺激ＢＤＮＦ蛋白質的製造，這種蛋白質可以促進現有和新生的腦細胞生長，效用非常強大，可以讓年長者退化的腦功能反轉。神經科學家卡爾・科特曼（Carl Cotman）在加州大學爾灣分校（UC Irvine）發表一項突破性的研究，他把ＢＤＮＦ蛋白質比喻為大腦的肥料，可以「避免神經元受創，幫助學習，增加突觸的可塑性」。運動也可以刺激神經傳遞物的生長；神經傳遞物是一種化學傳導物質，可以將訊息從一個細胞傳遞到另一個細胞，從大腦的一區傳遞到另一區。（還記得離開沙發對麥道絲來說有多困難嗎？）光是就促進血液循環這一點來說，運動都能對認知能力和身體運作帶來影響。

人類隨著老化，突觸（神經元中間的連結）的數目會自然減少。這有點像水管鏽蝕了，一開始是先漏水，最後就無法把水運送到目的地。ＢＤＮＦ蛋白質似乎可以減緩、反轉「鏽蝕」的情形。更有甚者，運動似乎可以幫助長期記憶的形成（不過目前還無法確知這個機制是如何發生的），而這正是學習的關鍵因素。所以，特別是對老化的大腦來說，運動就像神仙教母揮動著魔杖，發揮了奇效。

但是，我需要盡到平衡報導的義務。如果，光靠運動就可以增加學習效率、強化正面思考，那麼奧運選手不就人人都是樂觀積極的天才了。然而，許多由於身體疾病而無法運動的人還是可以學得好，也具備邏輯思考能力（史蒂芬・霍金就是很好的例子）。對於年長的人來說，每週快走七十五分鐘，對於認知能力帶來的幫助似乎跟每週走兩百二十五分鐘是一樣的（不過，運動量越大，體適能當然是進步越多）。知道這些以後，我們又該怎麼運動呢？

運動似乎可以啟動大量的神經傳遞物，並促成其他各種神經上的改變，在你學習新事物或是想要改變思考模式的時候，幫助你轉念。**運動的作用在於創造出一個可以促動你的思考模式發生改變的場域。也就是說，如果你有持續運動的習慣，你的學習就會更有效率。**所以，假使你真心希望可以在目前生活中轉變思考模式，把運動納入考量絕對會讓你獲益良多。

麥道絲知道自己需要藉著運動走出憂鬱的心境，但她也知道她需要更多其他的幫助。

轉念關鍵

運動

運動是一種強大的催化劑。持續運動，對你的學習和心情都有很大的助益。

主動改變自己的大腦

麥道絲跟憂鬱症纏鬥過無數回合。這一次，她意識到，如果要斬草除根，她必須比以前做更深入的努力。她從書籍文章知道了大腦的運作方式，也從治療師那裡聽到各種建議——

這些資訊開始一點一滴在她心裡累積。她需要轉念，才能重新建構大腦迴路。矛盾的是，她還是她自己，而她需要做出根本的大改變。若要做到這樣，她就必須把轉念當成人生中最重要的課題。

麥道絲一個非常好的朋友曾經對她說：「我一生中也有很多事情值得憂鬱，但我選擇不要憂鬱，就是這樣。選擇。」麥道絲當下的反應是：「是呀，我也希望啊。」

太多的醫生和病患都以為，單靠藥物就可以擺脫憂鬱症——畢竟開藥真是太便利了。麥道絲本人就曾落入這種陷阱——她服了將近一年的藥，整年都感到神清氣爽，一年後有篇報導提到抗憂鬱藥物的好處，還引用她的個案。但是這篇報導刊出後不久，她就退回到根深蒂固的消極人生觀。

這次麥道絲下定決心要嘗試各種不同的方法，讓自己從憂鬱的深淵中爬出來。改變神經運作模式和改變肌肉強度一樣，兩者都需要付出努力，非常大的努力。

麥道絲開始做實驗，走出家門，從事別人覺得有趣的活動。她告訴自己：妳和別人也沒那麼不同。她的大腦還是會扯她後腿，冒出念頭說不管她計畫做什麼，結局都會是憂鬱。然而，她知道她不能聽任大腦說什麼就信什麼，因為有時候大腦會叫她去幹蠢事。麥道絲記錄下自己的各種嘗試，用來自我檢視。她在開始做某件應該會很有趣的事情之前，先問自己：從一分到十分，我預測這件事情會多有趣？做完之後她再評分一次——事後的評分結果通常

麥道絲的心得：趣味是通往心靈的道路

人生總是充滿矛盾。舉例來說，你既要做自己，同時又要改變。你以為自己懂得很多，其實你知道的少之又少。我建議大家不妨讀些提供實用方法的心理成長書，盡可能取得各種有幫助的資源。

◆不要一味相信自己的念頭，有時你的念頭是會叫你去做蠢事的。向你信任的人尋求建議，試一試他們替你下的猛藥。

◆有意識地選擇、從事健康的好習慣。當用牙線潔牙成為習慣後，就不需要使用強大的意志力來完成牙線潔牙。

◆模仿比創造容易，不妨聽取他人建議，然後跟著做。可以依照自己的情形稍做調整。在你還無法自己掌握一切的時候，先跟著別人的腳步走，依樣畫葫蘆照著做。

◆前一晚就準備好隔天上健身房要使用的衣物用品。預計要運動的當天早上通常不像前一天晚上那麼有動力。

◆多花時間待在戶外，享受大自然。陽光對你很有助益，你也可以藉此發掘許多美麗的事物，像是會呼吸的植物，或是自信滿滿的岩石。

◆在居住環境中加強照明。打開窗簾。對著窗戶擺放鏡子。使用會反光的物品和彩色玻璃。學寓言故事裡的烏鴉，去蒐集閃亮的物件。

◆持續參加運動課程，最後你的外表和心情都會變好。

◆在身邊擺放你買得起的可愛小物，打造美麗的環境。環境很重要。

◆列清單。列出待辦事項，心情會比較好。如果完成了清單上的事項，心情會更好。

◆製作海報，寫上有鼓舞作用的句子。把你心愛的人的照片掛在牆上。冰箱上可以貼一些卡通人物的漫畫或圖案磁鐵，提醒自己要有好心情。

◆你永遠不知道誰會變成好朋友，除非不得已，否則都要友善對待所有人。記住別人的名字。

◆不要抱怨。

克勞蒂亞・麥道絲似乎生下來就注定要被憂鬱籠罩一輩子。但是她積極重塑思考模式，改變了自己的命運。

都比她事前的預期評分高很多，令她非常訝異。隨著時間，她慢慢找到對自己有幫助的活動，然後重複進行這些活動，不管自己到底想不想動。

麥道絲仍持續用藥，但她從內心深處知道自己必須做些什麼來重塑思考模式，否則她會回到原有的思考方式。這個重新建立大腦連結路線的工作，是她每天必須持續進行的事。

她非常敏感，只要看到電視上有人受苦受難的新聞，就會觸發憂鬱症狀。所以她逼自己不再收看晚間新聞。若新聞插播打斷了談話性或音樂性的廣播節目，她就停止收聽。畢竟，新聞報導通常都是不好的消息。現在她都透過一位了解她情形、她也能信任的好友來接收重要新聞和政治情勢。

不論是撞到腳趾或是聽說誰受傷，麥道絲知道，她的痛苦感受都來自於她大腦感知事物的方式。比較難以想像的是，麥道絲的痛苦感覺往往源自於她在看到一件事時，自己想像出來的恐怖情節。現在，她不要再被別人遭遇的痛苦淹沒，她開始學著用理性方式來看待別人遇到的問題，並且問自己是否有能力幫什麼忙。

公車意外發生之後過了三年，這時六十六歲而且精神奕奕的麥道絲，寫下：

我在辭職之後發生了一連串的好事：開公車的壓力消除了；有更多睡眠時間，有更多時間仔細照顧自己；有機會與朋友深入交流，接受知識性的刺激；還有，對我來說最重要也最困難的一件事——我每一星期上四次激烈的「爵士瘋舞動」，課程選的歌曲總是輕快、歌詞正面。

公車意外事件至今三年，我現在感覺非常好。我從來沒想過自己可以有這般的進步。我沒有變成大富翁，也沒有爬上高山，沒有攻讀任何學位，更沒有什麼驚人的大發現。但是我每天可以正常起床。我不再因為憂鬱而無法做事，三年來我不曾有嚴重的憂鬱症發作，往後也不會。我現在敢說自己已經學會不再活在重複出現的慢性憂鬱症陰影之下。

我相信自己已經學會用不那麼痛苦的方式來感知這個世界，而這種感知，需要持續的學習和努力。我知道這社會追求速效，已不流行一分耕耘一分收穫這種事。但，很多人就是需要努力、專注，才能成功。

健康生活是我現在的興趣和工作。我維持健康的生活不是為了長壽，而是為了讓自己活著時心情更好。我不想再受傷了。我哪能知道這些刻意的行為是不是真能讓我長壽呢？我不知道。我從讀到的東西當中了解，想要在牢不可破的神經迴圈中重新架構思考模式是很不容易的事。我不知道我所做的各種有意識的努力，究竟可以改變我的想法到什麼程度，但是我選擇要相信：行為確實改變了我的經驗。「好玩」成了我的心靈之路。

我想，憂鬱症教會我要先聆聽自己的聲音，先滿足自己的需求。現在對我最重要的就是我自己。等我充滿能量，我便可以進一步照顧別的人、別的生物，最後才是別的事情。這個學習過程非常長，也有痛苦，但真的不難。一切都在於你如何安排你的「愛」的順序。

最近有個好朋友告訴我，我是她認識的人當中最正面的一位——

以前的我一定不信。

我在西雅圖「學會如何學習」的學生聚會中第一次見到麥道絲。那天出現在咖啡廳的所有學生中，她的活潑、踏實非常搶眼。她跟我馬上就聊開了。

麥道絲的終身學習

克勞蒂亞·麥道絲做到了大幅改變自己的思考模式——許多人可能會認為，像麥道絲這種生理背景的人，一生的模式似乎已經固定了，不可能發生大幅的轉變。麥道絲說，關鍵在於學習：「自己學。絕對可以突破現狀。學著改變心態、改變生活經驗。」

麥道絲還有另外一項大改變，這個改變是她心智轉變的關鍵。

我們會在本書後面的篇幅提到。

換你試試看

主動採取行動

麥道絲面臨的一大挑戰是——她想逃離憂鬱症，但也正是憂鬱症使得她不願意去從事那些可以讓她脫離憂鬱的事情。症狀發作時，她便會陷入惡性循環，不斷地想著這些活動多麼無聊、多麼沒有意義。然而她主動採取行動，邁向了健康之路。她採取的行動包括記錄自己的行為、嘗試運動等新活動，這讓她進入一個自我成長的良性循環，讓她可以達到健康的心態並且保持下去。

你呢？

- 你想要有怎樣的轉變？
- 在這轉變的過程中你要如何檢視自己呢？
- 哪些想法讓你覺得卡住了？
- 你是否認定「基因決定一切」，認為自己不可能學會新的外國語言或是數學？
- 你是否告訴自己，你老了，不適合轉換跑道了？
- 你是否無意識地讓自己處在一個無限迴圈之中，即使覺得不滿足也無法踏出舒適圈？
- 你可以主動採取什麼行動，如何檢視自己，好讓自己可以進入一個新的循環，把自己的心智引導至另一個方向？

- 你馬上可以開始做哪些事，幫助自己轉變？
- 你需要做什麼，才能讓你「站起來，離開沙發」？

拿一張紙或筆記本，以「主動採取行動」為標題，然後寫下前述這些問題的回答。

3 轉變是一條曲折的路

假想現在是一七〇四年，而你是一個十三歲的科曼契人（Comanche，美洲原住民的一支），聰明又有抱負。你生活在日後被稱做德州的這片大平原。你在這一片每個人（真的是每一個人）都用雙腳行走的世界裡長大。沒有飛機、沒有汽車、沒有馬。每天的生活彷彿以慢動作進行，但是你不覺得那是慢動作，因為你想不到未來會有什麼不同。

忽然有一天，你見到了一種長相奇特的巨獸，牠用四隻腳快速奔馳——這些巨獸長得像羚羊，但是沒有角。更怪的是，還有人類騎在上面。

你看到的巨獸，日後你會替牠命名為tuhuya，也就是「馬」。你立刻意識到這世上原來有一種生物可以加快你的步調和其他事物。你的狩獵方式、你突擊的方式，都會因牠而大幅改變！

好了，你此生最想要擁有的東西就是一匹馬！

你此生第一次跨上馬馳騁。你騎著馬返回，覺得自己像飛鳥，速度其快無比。馬背離地不過幾呎，卻拓寬了你的眼界。你練習騎在馬背上射箭，沒過多久，你便學會在馬背上瞄準水牛，射穿牠的胸腔。馬兒與你合作無間，牠的直覺敏銳，會自己找到最適合射箭的位置。你和朋友開始改良族人原有的各種工具——你們製作較短的弓，這在馬背上使用起來比較方便；你們在馬鞍上添上馬鐙，這讓你們在瞄準獵物時動作更平穩。

現在你有了厲害的新技能，可以輕鬆拿下數隻水牛。你可以用一腳勾著馬肩，滑向馬的一側，從敵前奔馳而過，讓馬的身體幫你擋箭。

等到你長成了成年戰士，你和朋友在這個馬代表一切的時代和文化之中，個個都成了馬術大師。科曼契人在人類歷史上把馬的文化帶到高峰，凡是知道他們的人，都折服於他們精湛的馬術。

時代和文化不停演進，其中唯一不變的真理只有改變。如今我們正處在人類歷史上的其中一個轉捩點。今日時代的馬就是電腦，要把我們帶向新世界。

＊＊＊＊

在傳統求學路徑一路上來的人，一開始通常不理解電腦的重要性，更不懂得電腦運作的數學邏輯思維。這些人通常要到開始求職之後，才會意識到自己所欠缺的（電腦）技能。（美國和歐洲都非常欠缺軟體工程師）。

當大學畢業生意識到自己需要新技能的時候，很可能會覺得已來不及從頭學習新技術，不可能再回到校園再修一個學位。很少人能有這些時間和閒錢。但是，很多人不知道，其實有很多新的軟硬體可以幫助我們用很少的金錢就學習新東西（有時甚至免費）。

這裡把話說在前頭：這章的重點不是要人人都成為電腦工程師。本章所要強調的重點就和本書的主旨一樣——要說的是，不管你怎麼看待自己，你都要知道你能做到的其實遠比你想像中的更多。你一定能找到方法讓自己進步。藉由日新月異的線上學習資源，你可以重新投資自己，甚至可以藉此轉換職業跑道。

不管你怎麼看待自己，你都要知道你能做到的其實遠比你想像中的更多。你一定能找到方法讓自己進步。

藉由觀察其他成功轉職的典型案例，你會有所發現，知道如何重新定義自己。你也可以跳脫自己無意間為自己劃下的界線，尋找各種可能。

阿里・奈克維與數學的複雜關係

阿里・奈克維（Ali Naqvi）在巴基斯坦長大。從小學到中學課業都名列前茅。奈克維熱愛英國文學、歷史和社會科學。此外，他父親在他七歲時就帶他學高爾夫球，他馬上就愛上這項運動。他展開了業餘高爾夫球選手的生涯，中學時就贏得巴基斯坦業餘高爾夫球冠軍，並且代表國家參加世界聯賽。奈克維開始夢想成為職業高爾夫球選手，期盼有朝一日可以參加北美最主要的高爾夫錦標賽——PGA。

但是奈克維在某些科目的學習上有陰影。數學一直是他的罩門——化學和物理也沒有好到哪裡去。中學時，他的數學和理科成績低於全班的平均值。奈克維向老師尋求協助，但老師只說了「多做練習題」和「用功一點」兩句話。奈克維的父母請家教晚上來家裡幫他補習，但是奈克維可以按照公式解家教出的題目，卻完全不理解題目背後的數學概念。

奈克維非常努力學習。但他最大的問題是：他無法找出

阿里・奈克維是奧美數位媒體行銷公司（Neo@Ogilvy）的合夥人。奧美數位媒體行銷公司是行銷巨擘奧美廣告公司（Ogilvy & Mather）旗下的媒體廣告和行銷網路公司。

學數學和「真實世界」之間有什麼關聯。可能是因為這樣他才無法理解數學。他在班上的數學表現更為落後，對自己的自我認知也開始錯亂：他明明在英文、歷史和社會科學方面都是優等生，但是在數學和理科的表現卻吊車尾。

奈克維上高中後，問題更嚴重了，他的數學成績總是在及格邊緣。就在這個時候，奈克維的父親被調職，他們舉家搬到新加坡。奈克維在新加坡就讀的國際學校採用美國課綱（巴基斯坦延續過去英國殖民遺緒，採用英國課綱）。一開始，奈克維的數學成績有微幅的進步——他的新數學老師以前是嬉皮，現在熱愛重金屬音樂；這位數學老師用金屬製品樂團（Metallica）的歌來哄騙他學數學概念（譬如他用歌詞「exit light, enter night」來解釋等式）。但是升上二年級後，換了一批新老師，恐怖的先修微積分和物理兩門科目讓他退縮，又把奈克維打回原形。

此時，奈克維已經放棄了。他表示：「我不覺得放棄是好事，但我接受了這個事實，我就是那種無論怎麼樣都學不會數學的人。我安慰自己說我是『創意派』的人。最後我數學被當了，理化也只是低空飛過。高中畢不了業。」

要再過好多年，奈克維才在學習上開始有所頓悟。

以神經科學的角度來解釋學習

想要在一個對你來說全新的領域成為專家，不論是在哪個領域，代表你需要每天花時間練習，反覆地練習，逐步累積小單位的理解。慢慢的，這些小單位的認識會串連起來，共同成為精湛技藝。這種練習法很適合用來學習要動用身體的技能，例如彈吉他。吉他一天沒彈，隔天手指馬上就會不靈活。

這種方式在學習數學和理科的時候，效果好像比較不明顯。然而，在這種「腦部的運動」中，其實仍需要反覆練習各種小單元。舉例來說，第一次完成困難的家庭作業或習題後，你可以重新做一次同樣的題目，但是這次不要先看解答。隔天你可以再試一次；再從頭開始解題，也可以多練習幾次。如果題目難度比較高，可以反覆練習幾天。最後你會很驚訝，一開始看似根本不可能解開的題目，經過一週的練習之後變得簡單多了。用這種「刻意練習」（deliberate practice）的方式來學困難的材料，可以幫助你更快嫻熟。

當然你不可能每一道題目都這樣練習。你可以選擇幾道重點題目，把這些重點練到滾瓜爛熟，就像練和弦練到成為反射動作一樣，便可以打好基礎，幫助你學習其他材料。如果只是練習大量的簡單題目，而不能有計畫性地停下來思考、練習、重複困難的題目，就會像是想要藉由彈空氣吉他來學會彈吉他。

為什麼會這樣呢？可以用紐約大學郎格尼醫學中心（NYU Longone Medical Center）的生物化學家楊光（Guang Yang）提供的顯微影像來解釋。我們在學習了新事物之後去睡一覺，就會形成新的突觸。突觸是神經元之間的連結，可以幫助我們理解並掌握新事物。下圖中的三角形標出一夜之間形成的新突觸。

然而，一夜好眠一次所形成的突觸，數目有限。這就是為什麼要把學習分布在每一天。額外練習的天數可以增加更多也更強的神經連結。

STEM學科（science科學；technology技術；engineering工程；math數學）的專家都知道，想要徹底理解困難的新概念，不能只靠領悟的那一瞬間。理解一個概念代表形成新的突觸連結，但是突觸間的連結是會慢慢消失的。如果在第一次的突觸連結之後沒有繼續練習，這個連結就會減弱。

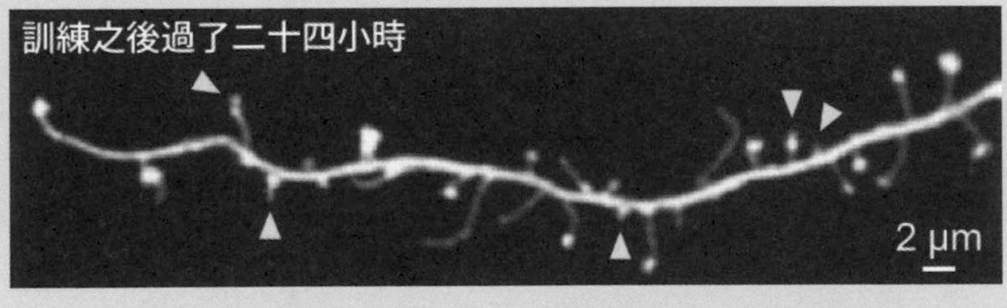

集中注意力學習某件事物後去睡一覺，可以有神奇作用，促進新突觸（三角形標示處）生成。這些新的突觸連結可說是支持我們學習新事物的生理構造。

轉念關鍵

刻意練習小單位的學習內容

運用幾天的時間，每天反覆練習少量的學習材料。這種練習法可以打造出一種腦神經模式，幫助你發展專業知識。小練習的難度越高，你就能學得越深入、越快發展出專業知識。

影響奈克維很深的興趣：高爾夫球

直到今天，奈克維仍然搞不清楚自己究竟怎麼辦到的，總之他通過了考試（包含數學），申請到新加坡一個媒體傳播學的大一課程。他以這門課為跳板，前往澳洲墨爾本蒙納許大學（Monash University）求學，然後在澳洲以兩年半的時間畢業取得學位，成績優異。

與此同時，他並沒有放棄高爾夫球。他在澳洲時有機會去墨爾本高爾夫球學院（Melbourne Golf Academy）上課，接受澳洲首席高爾夫球教練的訓練。這名教練的學生都是世界級的頂尖選手。那時教練需要有個人幫忙處理一些網路事務，於是奈克維得到了這份網路內容管理的工作。

這個職位附帶幾個好處，可說是奈克維夢想中的工作。奈克維的辦公室就位在高爾夫球場，上班之前和下班後，甚至是午休時間他都可以練球。週末他也會參加比賽。過不了多久，奈克維就成為那家高爾夫俱樂部最頂尖的選手，還參加了國家級冠軍賽。

想要在高爾夫球界出人頭地，需要持續長時間的苦練，不可能同時間還做一份全職工作。可是奈克維必須工作，因而他無法把高爾夫球當作職業，相當可惜。但是後來事情有了出乎意料的發展。奈克維將會發現，他的高爾夫球經驗與知識意外地非常有用。

嚇人的職業跑道轉換就此展開

該是時候邁向下一階段了。這次，奈克維決定遠赴英國展開新生活，並從事數位行銷的工作——這是擁有媒體傳播學位的少數職業選項之一。他搬到英國，存款逐漸變少，兩個月後他決定孤注一擲，去一間新創公司擔任搜尋引擎優化（SEO）的業務專員（AE），儘管他非常欠缺該領域的經驗。

出於生活所迫，他硬著頭皮去做。在行銷的各個領域中，搜尋引擎優化原本可能是奈克維最不可能選擇的領域；這是行銷產業中最需要專業技能的職位，需要運用到他最不擅長的數學和理科。舉例來說，搜尋引擎優化專員需要非常了解伺服器和資料庫——這兩者是網際網路的建構基礎——更需要全盤掌握搜尋條目的排名因素，例如網頁標題、關鍵字和反向連結。此外也很重要的是網站分析的相關知識——要用辛苦蒐集來的資料數據來推測客戶的想法，並且找到客戶共同的「痛點」，以此反映出網頁搜尋項目。

而身為搜尋引擎優化專員最重要的技能，就是要了解搜尋引擎演算法。

典範轉移

搜尋引擎優化。編碼。電腦。改變。

從科曼契人的騎馬文化變革，我們看出科曼契文化裡有一項特點——面對創新和改變的開放程度非常高，這讓他們比其他文化更快就運用馬所帶來的好處。他們之所以能做到，是不是因為有幾個心智較有彈性、體適能較靈活的改革先鋒，把「馭馬新技」加

阿里・奈克維在小時候一定想不到他自己後來的職業這樣展開，來到這些地方。

以推廣？可能是這樣。但也說不定是因為當時生存不易，造就了科曼契族人的務實作風，而駁馬的好處顯而易見，於是大家都跟著採行。

不過，可以確定的是——有一些文化或次文化比較抓緊傳統不放，姑且不論其結果好壞，這都會使得新想法難以突破傳統的束縛，掙脫私人擁有的觀念，廣為流傳使用。某些文化則對於新想法比較開放，然而，即便是在較為先進的文化中，仍有一大票的高知識分子卯足全力在抗拒改變——有些科學家矢口否認成人還可以生成新的神經元，或是不相信細菌會造成潰瘍。如同知識淵博的學者說：想要搬動一所大學就跟移動墓園一樣難——兩者都請不動住在那裡面的人幫忙。

科學發展史就像一張地勢圖，圖上描繪著科學界、企業界，還有各種文化中新概念成形、發展的軌跡。舉世聞名的科學史學者，湯瑪斯．孔恩（Thomas Kuhn），身兼醫生、歷史學者和科學哲學家等身分，他檢視科學界的各種重大突破，發現其中的模式，把這些突破稱為「典範轉移」。孔恩發現，有兩類人常常可以造就革命性的大突破。第一類人是年輕人；年輕人尚未被灌輸看待事物的「標準法則」，他們的想法新鮮又獨立。

如果你不符合「年輕人」的定義，你可能會想：好吧，那算了，我已經不是十幾、二十歲的人了，沒辦法有什麼突破了！

且慢。還有第二類人——比較年長而仍擁有跟年輕人同樣的創新能力的人——也就是那些可以轉換專業、轉換職業跑道的人。

是什麼能讓這第二類人能用新的眼光看待事物？因為他們改變了專注的焦點，也就是轉換職業跑道。而轉換專業也讓這些人有機會重新運用看似無關的舊有專業背景，進而有所創新。

不論是年輕人或是成年人，轉換跑道時都會出現小孩般的無力感。這很正常。一定要記得，這種無力感會慢慢消退，而你想要改變的意志會為你帶來珍貴的力量。

轉念關鍵

轉換專業或職業跑道的價值

當你試圖要搞懂一個新科目，或是想拓寬自己的職業跑道時，出現無力感是很正常的。雖然這一切非常困難，但是你可以藉此在學習和工作中注入新的觀點，這不僅對你的新同事有幫助，也可以替自己帶來新氣象。不要小看了轉職的價值。

邁向新視界

奈克維的經歷，帶領我們一窺半路轉職的故事。你將會發現，轉變專業和拓展新領域通常不是一條筆直的路。

我和奈克維第一次見面是在倫敦一場晚餐飯局，在場的還有他的一位同事，無人能出其右的奧美廣告副總監羅利·沙瑟蘭（Rory Sutherland）。我們幾個都非常欣賞彼此的專業能力。這時的奈克維，在數位行銷產業全職工作大約已經五年。他還是很喜歡自己的工作內容，只是漸漸開始覺得不滿足。奈克維不希望只是簡略告訴委託人要如何把網站訪客轉換成客戶，他希望可以深入認識這背後的運作機制。他覺得每天的工作像是在吊他胃口一樣，使得他越發求知若渴——他發現只要一丁點的電腦工程知識就能成就了不起的大事。

奈克維開始想：為什麼只有他們可以做，為什麼我不能？他決定放下空想，身體力行。於是，他搭上了「學寫程式」的當紅列車。

我和奈克維初次見面時，他告訴我他有一搭沒一搭上著許多學生趨之若鶩的線上程式課程，例如Codeacademy。而他跟眾多剛剛開始學習新知的人一樣，用錯誤的方式開始。奈克維進入一個似曾相識的循環，勾起他過去與STEM科目奮戰的不好回憶：一開始，滿腔熱血開始學習——起初表現很好——開頭跑太快，漸漸後繼無力——拿自己與其他進步神速的同學比較——感到沮喪，找藉口拖延——過一陣子之後重拾書本，卻發現自己忘光光了，又回到原點。

但後來他讀到一本書：《大腦喜歡這樣學》（*A Mind for Numbers*），作者是芭芭拉．歐克莉（對，正是我本人）。這本書裡對學習的見解和作者個人的故事都讓奈克維相當吃驚。我在書中描述自己藉著從頭重新訓練大腦來理解數學和理科，進而擺脫數學恐懼症，搖身一變成了工程學教授。奈克維讀著我早期在數學科目上的掙扎，覺得彷彿在讀他自己的故事。於是他去了Coursera線上課程平台，選修「學會如何學習」的課程，對於他個人職業發展相關的一些學習得到新的見解。

奈克維掌握了學習的基本要件，隨後也掌握了寫程式的基本原則，讓他對於電腦的「內部」運作方式感到熟悉多了。接著，他著手研究網頁內容開發。他這麼做也就在無意間累積了廣泛的知識基礎，替自己往後需要各種不同技能的職業奠定基礎。

奈克維用來重新訓練自己的方式

以下這些技巧對我個人來說特別管用：

◆我的手機上有一個番茄鐘計時器的App，可以幫助我先專注二十五分鐘，然後休息五分鐘。這個簡易的技巧非常有效，讓我可以專注於「過程」而非結果。每天完成預定的學習時間會很有成就感，感覺很好。我並不完美，但是看著App上幾個月下來的統計數據，我知道自己戰勝了拖延的習慣。

◆我發現我學東西時無法學到通透，是因為我不懂得「運用記憶組塊」（chunking）——這是指在腦中理解新東西並加以練習的技巧，直到把所學的內容變得非常熟練，就像唱一首歌一樣。事先讀過課程內容、關鍵概念和摘要，可以幫助大腦準備好面對即將展開的課程，這些技巧也像支架一般把所學的內容建立起架構。每當我學到一個新的概念，就閉上眼睛，回想（recalling）所學，如果我是真的懂了，我理應要能回想起來，如果想不起來，就從頭來過一次。

◆我會在學習段落之間安插休閒活動。只要我完成了幾個時段的專注學習，我就可以享受最愛的Netflix節目、彈吉他、聽音樂，而不會有罪惡感。最棒的是，我知道在我從事休閒活動的時候，我的大腦仍在運作，朝著我的學習目標前進。這真是多虧了神奇的大腦

「發散模式」（diffuse mode，腦神經的「休息狀態」，在此模式中你並不特別在思考什麼事情）的作用。在這「放鬆」的時間裡，我仍然在學習——我的大腦正在處理我剛才學到的東西。

◆我現在很喜歡把正在學習中的各種概念改成比喻。我一直是視覺感很強的人，對音樂也相當敏銳；想像色彩鮮豔的影像再搭配有趣的背景音樂，可以讓二次方程式變得有趣！

◆我也養成習慣，在睡前思考日間所學到的新知。睡前的回想比較輕鬆，不用專注學習（否則我應該會失眠）。我把這樣的習慣想成「輕輕打開發散模式的大門」。過去幾個禮拜裡，至少有兩次我在早上醒來的時候，某些困難的概念忽然茅塞頓開。我想這絕非巧合。

◆另外一個對我頗管用的技巧是自說自話學習法，也就是把自己當成新手，解釋概念給自己聽。這樣做讓我看起來像是在自言自語，但是當你用精簡的方式解釋給自己聽的時候，很快就會知道自己理解（或不理解）到什麼程度。

把時間往前快轉一年。奈克維上過好多種電腦工程和業務發展相關的大規模網路免費公開課程，生活也有很不錯的進展。他在任職的廣告公司裡升遷了兩次，第一次升為業務主管，現在已經晉升為公司合夥人。奈克維與夢中情人墜入情網，也訂了婚。奈克維在現階段最重要的課題就是自我認知。他說：「我馬上要三十二歲了，顯然現在成功的關鍵就是專注在我的強項上，並且謹慎選擇自己想要加強的弱點。婚禮在即，我即將踏入婚姻生活，所以我也必須將家庭納入考量，因為我會是主要負擔家計的人。」

藉著工作外的學習，奈克維學會了網頁開發和數據分析。現在他總算明白，他真正的強項是整合新習得的技能和他本人最大的「附加價值」——建立人際關係。公司讓奈克維負責帶領並激勵人才濟濟的工作團隊，好讓大家可以努力達成共同目標。奈克維也希望可以在電子商務領域創業，而這將會需要他在數位行銷產業中運用體育背景知識。

過去有好長一段時間，奈克維對於自己早期努力卻換來失敗一直耿耿於懷，這些失敗中包含了他沒能當上職業高爾夫球選手。但是他現在已經明白自己何其有幸才可以擁有如此豐富的經驗。奈克維學到的功課和習得的技能，幫助了他的現職，更大大有助於他整體的職業發展。

阿里・奈克維對於轉換職業跑道的建議

不管你想做的事情是什麼，一定會有人做得比你更好。你要知道你是在屬於自己的旅程中、走著自己的路。你是在做「最好的自己」，而不是「劣版的他人」。會拿自己跟同學或同行比較是很正常的，不過我是這麼想的：人的一生中有許多條曲線，分別反映各個不同的面向——情緒成熟度、創造力、紀律、職涯發展、穩定的經濟能力等。每個人在每條曲線的走勢都不相同。那個在高爾夫球賽大贏你的選手，搞不好會願意為了得到你的吉他技術而在所不惜。你學得正焦頭爛額時，討論區上就是會有那麼一個學生能輕鬆解開各種程式問題。但說不定他對你的邏輯能力和創意寫作能力崇拜有加，就像你看待他的電腦能力一樣。如果你可以誠實面對自己，並活出自己，一旦時機來臨，就能達到心之所向。

專注當下

奈克維從高爾夫球教練身上學到寶貴的一課：要能控制自己的情緒和態度。高爾夫球這項運動有時挺容易讓人生氣的——一個不小心球跳到這兒、又一個閃神球飛到了那兒，使得贏球的機會越來越渺茫。比賽中，若是情勢不盡如人意，奈克維便會努力按捺自己氣餒的情緒。

教練給了奈克維一項非常受用的建議：「你無法改變過去。你能掌控的只有面對下一桿的態度。現在在這世上唯一重要的事情，就是你接下來要揮出的這一桿。」

奈克維把教練的智語運用在線上學習上，他說：「線上學習是這個世代可以善加運用的寶貴資源。然而，自己學習進階的統計學或寫程式等複雜的科目，很容易讓人失去耐性。我在程式課程中學到：少了一個冒號，程式就跑不動；過程中只要一步出了差錯，整串數字就會亂掉。每每遇到這類情形，我就會遵守當年練習高爾夫時的標準作業程序——先察覺到自己的不耐，再深呼吸，然後想一想可以採取什麼步驟，最後專注於排解疑難。」

換你試試看

「運用記憶組塊」在學習上是很重要的後設技能

文化在改變，新技能變得重要。「學會如何學習」是一項非常重要的後設技能，可以幫助我們跟上變化快速的各種新技術。奈克維發現，掌握「知識組塊」——例如寫出精簡可讀的程式代碼——是他在學習新技能的經驗裡遺漏的一個重要環節。

有沒有什麼知識組塊是你可以持續練習幾天的呢？請試試看，練習一陣子，你將會發現你的回想會變得越來越容易！也可以每天寫幾句話，記錄自己的進步，寫在紙上或筆記本都可以。

4 無用的過去與全新的未來

歷史上一直有例子讓我們看到，名不見經傳的凡夫俗子忽然冒出頭，掌控大局、撼動世界。格蘭特將軍（Ulysses S. Grant）就是一個例子。他曾是社會底層的木工，之後因酗酒問題被軍隊除役，殊不知最後卻成了美國南北戰爭中的常勝將軍。到了現代，一位在美國羅德島電視台工作的美術設計，後來成了世界聞名的新聞記者，她是克莉絲汀・安曼普（Christiane Amanpour）。一名被領養的男孩史帝夫・賈伯斯（Steve Jobs），出生於中下階層的家庭，最後卻能與從小就接受頂尖教育的比爾・蓋茲（Bill Gates）並駕齊驅。

但是，出身平凡卻從來沒有機會出頭的例子其實更多，人數可能以億萬計。然而，如今有許多轉職者或重新學習的人，在各種領域中運用他們昔日看似無用的知識與技能，竟帶動社會的進步，這些人運用沒有在一開始就被發現的能力而滿足社會的各種需要。

荷蘭的萊頓大學（Leiden University），有位專案負責人潭雅．德貝（Tanja de Bie）稱這樣的人為「運用第二次機會的人」。她非常明白箇中情況，因為她自己就是過來人。

德貝充滿活力，帶著善解人意的笑容和一頭蓬鬆的頭髮，說話帶有優雅的荷蘭腔調，整個人散發出專業與自信。但她以前可不是這樣。從傳統大學教育體系休學的人，往往事出有因。德貝原本是萊頓大學歷史系的優秀學生，但最終還是走上休學一途，原因是要照顧她男友和新加入的家庭成員——他們有一個兒子、兩個女兒——因為男友要繼續求學，德貝便必須賺錢養家。

我第一次與德貝見面，是在南加州一間背景有吵雜咖啡機響聲的咖啡廳。那次，德貝從荷蘭飛到加州，參加一場線上學習座談

擔任行政工作的潭雅．德貝慢慢才了解到，她過去多年出於興趣所累積的知識看似無用，後來卻成為她有力的知識背景，幫助她找到夢想中的工作。

德貝多年來都住在海牙鄰近的萊頓市，工作地點則是萊頓大學位於海牙的分部。

會，我也參加了同一場座談。德貝跟我一樣，人在國外又有時差的時候，眼神會有一點迷濛，然而她的熱情深具感染力。

我很驚訝德貝年輕時的經歷跟我非常相似——她跟我一樣，以前對人文學科充滿熱情，對生活充滿抱負。她是家中主要的經濟來源，曾在各種行業裡擔任祕書工作，諸如報社、地方政府機關和健康醫療產業。潭雅沒有大學文憑，卻也慢慢從祕書職往上爬到了管理職。後來，她被萊頓大學的前瞻理念吸引：「不在所知，而在所行（It's what you show, not what you know）」，於是回到校園，只不過她不是去讀書，而是去任職。德貝隸屬於大學政策部門，需要執行各種不同的計畫。但是這些工作內容無法滿足活躍的德貝。她下班回家後，會繼續從事已經發展了十年的興趣——線上遊戲。

線上遊戲

線上遊戲是一種截然不同於「現實世界」的生態。線上遊戲需要巧妙運用分析能力、現實世界中的知識和人際技巧這三種能力。德貝發現自己特別喜歡「線上文字角色扮演遊戲」（play by post）——這是一種用自己設定的角色在討論區寫作的遊戲形式。德貝擁有歷史知識背景，因此她寫出來的東西特別有說服力，因而她也成為一個線上遊戲資源社群的副社長。德貝還創造了屬於自己的一款歷史奇幻遊戲，並且有豐富的視覺元素和熱鬧的歷史背景。想要居住在這個虛擬世界需要具備很多條件：需要深度了解 HTML，需要懂得如何不觸犯網路相關法律，需要熟悉發送垃圾郵件的程式（spambots），還要能推動投票活動、封鎖討論串、廣播全球消息的工具；以及各種五花八門的知識（註一）！

晚上在家的時間，德貝可以寄情於興趣，若遇到她孩子有突發狀況也可以隨時放下手邊的事去照顧。德貝覺得，在網路論壇上和來自全世界各種時區的人互動非常有趣。有時候，德貝會熬夜到凌晨，在鍵盤上敲打著故事：「『這些低能兒。』路易十四低語。他的家人又惹麻煩了，扯他後腿。他可是費了九牛二虎之力才說服英國的皇室表親加入這場天主教大一統行動，他要藉此擴張輝煌的法國，造就偉大的太陽王。」

線上遊戲是德貝的生活中不可或缺的額外刺激和創意出口。德貝生來就是說故事高手，敘事和分析能力都很強，而線上遊戲就是她發揮創意的管道，非常特別。德貝對於線上遊戲充滿熱情，總是玩得不亦樂乎，而這樣的熱情也感染到了她的工作場所，她會對同事說起前一晚在線上的玩鬧情景，這便會在茶水間引起大家開她玩笑。

德貝的線上世界中有很多好人，他們在現實生活中會去捐血、做消防義工、在路上遇到有車子出狀況也會見義勇為。而到了線上，這些人會在論壇發布有建設性的討論，自願幫忙試用新軟體的測試版，撰寫深度產品使用心得。他們做的這些事，讓人更加相信人性本善。

但是網路世界也有黑暗面——總有少數人並非善類。這些居心不良的人可能會造成重大的影響，畢竟網路就像個巨大的傳聲筒。更糟的是，網路是個可以匿名的世界，比起面對面的互動，網路的社會約束力要低得多。一般人以為遇到這些心懷不軌的人時還可以用正常方式互動，這就像小狗搖著尾巴跑去向大灰熊投懷送抱。

這類被冠上「酸民」或「憤青」稱號的人，最愛在網路社群惹事生非。他們喜歡故意發出爭議文來引戰，四處騷擾別人。他們也很會註冊假帳號（分身帳號），用這些身分回文，製造出很多人附和的假象。酸民也可能會得到很多支持——他們會假裝自己是被誤解的受害者，還會發出私訊去稱讚較有同情心的、個性溫和的鄉民。而憤青則是口無遮攔、恣意批評，對於他人的反擊完全無動於衷。

這類舉動可能會對某個人造成傷害性的心理陰影，也會影響到整個網路社群，把局面帶往負面發展、造成使用者紛紛下線逃開。

要用特殊手段才能認識並有效對付酸民、憤青或是其他無端惹事的人，而這樣的應付手段需要靠時間來累積經驗。

透過線上遊戲，德貝學到了這個手段。

充滿挑戰、瞬息萬變的工作環境

學術界偶有惡性競爭，但大學校園仍算是愉快的工作環境。全職的專任學者工作穩定，可以指使大學生做事；而大學生知道在老師面前「裝乖」對自己有好處。在面對面交談的時候，鮮少有學生敢像在網路上匿名一樣說出搧風點火的言論。

而且有許多教授，尤其是醫學或工程學等難度和技術門檻比較高的學科的教授，根本就是現代社會的出家人。他們的學科需要多年的全心投入，一旦進入專科領域，就很難注意到流行文化趨勢。也就是說，學者（也包含受邀教授線上課程的那些忙碌的世界級頂尖專家）可能會有一些奇妙的盲點（誰都會有自己的盲點，再怎麼聰明的教授也會有）。

某日，德貝在辦公室的茶水間與一位行政人員聊天。

聊什麼？聊網路論壇。

網路論壇在線上教育中向來扮演正面的角色。網路論壇就像虛擬版的茶水間，讓學生聚在一起討論教材內容。在簡易而小型的線上課程（學生人數三、四十人）裡，這類的論壇存在了幾十年，沒有匿名功能。

不過，MOOC的論壇就大不相同了。MOOC的論壇不會只有幾十個人發文討論；在MOOC論壇上是上千、甚至上萬名來自世界各地的學生。這些學生中有極少數的人會出現惡意行為——霸凌別人、上傳A片或是出言威脅。也有一些人由於害怕危及自由交換訊息的權益，把自己的利益考慮或是內心的狂熱隱藏起來。

德貝非常清楚MOOC的線上論壇可能會造成學校出現煽動的言論。只要出現一個酸民或憤青，整個討論串就有可能歪掉。潭雅也知道，以MOOC的規模，可能會出現很多酸民——某些人先發聲，其他人冒出來，彼此助長，把他們這種搞破壞的行為弄成好像是正常合理的樣子。

那個早晨，德貝在茶水間與那位行政人員討論著網路論壇，談著談著，問題就浮現出來了。恐怖主義是當紅議題，而從網路世界來看，萊頓大學在恐怖主義的討論是全世界首屈一指的地方。然而恐怖主義特別能吸引想法激烈而偏頗的人——這些人不願意聽取他人的意見，會不計一切代價抹黑持相反意見的人。所以，若是開設了恐怖主義的線上課程，自然會招來很多酸民和憤青——就像德貝在線上遊戲世界遇到的那些人。

德貝不禁發問：萊頓大學馬上要開設一門恐怖主義的課程，那麼學校打算如何對付酸民？

學校的反應讓她非常震驚：「酸民是什麼？」

性別小差異

德貝天生熱愛歷史，對語言也很有天分。但她同時也擁有犀利的分析能力，這從她熱中於各類遊戲的模式並積極參與線上遊戲便可見一斑。她甚至會自己設計線上遊戲——這可不是一般電腦新手都會的技能。雖然德貝自認比較擅長人文學科，但很明顯的，只要她有心，一定可以找到偏理科的工作。

任何談到職業選擇、轉換職業跑道或是終身學習的書籍，一定會討論到男女「天生興趣」的差異。從潭雅．德貝的人生歷練，從她拿手分析卻偏好人文學科的這件事，我們看見女性在能力和興趣上與男性的差異。

整體來說，男女的數學能力不相上下，但是女生通常會覺得自己的語言能力比數學能力好，而男生通常覺得自己的數學能力比語言能力好。這樣的傾向是由罣固酮造成的，罣固酮會延緩兒童的語言發展。男孩子的罣固酮比較多，所以會發現，與同年齡的女孩子相比，自己的語言能力較差。（要知道，這只是平均值，每個個體都有差異性。雖然男孩子的語言能力可以後來居上，但是他們對自己的看法卻已經根深蒂固了）。

從左頁的圖（圖1）可以看到，男孩和女孩在數學能力發展上的差異，幾乎不存在。圖2中，我們則看到男女語言能力平均值的差異，男孩明顯落後於女孩。

從幼兒時期開始，平均而言，女生的語言能力比男生發展得好。另一方面，一般來說，男生通常覺得自己的數學能力比語言能力好得多。如果把兩張圖表放在一起，如下頁的圖（圖3），便會發現為什麼男生通常認為自己數學能力比較好，而女生通常認為自己語言能力比較好。兩者說的都沒錯，然而，男女的平均數學能力是一樣的！

我們通常會對自己擅長的事情感興趣。於是，女生似乎比較容易掌握需要高

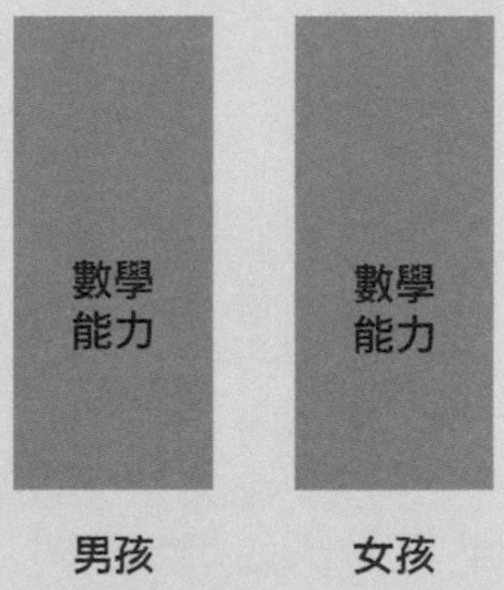

（圖 1）
兒童成長過程中，女孩與男孩在數學能力的發展上差異不大。

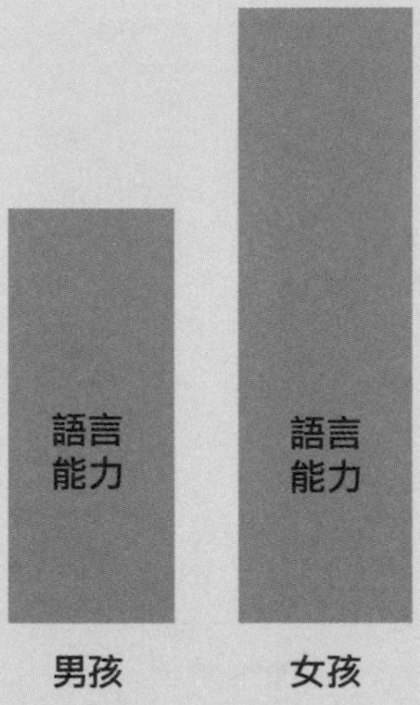

（圖 2）
在語言發展上，男孩子通常較女孩子遲緩一幼兒期男生開始說話的時間較晚，比起同齡女生，話也比較少。（上圖刻意加大平均值的差距，使圖 1 的比較更清楚）。

度語言能力的科目。對男生來說，與數字相關的科目似乎比需要語言能力的科目容易。當然，另一方面，睪固酮也可以幫助肌肉發展，所以體育對男生來說也頗具吸引力。

不幸的是，多數女生的強項——語言上的優勢——無意間也可能成為一個弱點。女性常會據此就認定自己的興趣只限於語言相關領域，但事實上女性在數學和理科等領域中也可以和男性一樣一展長才——只要她們願意走上（對她們而言）較為陡峭的路，好好培養這些能力。

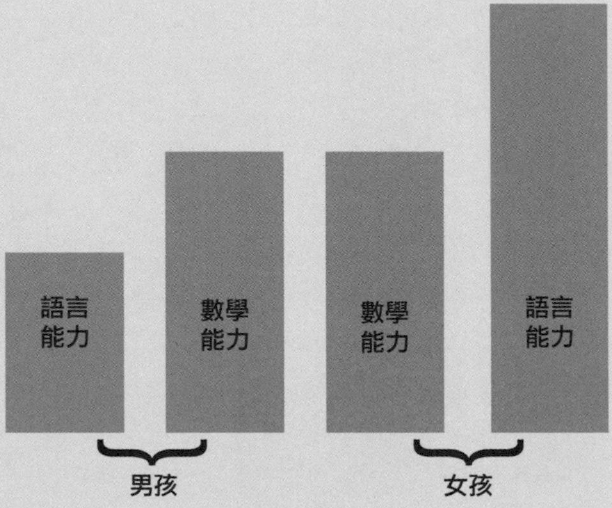

（圖 3）

並列顯示兩張圖表，可以發現：雖然男女在數學能力的表現上不相上下，但女生通常會覺得自己的語言能力比數學能力好，而男生會覺得自己的數學能力比語言能力好。這種傾向是由於睪固酮造成的，睪固酮會延遲語言能力的發展。男生的睪固酮較多，所以這因素對男生影響較大。（不過要知道，這只是平均而言，因個體而有差異性。）隨著兒童長大，睪固酮的影響會漸漸褪去，但是孩子早期的感知卻會留下。

德貝是專家

「什麼是酸民？」德貝不敢置信。萊頓大學即將要開一門恐怖主義的大型公開線上課程，卻不知道酸民是什麼？

情勢就這樣陡然翻轉，德貝不再只是學校的行政助理，忙於協助多年勞苦習得專業的各路專家；德貝自己就是個專家。

那天早上，德貝便向負責管理線上課程的職員扼要介紹了網路社群的互動模式，解釋了線上互動與面對面互動有哪些不同。她關心的是萊頓大學本身；這是荷蘭歷史最悠久的大學，在許多領域中也是享譽盛名；如果沒有論壇管理員，只要少少幾個酸民或憤青就能把這些網路空間弄臭掉，使得媒體對於萊頓大學的報導沒有好話，更可能使得想修課的學生因而卻步。

幸好萊頓大學的行政單位不特別堅持非要學歷漂亮的專業人員才能擔任顧問，他們只希望有內行人可以提供解答。德貝馬上成了MOOC論壇疑難雜症的大師。沒過多久，學校便請德貝擔任萊頓MOOC論壇的社群管理員——這項工作成了她的職務非常重要的一部分。德貝需要募集義務的網路管理人員，再加以訓練，教授他們如何確保來MOOC上課的幾萬名學生都能擁有優質的學習環境。學校多位教授開始向德貝請益。德貝給的首要建議是：不要助長酸民。換句話說，不要回應任何煽動言論。若是對方的回文真的很過分，可以趕快刪文，避免惡性互動蔓延整個論壇。

德貝對待這項工作的方式，深受祖母的處事態度影響。她的祖母在一九三〇年代時是時代新女性，受過良好的教育，在當時可是少見的。德貝的祖母曾經對她說：「我不在意妳惹麻煩，懂得表達自己的想法的人可能不時會惹麻煩。但是我不希望妳在表達想法時有失禮節。」

萊頓大學採用德貝建議的方式，有效處理了自視甚高、自我感覺良好、想把自己的看法昭告天下的人。現在回頭看，會覺得這種處理方法不過就是運用常識而已，然而，現在真的還有許多大專院校在這方面應該要效法萊頓大學。萊頓也是第一所因應線上學習的特殊需求而開立新職位的學校。德貝的新職位有個正式頭銜：萊頓大學MOOC專案負責人兼網路社群管理。

我造訪萊頓大學海牙分部時，德貝的上司瑪雅．維斯特（Marja Verstelle）說：「潭雅創造出自己的職缺。她在工作上真是盡心盡力。一開始，她一週撥出一天來管理論壇，後來我們發現她付出的程度遠超過預期。當你開始創新，就一直覺得有新的需求會冒出來。我們當時正處於這種情況，而我們就需要潭雅這樣的人。」

轉念關鍵

嗜好的價值

我們的各種嗜好可以為我們帶來寶貴的彈性和洞察。如果你夠幸運的話，你還能把這些見識運用來增強你的工作技能。就算無法實際運用在工作上，也可以藉此來鍛鍊大腦。

邁向新世界

德貝的態度積極，用認真踏實的能力來管理萊頓大學走向網路世界的過程，並展現了決策能力。這使她超越學歷的限制，成為職場佼佼者。萊頓大學與德貝的這段故事，暴露出現行以學歷認定來任用人員的體制太過死板，無法因應如今瞬息萬變的網路需求。萊頓大學識才有方，勇於創造新的職缺，讓合適的人才任職。無怪乎，當很多學校由於墨守成規而逐漸流失MOOC的註冊學生人數，萊頓大學不僅沒有流失學生，甚且成為全歐洲線上教學的先鋒，提供豐富而優質的線上教育經驗。MOOC系統創造出許多職缺，需要任用更多擁有新技能的專家——這一點，只要是聰明的大學都能看出來。

德貝有時覺得自己完全是美夢成真。白天上班時，她可以「玩」臉書和推特，也就是做她喜歡的事，而且有薪水拿。這份工作還有一個附加好處，就是可以環遊世界。德貝的意見備受重視——她現在成為關鍵人物，協助許多學校和大型網路服務供應商籌辦MOOC相關活動，或是策劃大型國際研討會。

就像美洲科曼契人有一天成了馬術界的專家，就像阿里・柰克維轉換到數位行銷，雖然說，許多舊的工作種類逐漸消失，但新的工作和新的技能的空缺也冒了出來。只不過這些新的工作機會還沒有受到重視，也並非正式的職缺。公私機構通常還沒有意識到自己需要某些新技術的專才，而這些技術往往新到根本沒有什麼接受過正式訓練的人才。

德貝善用了她的第二次機會，也繼續玩她的線上遊戲，持續她的學習。短短的幾年裡，她在英國倫敦、美國的馬里蘭、賓州和加州都結交了新朋友。除了網路遊戲之外，德貝也會跟孩子和孩子的朋友一起玩骰子，一方面聯繫家人情感，也為孩子帶來趣味和啟發。

這些遊戲說不定在將來哪天也會替她的孩子找到事業的第二春（或是第一春），誰知道呢。

換你試試看

你有特殊技能嗎？你能發展新的技能嗎？

譚雅・德貝多年下來，培養出她管理線上社群的技能，價值無窮。她善用線上遊戲社群做為跳板，在玩中學。她不但學習了電腦程式的相關知識，學了網站設置的專業技能，最重要的是，她學到了大型線上社群是如何形成、成員之間是如何互動的。德貝非常幸運，由於萊頓大學識才有方，看見了德貝的技能正是學校所需，而不因為她的學歷背景就忽視她。

回想一下你自己的經歷。你是否有什麼過人的技能，一直以來都被忽視，但其實很有價值？

你能不能現在開始學一項新的專業技術，並且在學習過程中慢慢發現自己以前不考慮走這條路，是因為你誤以為自己做不來？

請以「特殊技能」為標題，在筆記本內或紙上寫下你的想法。

離職帶來更大的成就感

人們常有一種深層的恐懼：由於某些緣故必須辭掉一份原本很想繼續從事的工作——這卻常常出乎意料，成為人生中最美好的一件事。這是金．拉緒特（Kim Lachut）的親身經歷。

拉緒特天生擅長交際，她在母校找到夢想中的工作，擔任校友會、校友服務的負責人。她在工作中遇見很多傑出人士和名人。拉緒特可以與人相處，為校友舉辦活動，而且能以此賺錢維生。她有什麼理由不喜歡這份工作？的確，這份工作需要各種技能：編列預算、尋找場地、調度場地的各時段運用、準備餐點、推動行銷、安排報名事務、聯繫講者——此外還需要事先想好備案，未雨綢繆。這些都需要高度專注於細節的能力和人際溝通能力。拉緒特做這份工作可說是如魚得水。

但是，校方的管理與組織起了變化，她的工作環境變得充滿壓力。於是，週間她早晨起床時都非常焦慮。她意識到自己必須換工作，但是沒有發現什麼活動企劃的職缺。還有什麼工作是她可以做的呢？過去十年來，她唯一會做的事就是活動企劃。

然而，拉緒特因為善於交際而認識了許多人。她認識了學校裡主管全職碩士課程的總負責人，他正在找一位專案協調員，協助碩士學程的諮詢、招生和學生管理。這份工作根本就是為拉緒特量身訂做的，她對這所學校的運作方式太熟悉了。此外，這個職務還需要擔負

IT系統的管理工作。

不過，拉緒特得先面對一個重大的挑戰：她對IT和電腦軟體一竅不通。但她心意已決，非要換到一個開心的工作環境不可。鴻運當頭，她接受了這份工作。走馬上任的頭幾天，她神經緊繃，努力適應。但她無意間發現，IT工作所需要的技能跟她以前擔任活動企劃時用到的技能非常相似。

舉例來說，籌劃活動時，需要遵守步驟進行，而程式設計也一樣，要跟著一定的步驟走。拉緒特只是需要留意如何去處理程序中可能出現的各種變數。注意細節，是這份工作的關鍵。拉緒特說：「如果程序出了差錯，或是系統運作有問題，學生的權益就會受損。我的工作不只是要訓練別人如何使用軟體，也需要讓他們知道，軟體會如何影響到對學校來說最重要的一群人——也就是學生。」

拉緒特發現，在充斥各種數據的IT界，像她這樣善於人際技巧的人很吃香，因為這種人可以搭起軟體系統和使用者之間的橋樑。使用者來自四面八方，而且是系統直接影響到的人。拉緒特說：「我開始自詡為理工宅女，我可以運用我的人際技巧，用淺顯易懂的方式教人操作系統。」

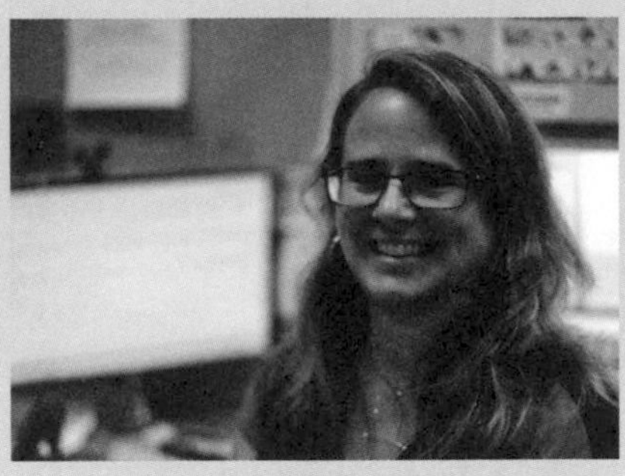

金・拉緒特意外地發現，自己過人的人際技能非常適合 IT 相關工作。

轉念關鍵

「事業的災難」有其他價值

工作經驗豐富的人一旦被迫離開原來工作，後來常會發現，後來的新工作比先前被迫離開的舊工作真是開心太多了——只不過剛轉職的那段時間很難這麼想。

5 中輟生的非典型學習歷程

札克．賽瑞斯（Zach Caceres）九年級（即國中三年級）沒讀完就輟學，十四歲開始打工，當廁所清潔工。賽瑞斯現年不到三十歲，渾身散發一種冷靜的自信，所以看起來比實際年齡大。他這般自信其來有自。他未受到成長過程艱難的阻礙，或許也正因為經歷過艱苦的過程，如今才能在瓜地馬拉市的馬洛京大學麥可波蘭尼學院（Michael Polanyi College, Universidad Francisco Marroquín）擔任院長。

此刻，我在瓜地馬拉殖民時期的首都安地瓜（Antigua），與賽瑞斯同坐在「7 Caldos」餐廳裡。賽瑞斯幾年前初次來到瓜地馬拉之後，才開始學西班牙語，而他如今神色自若地用西班牙語向服務生點菜閒聊，我則盯著菜單，一頭霧水。於是他向我介紹，kak ik 是一種味道很重的湯品，pepián 則是料多實在的辣味燉肉。

餐廳隔壁就是我下榻的飯店——聖多明哥之家（Casa Santo Domingo）。這家飯店頗具規模，是從曾經為全美洲規模最大的女修道院舊址改建。當初修道院的巨石牆在一七七三年的聖馬塔大地震時倒塌，今天在飯店一樓踩著修道院的巨石遺跡，猶如置身龐貝古城。

我這趟是到瓜地馬拉來開研討會的，不過我個人的首要任務其實是要認識賽瑞斯本人。這項任務看似簡單，事實不然。我就坐在他對面，很容易就能讓他暢談經歷、哲學、歷史等等主題，但是要讓他談自己，就難得多了。

賽瑞斯出生那年，他的父親失業了。他父親原本是工程師，後來轉行到企業當上高階主管，事業有成，受人敬重，在失業後去了馬里蘭郊區一個拖車屋停車場當管理員。賽瑞斯就讀的學校，採用跟很多學校一樣的體制，無法全面滿足不同背景的學生的個別需求。學校所在的學區裡，貧富差距本就嚴

札克・賽瑞斯，現於前景看好的瓜地馬拉市馬洛京大學麥可波蘭尼學院擔任院長。他在求學過程中遇到各式阻礙，猶能在十幾歲時就找到屬於自己的學習方式，克服重重難關。

重，附近有個度假小鎮更加劇了這樣的差距，學生和老師都過得很辛苦。為何形成這般窘境？原因不明，但各方說法都有，不過說穿了其實原因就出在某些地方的美國公立學校的教育制度本身太糟糕了。若用委婉一點的說法，就是賽瑞斯的學區不適合他。

失敗的教育體制，在各種層面都造成負面影響，波及很多人。老師常遲到，大多時間學生只能待在用少少幾張桌子湊起來的「拖車教室」內，無人管理。十三歲的賽瑞斯跟幾個同學的狀況不好，便開始把痛苦的情緒加諸在彼此身上。情景類似小說《蒼蠅王》的故事，他們這樣互鬥都是為了自娛，孩子也會像電影《鬥陣俱樂部》的情景一樣設定打架的時間和地點。

賽瑞斯從小就被霸凌。他的個子比其他男

札克・賽瑞斯截至目前的學習旅程

孩嬌小，外表像個書呆子。學校最大的問題是用製造恐懼感的方式來驅策學生（至少賽瑞斯這樣認為）。學校老師幾乎個個是控制狂，喜歡體罰，這使得有自己想法的學生過得膽戰心驚，如同置身地獄。而賽瑞斯確實自有獨特的思考方式。

「我一向是不服管教的人。」襯著木琴背景音樂，賽瑞斯說著，大口喝了啤酒。「從小到大，不管到哪裡，大家都看我不爽，因為我愛唱反調。我覺得自己格格不入。我那時覺得，很多事都錯得離譜，但別人好像都覺得很棒。一定是我很笨，我一定是壞孩子。」

一切問題的來源，在於賽瑞斯獨立又具創意的思考方式。舉例來說，賽瑞斯小時候的寫作速度很快，行文長度也比其他孩子長很多。但是學校的考試很制式化，閱卷老師只是草草讀過學生作文，作文紙空間又有限，所以賽瑞斯的考試作文常被評為不夠完整。然而賽瑞斯的母親說，他在課堂上寫的很多文章，後來都被學區內的教師研習會選為參考範本（我在二〇一六年五月與賽瑞斯的母親見了面，聽她說起這段往事）。

又譬如他認為可以找到某些正面做法來助人，於是加入了紛爭調解社團，以為這樣他和同學就可以為人排解紛爭。在調解的過程中，需要學生說出自己的難處，而這些話語轉變成八卦的來源。賽瑞斯回想當年：「我們一起參加一場紛爭調解座談，我在座談中表達了自己的感覺：『社團的做法其實只是在散布八卦』。結果很慘。那天晚上，在大家下榻的飯店房間，有個男生拿冰塊丟我，接著我們就打起來了。」

最後，他們在紛爭調解座談會搞到拳腳相向。

賽瑞斯滿腔熱血加入童軍社。每個童軍都需要從事社區服務，於是他規劃了一個小學生的課後音樂活動，還設計一套樂器捐贈機制，讓當地人有捐贈樂器的管道。但是賽瑞斯發現，他設計的活動跟傳統童軍的社區服務大不相同，其他童軍做的事通常是建設、重整公園或遊樂場。社區服務的評分人是家長會，而有一個家長似乎認為賽瑞斯會對他兒子的成就造成威脅。賽瑞斯辛苦準備了好久，好不容易就要展開這個音樂計畫，卻被告知，教授音樂課程、籌備音樂活動等等表現，不足以「展現領導能力」，不符合鷹級童軍活動標準。賽瑞斯夢想破滅，離開了童軍。

賽瑞斯對音樂的興趣，在教會中也給他帶來類似的問題。他和其他幾名年輕人組了個樂團，被選上去參加猶他州的青少年才藝大會比賽。他們的曲目是以爵士樂重新編曲的〈奇異恩典〉。可是後來大會告訴他們：「爵士樂不是神的音樂。」（這時都二十一世紀了！），取消他們的參賽資格。賽瑞斯在教會的問題不僅是新潮的音樂——有天，負責照顧他的青少年牧者有天終於忍不住了，把他叫到一旁說：「你不可以一天到晚指出我們說的話前後不一致的地方。」

賽瑞斯聰明、獨立又有創意，若是換個環境，肯定能備受重視，但實際上他遭遇了許多困擾。進入青春期以後，他的行為開始脫序。他會夥同男孩一起擅自闖入工地，砸窗戶、拿油漆往牆上灑、偷材料。賽瑞斯跟他的「惡男幫」拿石頭砸車、用雞蛋丟警車，有次還差點燒掉一間廢墟。參加基督教會舉辦的宿營時，賽瑞斯會勾引女生、亂搞曖昧。簡言之，賽瑞斯變成了一個對人生充滿怒氣的渾蛋。

「想起那段時光，其實很難過。」賽瑞斯說：「我那時認識的人，很多後來都死於意外或藥物濫用。這些人現在只留在我的臉書好友名單上。」

然而，那些年的種種行為都是很重要的練習，最終會幫助他更認識自己，雖然說他當年的各種選擇在那時候為他帶來深重的沮喪。與父母家人間的關係本是賽瑞斯的重心，卻也崩解了。他看不清自己，也不夠了解人際關係，所以根本搞不懂這一切到底是出了什麼差錯。

九年級時某個不順遂的日子改變了一切。

公車站牌旁有片樹林，那兒是賽瑞斯的避難所。他每天都躲在樹林裡，等公車開走，之後他也許就回家，要不就在附近閒晃，當個名副其實的蹺家少年。日復一日，賽瑞斯越發痛苦，膽子卻也越養越大。有一天，賽瑞斯的媽媽上班出門晚了，賽瑞斯這時也懶得躲了，也就被母親逮個正著。

賽瑞斯全盤托出。他不是只有那天蹺課，而是幾乎每天蹺課。就算去了學校，在學校也是過得很慘。

那天晚上全家人圍坐吃晚飯時，大家開始發表高見，就像談話性電視節目一般。大家都一臉嚴肅，談論「札克在學校的問題」，彷彿問題只出在賽瑞斯身上一樣。不過至少有件事是理清了：賽瑞斯不想再上學了。同學的霸凌和拙劣的教學品質，把他帶上一條黯淡的道路。

接著，賽瑞斯提出一個做法，這提議非常大膽，卻也很嚇人。

轉念關鍵

創意之路難免孤獨

有時，你具備的創造力會使你感到跟周遭的人不同調。世上幾百萬人都有過這種「跟著不一樣的鼓聲節拍前進」的感覺。如果你也曾幾度有這種深刻感受，你並不孤獨，知道這個會讓你好過很多。

找到自給自足的學習方式

當年的賽瑞斯如果知道已經有學術研究可以解釋他的情形，一定會欣喜若狂。傑出的社會學學者瓊・麥科德（Joan McCord）老早就開始研究處於危險環境中的青少年了。麥科德參與的這項研究，是在一九三〇年代晚期到一九四〇年代早期所做的「劍橋—薩莫維青少年研究」（Cambridge-Somerville Youth Study），主要是探討男孩為了哪些原因會脫離正軌，以及如何將他們導回正途。

麥科德是位活力十足的學者，她本人也經歷過諸多困難。她讀研究所的時期，與她酗酒又施暴的先生關係每況愈下，終至離婚收場。她成了單親媽媽，含辛茹苦帶著活蹦亂跳的兩個兒子生活。一九六〇年代早期的社會，對女性的期許是持家而不是掙錢，麥科德也只能靠著無聊的改考卷和教書工作來撫養小孩。但是她沒有放棄學業，也在一九六八年拿到史丹佛大學的社會學博士學位。她發現自己對犯罪學的研究很感興趣。瓊・麥科德心中不斷浮現一個問題：為什麼有些人會在生活中脫序？後來她參與了上述的「劍橋—薩莫維青少年研究」，從研究中找到出乎意料的解答。

這項研究是當時規模最大的青少年犯罪防治相關計畫，於一九三〇年代由一名叫理查・克拉克・卡伯（Richard Clark Cabot）的學者發起。研究的設計非常縝密，旨在把提供給青少年的各種協助，諸如諮商、家教等等的支持加以量化，然後檢視哪一種方式最能長期而有效地改善孩子的生活。

該研究以五百多位住在波士頓的男孩為研究對象，包含了「難搞」（青少年罪犯）與「一般」的男孩。研究者將家庭人數、家庭結構、居住環境、收入、人格特質、智力、體能等等變項加以控制，再進行配對研究。從每一組男孩中隨機抽樣一位為實驗組，另外一位為對照組。實驗組的男孩，會得到豐富的資源，控制組則沒有任何的關注或支持。

實驗組的男孩配有專業的諮商師，而諮商師會和照護對象一起參加體育活動、教他們開車、協助他們找工作，甚至提供家庭諮商、幫忙照顧年紀較小的弟妹。很多男孩得到各學科的家教、醫療和心理健康照護，還可以參加夏令營或其他社區活動。而另一方面，對照組的男孩子都沒有上述條件，過著平常的生活。

實驗進行了五年，學者在一九四九年開始追蹤這些受試者，結果令人大吃一驚：實驗組的男孩子並沒有從實驗中獲得顯著的益處。那麼，到底應該如何替研究結果下結論？研究員認為這時要論斷還言之過早，還要再一次評估才能顯出該實驗對實驗組產生的幫助，而下一次的評估是十年後。

到了一九五七年，瓊．麥科德加入這個研究團隊，但她還只是研究所學生。麥科德得到一小筆經費，用來追蹤這項實驗對於實驗組的影響。麥科德的工作內容很瑣碎，但是由於該項研究有相當完整的紀錄，所以她做起來很有成就感。研究的資料包含了五年多以來每兩週做一次的評估報告，而每一個個案的評估報告都有好幾百頁。麥科德研讀了好幾個月，得到跟前人一樣的結論：研究假定會產生的好處，全都不存在；在被捕率、重大犯罪案件數、犯罪年齡等等各個項目，都沒有發現兩組男孩的差異。研究者仍然覺得這時就要判斷有沒有從實驗中得到長遠的好處，言之過早。

這些數據實在耐人尋味。這項研究一直盤桓在麥科德心上，她自己也說不上來為什麼她就是想要繼續追蹤。後續研究是否遺漏了什麼重要線索？儘管之前的結論都是「沒有差異」，研究結果中還是有一些小跡象，顯示實驗對受試者應該有正面影響。其中一個跡象是，現已長大成人的受試者在回顧以往時，好些人都認為研究提供的輔導資源很有價值。

這項研究引起美國國家健康科學研究院（NIH）的興趣，答應提供研究經費給麥科德，讓她雇用一個小型研究團隊，繼續追蹤實驗組的受試者。

這時，劍橋—薩莫維青少年研究的研究時間已經超過三十年，受試者為數眾多，超過五百名，麥科德和她的團隊面臨一項艱鉅的任務，不但要找出所有受試者，還必須比較他們的人生歷程。研究團隊不得不使用非傳統的研究方式，也就是地毯式搜索相關情報——他們翻查電話簿、汽機車牌照登記資料、結婚或死亡紀錄、法庭紀錄、心理健康機構和戒酒中心的資料。儘管這是三十年前做的研究，但這支團隊竟然找到百分之九十八的受試者。更驚人的是，找到的人裡面有百分之七十五的人都回答了團隊設計的追蹤問題。這些人這時都是

四、五十歲的成人了。

研究團隊從這些男性身上得到直接而明確的回應。其中三分之二的受試者覺得，實驗提供的輔導資源很有價值，幫助他們「遠離街頭、不惹麻煩」。回應中也提到，他們學到如何與人和睦相處，如何相信別人並且克服偏見。有些人認為，若是沒有諮商師的協助，自己可能會成為罪犯。

劍橋—薩莫維青少年研究提供的輔導資源，理應做到大幅改善實驗組的生活，但麥科德的後續研究結果令人跌破眼鏡。實驗組和對照組在往後的發展歷程有非常大的差異，但前人在詮釋相關數據時卻忽略了這些差異，因為這個結果實在太出乎預料。實驗組的受試者，犯罪率較高，較易酗酒、出現嚴重的精神疾病，壽命可能比較短，容易罹患壓力性疾病，從事較低等的職業，並表示從工作中獲得的成就感很低。不僅如此，參與實驗的時間越長、接受的輔導越密集，對這些男孩的長期影響就越負面。這項計畫百害無益，對高風險青少年和一般青少年皆是如此。

如此立意良善、所有環節都經過精心設計的實驗，為什麼最終會為這麼多人造成傷害？

賽瑞斯的新起點

回到賽瑞斯家的餐桌。家人做了一番討論之後，大家都同意讓賽瑞斯先讀完九年級，再利用暑假找地方轉學。賽瑞斯的父母帶著他跑了很多間私立學校，有的是學費太貴，有的是品質並不比公立學校好。

看了越多學校，賽瑞斯就越清楚：他只剩下一條路：休學。他曾向父母提過要休學，父母沒有放在心上。最後，賽瑞斯說服了雙親。他向父母解釋，他不是要放棄學習，他只是要換一種學習方式才能真正學到東西，他只是不要整天坐在教室裡打混，偶爾還要被踢個兩腳。他說，有種東西叫做線上課程，這是可以繼續受教育的好方法。

賽瑞斯清楚記得他不用再去學校報到的第一天：「我在附近的林子裡散步了好久，那是一次非常靈性層面的體驗。」他終於發現自己原來可以當一個獨立自主的書呆子，不必活在恐懼和羞辱之中。

賽瑞斯的雙親工時都很長，沒有時間在家幫他上課。所以父母跟他約法三章：賽瑞斯必須定期分享他學到的東西，也要去找工作，不能成天窩在家裡。賽瑞斯的父親偶爾會在餐巾紙上寫下習題，讓賽瑞斯在吃早餐時解題。

辦理休學當天，賽瑞斯的輔導員說「他即將要放棄大好前程」。賽瑞斯的遠親也不能諒解這項決定，還說讓他輟學等於毀了他的人生。賽瑞斯由於沒有學籍，所以不能加入樂隊，不能參加高中的課後活動，不能使用圖書館，也無法申請大學入學獎學金。哇，真是相當難熬的日子。

但也就是在這段日子裡，賽瑞斯戒掉所有的壞習慣。他找到了正面的新出口，分散挫敗感，找到有建設性的宣洩管道。賽瑞斯和父母的關係馬上有所改善，他也不再說謊捏造自己人在哪裡或在做什麼。最後，賽瑞斯認知到休學反而拯救了他的學習，休學是他人生中最重要的決定。他不再受到傳統教育中的諸多限制，也沒有損友帶來的壞影響，賽瑞斯慢慢開始找到最真實的自我。只不過，沒有正規的學歷和學分，還是常使賽瑞斯在與公家機關打交道時遇到困難。

賽瑞斯初期的「現實生活教育」，包含了上班工作、善用圖書證和網際網路，以及保有好奇心。他選了幾門線上課程，在課堂上的表現優異，充分展現這個新學習環境的力量。賽瑞斯也變得熱愛閱讀——閱讀從此對他的學習有莫大幫助。體制外的學習方式也意外開啟了賽瑞斯的企業家生涯——他會去零售店後門的垃圾桶，翻找一些別人不要的電子產品，加以修理，再放上eBay販賣。

然而，這種與眾不同的求學歷程為他留下了一個遺憾：他的數理基礎不扎實，使得他比較難以掌握科技新知。這問題，賽瑞斯也克服了。他的學習技巧能逐漸進步，原因之一是他花時間玩音樂。他自從離開傳統教育體制之後，每天的時間運用更彈性，就有時間學音樂。

有一天，賽瑞斯的父親邀他參加某大學在下午舉行的爵士演奏會。演奏結束，教授對觀眾說，所有人都可以報名參加樂團。賽瑞斯把這番話聽到心裡，便打了電話給教授。沒有人接聽，事後也沒有人回電。賽瑞斯又打了一次電話，還是沒消息。賽瑞斯不死心，再打一次。最終，他得到了回報——教授與他約了面談。賽瑞斯還記得自己問教授：「如果你教我，我可以怎麼回報你？」

那是賽瑞斯第一次拜師學藝。他就此愛上音樂。

早在大家開始使用Skype之前好幾年，賽瑞斯就選修了付費的線上音樂課程。他甚至存了一百美元，只為了選修吉他大師吉米．布魯諾（Jimmy Bruno）的單堂線上視訊課程。學習爵士吉他這件事，讓札克更懂得怎樣當一個「有組織能力的書呆子」。過去，賽瑞斯總是東學一點、西學一點，並且時常跳躍性思考，但是學吉他需要縝密的思考邏輯。賽瑞斯漸漸理解「**程序流暢力**」（procedural fluency）的重要性，換句話說，他發現養成每天練習的好習慣非常重要，只要可以每天練習，就可以在大腦中建立起一個認知模式，建立起來之後，就可以容易回想起所學內容。

賽瑞斯也意識到「**刻意練習**」的重要性。在做刻意練習的時候，賽瑞斯會反覆練習一個最難的橋段，強迫自己走出練習的舒適圈。爵士文化中有一種氣氛會逼迫樂手採取這種有效的學習方式。賽瑞斯說：「彩排時如果你老是彈奏同一種即興橋段（licks或riffs）會被大家笑。」這在英文裡有個詞叫做「woodshed」，他們會說：Why are you not in the woodshed？為什麼不認真練習？

賽瑞斯的音樂老師在當地的大學擔任教授，於是賽瑞斯在十六歲那年，選修了老師開設的四學分課程。這之後大約一年，賽瑞斯順利申請到紐約大學。他以轉學生的身分正式成為紐約大學的大學生——這意思是根本沒人仔細審查他的高中經歷。

到了大四，學校在做畢業前的最後審查，這時學校要求賽瑞斯出示高中文憑。他當然拿不出來。在沒有高中教育的幫助下，賽瑞斯仍然能拿到3.98 GPA的好成績（譯註：滿分為4）。（附帶一提，賽瑞斯當時一面有全職工作，每天通勤時間兩個小時，還能有如此優秀的表現。）又一次，官僚體系作風讓賽瑞斯感到挫敗——他只好用德州大學的線上高中課程來取得高中學歷。

最後，賽瑞斯以最高榮譽畢業於紐約大學，同時取得政治、哲學、經濟三個領域的學士學位。賽瑞斯也成了紐約大學「創始人社團」（Founder's Club）的一員，這個社團向來只讓得到最高榮譽學業成就的學生入社。後來他在紐約大學擔任研究助理，替一位歷史學家工作，也申請到補助款，跟著街頭攤販商會的成員遠赴肯亞研究非正式經濟。此後，賽瑞斯便對開發中國家的企業發展非常感興趣。

有一天，賽瑞斯正在處理紐約一間新創公司「激進社會企業家」（Radical Social

Entrepreneurs）的事，這時他收到了一封郵件，來自吉昂卡羅・伊拔爾關（Giancarlo Ibárgüen），他是瓜地馬拉的明星學校馬洛京大學的校長。他來信邀請賽瑞斯到他的學校參訪，討論合作的機會。這之後，賽瑞斯以二十五歲年紀，接手管理這所學校的麥可・波蘭尼學院，並且打造了一個營利導向的創新實驗文學院學程，讓修習這個學程的學生可以自行規劃自己學位的內容。

學程的運作方式，與賽瑞斯本人早期的歷程相當類似。各大企業紛紛造訪麥可・波蘭尼學院，前來尋找有能力又有創意的學程畢業生——這個學程的就業率高達百分之百，沒有去企業工作的畢業生則自己創業。賽瑞斯在學校的工作，對學院和對他自己本人都是墊腳石，將會迎來更遠大美好的未來。

賽瑞斯熱愛在開發中國家工作。他說：「第三世界國家有諸多劣勢——貧窮啦、建設匱乏啦，種種你能想像到的所有劣勢。」儘管如此，他也發現在這樣的環境中工作有非常大的發展空間。

最主要的關鍵是賽瑞斯擁有創業家的特質。以前，他四周的人都會拿他的生意頭腦開玩笑，說他在從事「偷雞摸狗的副業」，說他又想出「新的餿主意」。因此，賽瑞斯花了好長一段時間，好不容易才接受他自己的創業興趣，事實上正是他的天分所在。大學時代，賽瑞斯選修經濟學是為了以宏觀的角度來檢視企業的運作方式及其影響。他認為會計、行銷等一般的商學課程只會教出照表操課的行政人員，無法幫助學生開創具有挑戰性的新企業。

「如果你的經歷和知識都跟別人沒有兩樣，就很難成為能提出有趣想法和做法的企業家。」賽瑞斯說：「MBA的課程是在把所有人都變成同一種人。而且說實話，會計或行銷這類的知識其實可以在做中學。想要成為企業家，除了學科訓練之外，更需要情緒管理和心理層面的訓練。許多商業課程的內容非常抽象，無法替學生建立恰當的心智狀態，教會他們如何從零開始，創造東西出來。而這個創業的過程需要處理每天累積下來的雞毛蒜皮小事。」

賽瑞斯提到，許多功成名就的企業家其實都不是知識分子。而正因如此，他們才能夠從經驗中學習，而不是依賴理論。老實說，這些企業家通常沒有足夠的訓練（或是工作記憶）來理解抽象而複雜的學術理論。

「成功的企業家總是先做了再說。譬如，一開始先是去想出怎樣是最好的收垃圾的路線，十年後，可能就在某區域建立起許多條收垃圾的路線。這些人為生活中最重要的小事找到解決方案。正因他們不懂那些傳統的、複雜的學術觀念，才能發展出超級實用，而其實本質上相當複雜的構想。這些人於是成了改善收垃圾路線的世界級專家。」

賽瑞斯面露微笑，談著這些事：「我知道這聽起來很老套，但我相信每個人都有自己的天賦。而教育時常抹去人的差異，使我們喪失成就大事的自主能力。」

瓊・麥科德的深入研究

瓊・麥科德也和賽瑞斯一樣，依循自己的稟賦，選擇了一條少有人跡的研究之路，跟一般學者很不一樣。起初，麥科德發現，她的研究成果並不容易找到地方發表，這正因為她的研究指出立意良善的家庭輔導資源其實對孩子有害。劍橋—薩莫維青少年研究中所採用的許多輔導策略，在將近八十年後的今天仍被高度推崇。麥科德一次次的投稿都被拒絕，最後終於得到發表：《美國心理學者》期刊（*American Psychologist*）刊登了她這篇名為〈青少年輔導之影響：三十年後的追蹤研究〉（A Thirty-Year Follow-up of Treatment Effects）的文章，引起軒然大波。這也刺激很多學者開始謹慎探討立意良善、看似有很多好處的相關輔導資源。在短時間裡就出現許多新的相關研究，顯示出其他類似的輔導資源也是弊大於利，或是花了大把經費卻沒有多少實質的助益。

有幾個原因也許可以解釋麥科德觀察到的負面結果。可能是相關機構的干預導致受試者對外部的幫助有不健康的過度依賴；也可能是這些青少年在習慣接受輔導之後，開始自認是需要幫助的人。

瓊・麥科德的兒子，傑夫・塞爾・麥科德（Geoff Sayre-McCord），追隨母親的研究腳步。他是傑出的哲學教授，在北卡羅萊納大學教堂山分校（University of North Carolina at Chapel Hill）擔任哲學、政治暨經濟學系的主任。傑夫・麥科德說：「我母親猜想，這樣的研究結果有一項很重要的原因，可能是這些青少年漸漸被輔導員（較高階層的中產階級）的想法和觀念同化了，但是這些觀念其實不利於這些孩子的生活和發展。」

瓊・麥科德敢於挑戰傳統觀念，勇於提出質疑，不論輔導計畫是否立意良善，她都能審視它是否真的能夠幫助受試者。她也發現，社會輔導計畫通常都未能建立有效的成果評估機制。事實上，她發現從事相關工作的社工人員對於想要評估工作成效的人都帶有敵意，因為他們總是認為只要輔導計畫的出發點是好的，就一定會成功。很多輔導計畫的負責人經常刻意不去蒐集相關數據，讓人難以評估社會介入的真實效果。

傑夫・麥科德在倫理學、後設倫理學知識論等領域發表過許多學術文章，他對我說了以下這段話，正好可以解釋他母親的學術發現：「我的感覺是，大部分的人在短期時間裡都選擇相信輔導計畫內部人員提供的主觀報告，也相信自己的直接反應。劍橋—薩莫維青少年研究顯然已經告訴我們，這些內部報告和主觀直覺是完全不可靠的，但是很難把自認為正確的人搖醒。此外，我也感覺很多人（這些人都認為自己提供的服務價值非凡）好像認為，設定了對照組只會讓需要幫助的人得不到幫助。他們寧可把錢用來幫助更多人，也不願意投資科學研究來證實他們『已經知道的事實』。」

瓊・麥科德後來成為美國犯罪學學會（American Society of Criminology）的第一位女性會長。她勇於挑戰各種地位崇高的輔導機構的輔導計畫，諸如青年社團、夏令營、少年犯監獄探視、藥物濫用預防教育（Drug Abuse Resistance Education，D.A.R.E）等等。她也開始檢視各種社會輔導計畫是否確實達成自訂的目標，希望可以慢慢對社會科學領域有所貢獻。

此外，曾榮獲「麥克阿瑟獎」（MacArthur Award，此獎項特別著意於獎勵個人的創意、見解潛力）的研究者，安琪拉．達克沃斯（Angela Duckworth），一生致力於研究人如何做到可以堅持自己的行為。達克沃斯援引休士頓大學心理學者羅伯．艾森柏杰（Robert Eisenberger）的論述——艾森柏杰發現，如果讓兒童進行簡單的任務之後給予豐厚獎賞，這種做法會降低他們努力不懈的意願。換句話說，給予協助並降低任務的難度，可能會造成反效果並且抑制人的內在動機。達克沃斯發現，對於個性本就比較堅韌的人，最好的教育方式是嚴格與慈愛並進。

假如我們深入檢視各種輔導計畫和輔導機構，會意外地發現，輔導成果和他們的理念初衷之間存在著很大的差距。就連訓練教師的教程也可能跟立意良善的社會輔導計畫一樣，成效難以預期。教育學教授林恩．范德勒（Lynn Fendler）一項著名的觀察發現：「目前沒有任何主要的科學研究可以證實，教程中有哪一門課程對教師往後的教學品質有所影響」。我們常希望學生可以藉著傳統的教育體制出類拔萃，但我們也必須意識到，傳統教育體制有很多問題至今還是非常棘手，而這些都有可能扼殺富含創造力的心靈。

轉念關鍵

不要欺騙自己

瓊．麥科德的研究告訴我們，有時我們會對自己的看法太有把握，不願再思考其他可能性。如果想要有效學習，就要能聽取別人的想法，而且要刻意製造出情境來讓自己發現自己的錯誤。

賽瑞斯的師父

賽瑞斯的學習歷程特別有意思，他在中學快畢業之前就打從心裡知道這個社會的根本制度——也就是傳統教育體制——不適合他。最後他選了一條特立獨行的路。對賽瑞斯而言，他自創的學習路程比傳統教育或是其他的特殊訓練方法更為可行。然而，他「與學校脫鉤」之後的學習也不是一帆風順的，對他這樣的人來說，一旦離開學校，就變成很難每天都練習一些必須在年紀小時就及早養成的基本技能，譬如數學、音樂和語言。但最後事實證明，這條路正是賽瑞斯邁向成功的道路。

賽瑞斯認為他能夠成功，除了花時間學習音樂之外，還要歸功於幾位帶領他的「師父」（mentor）和這種師徒式的學習方法。賽瑞斯的第一個師父就是那位大學音樂教授。「我替他處理各種雜務，包含打掃辦公室，這實在不是什麼光榮的差事，但我這麼做是為了答謝老師把他的知識傳授給我。」賽瑞斯在讀紐約大學的時候，替學校的經濟歷史學者工作，在資料室裡找出一九七〇年代紐約市經濟危機的相關政府公文，再從上千頁的資料中找出重點內容，加以影印。「這是為了營造正面的師徒關係。」賽瑞斯表示：「有所接受，就要有所回饋。」

賽瑞斯覺得師父無償付出他們的時間，所以他會去想應該如何回饋師父。他提到：「我要怎樣在師父的工作上幫助他呢？若能跟師父朝夕相處，就能耳濡目染學到很多東西。」

當初波士頓讀書會舉辦的社工輔導計畫，對賽瑞斯似乎沒有幫助，但是他自己找的師父卻讓他受益良多。賽瑞斯的直覺是，就是因為師徒制並非制度化的輔導計畫，所以拜師學藝才能成功。賽瑞斯沒有參加任何組織機構的課程，他的師父也不是接受過正統訓練的職業輔導員。他是在日常生活中尋找學習機會，進而自然發展出各種師徒關係。

賽瑞斯說：「我的師徒關係並不是漫無目的亂學一通，也不是要追求什麼『正面影響力』。我拜師是因為我想學音樂、想理解經濟學。我認為這樣的師徒制在本質上就跟一般提供『正面影響』的輔導計畫很不相同。師徒制中，師父和學生雙方都有貢獻與付出。

「我的師父不會開車帶我出去玩，也不會對我講人生大道理。他們說的是：『要這樣分析古典樂曲。回家分析這首曲子，下禮拜講給我聽。』或：『這就是主觀價值經濟理論及其重要性。回家把這三篇文章讀完，下週討論。』說實話，師父跟我不是朋友。師徒制的運作方式比較像是中世紀的鐵匠教學徒鑄鐵，而不是二十世紀的善良社工跟學員的互動。」

瓊．麥科德的研究顯示，社會輔導計畫不是萬靈丹。賽瑞斯的經歷也告訴我們，傳統教育體制提供的「完整社會輔導制度」有時候根本不管用，原因可能是因為傳統制度本身就有問題，或是年輕人太「顛覆傳統」以至於格格不入，或兩者皆是。最後反而可能是個人為追求自己的一席之地所付出的努力，才得以開創出成功美好的人生。

賽瑞斯透過師徒制度和自學，找到了自信，培養自己解決難題的能力。一言以蔽之：堅毅。不論你怎麼想，想要做到堅毅，最好的老師就是你自己。

換你試試看

正面積極的學習管道

賽瑞斯的經歷很發人深省，提醒了我們，在教育和學習成功這件事上，世上並沒有公式。賽瑞斯用自創的學習法帶自己脫離惹事的生活，踏上正向的道路。找到屬於自己的學習管道，可以幫助你用不同的角度看待未來。現在你正可以環顧你自己的學習歷程，想一想過去你的各種學習是為了達成怎樣的目標。現在，你的學習目標是什麼？你要怎樣有效達成目標？以「學習目標」為標題，寫下你的想法。

PART 2

學習中的國家：新加坡

6 一個為未來做準備的國度

鄭德源（Patrick Tay）是我見過最陽光、最樂觀的人。除了正面積極的個性，鄭德源背後還有很多故事。

鄭德源有兩個重要的身分：一是律師，在新加坡國會中代表新加坡西岸區域，另一個身分是新加坡全國職工總會（National Trade Union Congress，NTUC）的助理祕書長，負責管理法律服務處和專業人員、經理和執行人員部門（Professional, Managerial, and Executive Unit）。鄭德源出身貧窮，來自於貧寒的中產階級家庭——他是在當了好幾年警察之後才加入職工總會的行列。

雖然新加坡是一片彈丸之地，在這個平均寬度僅約三十公里的島上卻住了五百五十萬人——想要了解這個國家絕非易事。一個城市就成一國的新加坡，四面環海，位於一千多公里長的馬來西亞半島下方，看起來像是驚嘆號下方的圓點。新加坡是種族大熔爐，組成人口包含華裔、馬來裔、印度裔等等，而這些不同族裔的人都視自己為新加坡人。雖然新加坡的學校以英語授課，多數新加坡人都會說二至三種語言，包括英語、華語、中國各地各種方言、馬來語、或達羅毗荼語系的泰米爾語（Tamil）。

新加坡另有一特殊之處，就是除了一座深海漁港之外，沒有任何的天然資源。這個城市國家沒有足夠的淡水來供應國民日常所需。新加坡需要藉由一道長堤（名為新柔長堤）的水管道，向有時態度並不友善的馬來西亞引進珍貴的水資源。但新加坡已研發出先進的海水淡化技術，國內大部分用水都來自於海水淡化廠，全球現在也有很多地方使用新加坡的淡化水。

一九六五年，新加坡的失業率高達二位數，勞動人口的識字率僅有百分之五十七。當時的新加坡是個文化沙漠，也很有可能像二次大戰後其他脫離英國殖民的國家一樣，落入慘境。

但新加坡寫出了自己的故事。

新加坡成長速度飛快，目前的失業率非常低，僅百分之二，在世界各國中名列前茅。新加坡的人均國民所得毛額極高，是世界平均值的百分之三百二十一。在「國際學生能力評量」（PISA，測驗十五歲學生的數學、閱讀和科學能力）的表現上，新加坡的學生總是特別出色。犯罪率極低，家長很放心讓孩子半夜在市中心逛大街。新加坡女生約吃午飯時如果提早到餐廳，也會很安心地把提包放在桌上占位子，離開去上廁所。新加坡人也跟其他國家的人一樣會抱怨生活忙碌、物價過高，但是其他國家人民對生活上的其他諸多不滿，新加坡人都沒有。

新加坡的成功，可能跟他們以學習為主的生活方式，以及「職涯韌性」（career resilience）有莫大關係。我想更深入了解新加坡人對於學習的看法，並聽取鄭德源的洞見，我與他約在新加坡商務區內三十二層樓高的職工總會大樓見面。

鄭德源的辦公室位於二十樓。距離這棟大樓不遠處，便是風格浮誇的萊佛士飯店（Raffles Hotel），它有經典的殖民風格建築，每間房間都有專屬的服務生。職工總會的玻璃帷幕大樓坐落在新加坡河畔，往河口望去，對岸的濱海灣金沙飯店和飯店頂上那艘經典大船一覽無遺。

鄭德源的身形挺立、體格強健，顯然非常清楚身體健康和心理健康息息相關。鄭德源露出燦爛友善的微笑，馬上讓我放鬆下來。他向我自我介紹——他已婚、有三個孩子；他當初申請到大學獎學金，靠著獎學金在新加坡國立大學讀了四年的法律。在新加坡，領取政府獎學金的條件是畢業後要報效國家六年。照理說，鄭德源畢業後應該要選擇當檢察官，但他去當了警察。鄭德源也在從警時期取得法律碩士學位，專攻國際法與國際商務。

而今，鄭德源是個先鋒型的人物——他總是想要帶給他人正面能量。他積極參與社區活動，提供法律相關服務，替窮苦人伸張正義不遺餘力。

他在結束六年的警察工作之後，本想成為執業律師。但是由於他積極參與志工活動，並且在律師專業中擁有他自稱為「深度技術」（deep skilling）的專長，職工總會便邀請他到該會工作。

鄭德源於二〇〇二年加入職工總會。他搖著頭說真不敢相信時間過得這麼快。「我竟然已經在職工總會工作十四年了。看到自己提倡的理念終於被大家看見，還能幫助他人，非常有成就感。不是只幫助五個人十個人，有時候甚至可以影響成千上萬的人。這就是我每天生活的動力。」

鄭德源在職工總會的工作需要接觸各行各業，其中包含造船業、私人保全產業、健康保健產業，現在他也深入了金融業。

「回頭看我以往做的事情，」鄭德源說：

鄭德源是新加坡國會成員，也是新加坡全國職工總會中的重要人物。他非常努力幫助新加坡人找到新方法來增加職涯韌性。這張照片的背景是健身房，鄭德源也是跆拳道黑帶高手。

「最主要的內容其實就是幫助工作者發展興趣、找到幸福。職場中，事求人、人求事是每天的課題。我們需要讓更多人願意投資新加坡——藉此創造好的工作機會和高薪的工作機會。但是我們也需要創造出能符合新加坡工作人口需求的工作；因為新加坡工作人口改變專業的速度非常快。」

在已開發國家的職場發展中，新加坡可說是領頭先鋒。新加坡非常注重教育，在教育中強調培養專業人員、經理或管理高層人才。新加坡的整體人口逐漸老化，這當然也包括工作人口。這其中造成的潛在危險是會導致一些工作逐漸消失。工作者以前努力習得的技能、科技、甚至是人際技巧，都可能漸漸失去價值。他們需要精通新的軟體、不同的設備、新的管理方法，甚至是人與人之間的交流方式也會有所改變。傳統職場中的每一步都可以奠定基礎，持續深耕；現代的職場則比較像是一條輸送帶，不論你目前處於什麼階段，都必須不斷精進自己的能力、不斷學習。

鄭德源在做進一步解釋時，很明顯可以看出他很注重自己要擁有多元技能。「我們需要重新設計各種職務的內容，也需要幫助求職者『刷新技能』來從事各種新的工作。要達成這個目標需要所有人的努力——職員、雇主、政府，以及更宏觀的層面：整個社會本身。」

把整個新加坡凝聚在一起的，正是該國的「三方論壇」——勞工、資方、政府三方聚在一起。鄭德源說：「這是新加坡成功的關鍵，也是新加坡的特有文化。

「三方論壇並非新產物——它在國際勞工組織框架之下已經行之有年了。但是新加坡的三方論壇組成比較特殊。我今天早上走進辦公室之前，才剛剛跟一位三方論壇的成員一起吃早餐，我們每週三都會一起吃早餐。早上我們聊的東西正是我現在跟你聊的問題。新加坡是少數能做到讓雇主、政府和工會坐在同一個房間中討論事情的國家。這三方擁有一個共同的目標，就是擴大經濟大餅，而不是搶著瓜分。三方都清楚知道，解決問題時不應該去吵誰分到最多或是受益最多。」

鄭德源認為，每一個角色在論壇中都很重要。大家同桌而坐，理性地進行討論，從不同的角度來看待一個議題。身為雇員的個人可以做什麼？在重新設計工作職掌、自動化、創新和提高生產力等方面，公司的責任是什麼？政府如何幫助工作人口認識自己的潛力？社會本身又要如何支持社會結構、

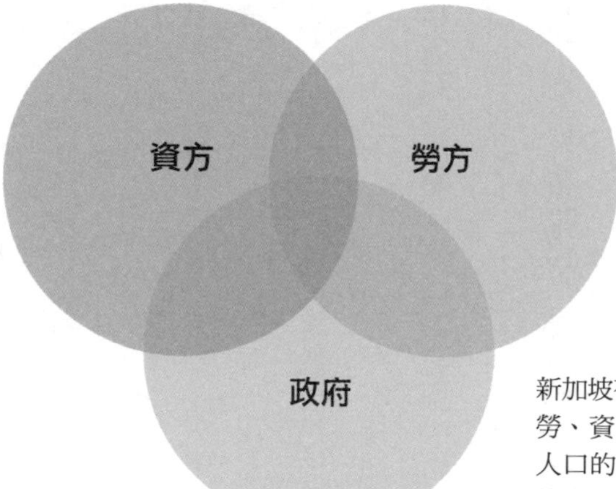

新加坡有特殊的「三方論壇」文化，勞、資、政三方共同努力提升工作人口的能力。不同功能的組織之間的交流頻繁，致力於建立關係並找到交集。

政治結構的改變？新加坡非常明白，面對國內逐漸老化的白領工作人口，如果要保持競爭力，就一定要解決上述問題。

針對這些問題，鄭德源都有簡單而優雅的解決之道。

職涯建構的「T模式」和「π模式」

傳統的職涯發展方式，常常被看成是以「T型模式」在運作。某個人首先接受某一領域的訓練，例如會計、機械或二十世紀英國文學，深入發展該項專業之後，再用其他較淺的「水平技能」與之平衡——這些其他技能包括了電腦能力、人際技巧、對木工的興趣等。然而，鄭德源在幾年前就開始提倡他構思的「π型」職涯建構軌道——這是指用兩項深入的專業領域，再以一點其他廣泛的知識、能力與之平衡。

在新的經濟大環境中，鄭德源很清楚，一個人不能只有一項專長。就算你千辛萬苦在無涯學海中只專精了兩門小小的專業，但你的能力是只有一項專長的人的兩倍。兩個專長可以帶來更多機會。

鄭德源知道，在現代的經濟環境中，若要建構出職涯韌性，就務必擁有「第二專長」。如果你的第一專長需要非常困難的高度專業技術，例如醫生，你便很難選擇另一門技術門檻也很高的專業當作第二專長，例如律師。但不論你的第一專長是什麼，你都需要第二專長來保護自己，而且這第二專長不能只是表面功夫。第二專長可以是第一專長的輔助，也可以是截然不同的領域，這樣如果情勢有所改變，就有其他路可走。鄭德源的方法之下隱含的意義是：我們能學會的比我們以為自己能學會的多。

大部分的人認為，要像新加坡這樣的第一世界國家的國民，才有本錢改變職業跑道。這其實是錯誤的觀念。新加坡和其他許多第一世界國家一樣，經歷過大起大落的經濟發展，甚至在鄭德源身處的最近時代也是如此。一九九八年，新加坡經歷了一次經濟危機；二〇〇三年，由於SARS疫情大爆發，前來亞洲旅遊的人數銳減，又造成了新加坡第二次的經濟危機。接著就是二〇〇八年的次級房貸危機。

「因著工作機會消失，一種技能在兩、三年後就不夠用了——各種改變的速度太快了。」鄭德源說：「公司行號開始撙節、縮編、重新組織，並移往海外設廠。在新經濟環境中，要有兩種專精的領域才能面對未來。」

「舉例來說，你可能在銀行上班，非常嫻熟銀行內的某種工作內容，或是很會使用某種軟體。但是有一天，很可能某項金融產品或你的職務內容就忽然消失或是移往國外，到時你就等著失業。」

我問鄭德源，是否每個人都可以有兩個專長，比方說，銀行職員有辦法發展第二專長嗎？鄭德源說，銀行職員「必須」要有兩個專長。在瞬息萬變的金融產業裡，以金融業專員

傳統職涯發展中的每一步都可以奠定往後的基礎。現代的職場則比較像是一條輸送帶，不論你目前處於哪個階段，都必須不斷精進自己的能力，不斷學習。

T

新加坡傳統的職涯發展方式也和其他國家一樣，都是依循「T模式」——一項「深入」的專業技能，加上其他較為不深入的知識和興趣。

π

鄭德源提倡的是「π 模式」——培養兩門深入的專業技能，輔以一點各領域的粗淺知識、能力。「π 模式」又稱「第二專長」，這種職涯建構模式可以幫助我們在快速成長、改變的社會中，維持職涯韌性和彈性。

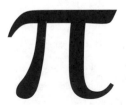

來說，若不能達到業績，很快就會被請走；因此這時你有沒有備案專長就很重要了。其實，想要發展第二專長並沒有想像中的複雜——有時候你的專長早已經存在了，只是在等你去發掘。

舉例來說，有一種特殊專長，鄭德源稱做「人際理財」。這種理財專員不僅具備理財專業知識，也有人際關係技能。人際關係技能在其他領域中也很重要，例如諮商和社工。由於人口老化和其他社會問題，新加坡非常需要這兩個領域的人才。如果人際理財專員可以投資自己，發展諮商類的第二專長，就可以投入有大量人力需求的社會服務業。萬一不幸發生經濟危機，也有退路。

新加坡政府提供了補助專案，幫助想要學習第二專長的國民，老少不拘。事實上，四十歲以上的人若是參加諮商專業證照班，還可以得到額外的補助——不論諮商證照和他們的現職是否有直接的關聯。也就是說，企業提供的員工進修補助，通常是針對那種對於員工的現職有幫助的技術；而政府補助的是個人自發想要參與的課程，就算是跟現職沒有直接關聯也可以。在成人終身學習這件事上，新加坡的發展方向著重於個人的喜好和選擇。

鄭德源參與遊說工作，讓新加坡政府真正把補助款花在刀口上。新加坡的「未來技能計畫」（SkillsFuture）提供二十五歲以上的國民每人一個虛擬帳戶，在帳戶裡替每人存入五百元（新加坡元）。這五百元可以用來抵掉任何進修的費用，個人可以自行選擇課程，不用受公司的限制。「你可能會想，五百元實在不是什麼大錢。」鄭德源說：「但是很多進修課程其實百分之八十、九十的費用已經是由政府補助了。所以這五百元可用來支付補助還沒有涵蓋的部份，以前這些雜費我們可是要自己負擔。」

為什麼要支持個人選擇的第二專長而不顧企業主的想法呢？因為這樣做可以鼓勵員工加強技術，不管是同科目再深造、重拾某些技能，或是培養多重專業、第二專長都可以。補助金可以是一大誘因，讓大家有動力繼續學習。

轉念關鍵

要學習第二專長

在今天瞬息萬變的職場中，學習第二專長是個好主意。當工作出現預料外的變動時，第二專長可以讓你比較容易找到其他出口。

我還記得我以前任職的公司，有次面試一大群新人，有人給我看了一篇文章，文中提到，在同一個工作崗位工作六個月的人和在同一個崗位工作六年的人，其實沒有太大的不同。發展第二專長，其實沒有多數人想像的困難。技能發展的曲線通常是對數型而非線型；意思是說，你雖然要先花很多時間才能把一個新的專長學到精通，但到了「回收遞減」點之前，你學習的速度在短時間內可以衝到很快。這就足以替自己在新時代創造出立足點。我個人非常享受學習新技能的過程，因為我很喜歡學習初期那種突飛猛進的感覺。

——布萊恩．布魯許爾（Brian Brookshire）
布魯許爾企業（Brookshire Enterprises）線上行銷專員

實用性、興趣，還是金錢的誘惑？

鄭德源解釋，學習第二專長有兩個層面。首先是工作層面：不論你是為了在工作上要更上一層樓，或是你被開除了，於是開始把第二專長運用在職場中，第二專長都可以帶你進入某一個領域、轉換跑道，甚或升遷。你的第二專長可以是從興趣或熱情發展出來的。

舉例來說，鄭德源有一個電腦工程師朋友，對視覺設計非常有興趣。他白天的工作是後台技術支援，卻跑去上3D設計和視覺設計的課程。現在他除了原本科技業的日間工作，私下也會接一些高報酬的媒體、設計工作。

「所以一面是工作、一面是興趣。」鄭德源說：「如果可以兩者結合當然是最好了。」

從工作的角度來看，不妨多觀察職場趨勢、預測未來風向，看看哪些產業將會需要人才。新加坡未來五年裡將會有所成長的產業包括：先進製造業（advanced manufacturing）、保健產業、航太產業（新加坡其他較傳統的製造業多半已先後移往中國和其他製造成本較低的國家）。人口老化帶來醫療服務的需求，而新加坡正準備打造一個航太中心。

那麼，一般的機械工程師呢？我問。機械

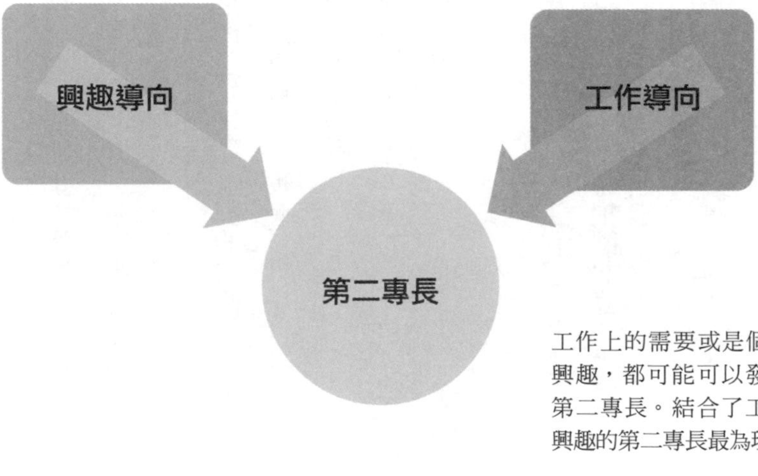

工作上的需要或是個人的興趣，都可能可以發展成第二專長。結合了工作與興趣的第二專長最為理想。

工程師如何選擇第二專長？

「工程師的頭腦有縝密的邏輯，並且注重過程，所以工程師可以選擇非常需要邏輯思維的各種領域。」鄭德源說：「如果你是隧道工程師，擅長挖地道，你只要再經過一些相關的訓練，可能就可以在健康服務產業中負責維持供應鏈品質。」

一般來說，需要學習第二專長的時候，通常也是你開始組織家庭的時候。在工作家庭兩頭燒而時間有限的情況下，要如何學習第二專長呢？鄭德源舉了他兩個朋友的例子，這兩個朋友都是在剛成家時開始學習第二專長，他們都對攝影很有興趣。

鄭德源有位警察朋友把興趣融入家庭生活中。他替孩子拍攝美麗的照片和錄製影片後，把內容放在臉書上，得到許多好評。他那時擔任警察工作已經十五年，他卻決定離職，開始當一個自由接案的攝影師。

另外還有一位電腦工程師，一開始拍照純粹是出於興趣，但在工作了大約七年之後，決定離開電腦工程產業。他也成為專業的攝影師，替各種活動、婚禮拍照記錄，也捕捉靜物、大自然的影像，現在也替人安排出國拍照的行程。

「他們因興趣而從事的活動，最後卻改變了他們的職業。」鄭德源說：「我自己的經歷其實也是如此。」鄭德源以前常在各地大學的大學部舉辦工作法、勞工立法和產業結構的講座。一開始，辦講座純粹只是他的興趣。他同時也是有執照的游泳教練和跆拳道教練。

我冒昧對鄭德源笑說他的職涯發展才不是π型，根本是梳子型。

鄭德源想要表達的是，在時間金錢都特別有限的時候，應該要從已經熟悉的事情上發展出第二專長。你的天分和能力往往比自己以為的還要多。發展第二專長不一定是要為了工作——第二專長幫助你認識到自己有多面向的能力，可以在好多不同領域都出人頭地。

鄭德源當然也覺得賺大錢、過好生活很好，但是他很不喜歡那種一味追求高薪職業的人。「很多人認為在銀行圈或金融業工作很有格調，因為很多在這圈子工作的人都開名車——法拉利、藍寶堅尼等——並且過著闊綽的生活。」而且在銀行的工作環境裡都有冷氣，這在悶熱的新加坡非常重要。此外，還能打高爾夫球、喝美酒、吃好料。

但實際上，金融圈的實況並非表面上看到的美好。鄭德源說：「金融產業中，大約一千個人裡面會有一個人可以開藍寶堅尼。」這樣的人每週、每月、每季都要面臨業績壓力，而且「隨時都可能被辭退，是非常艱難的工作環境」。

「新加坡國立大學電機系的畢業生有一半最後都不是從事本科工作。」鄭德源說：「由於學校的訓練，管理大數據、分析資料對他們來說非常容易，所以工程師在銀行和金融產業工作起來如魚得水。他們可以在高級的辦公室上班，起薪很高，比工程師的起薪高太多了，可以說是過著名利雙收的生活。但這個產業真的不是想像中的那麼輕鬆。」

金融產業和其他許多行業一樣，一開始看似前途似錦，最後卻也一頭撞上殘酷的現實。

蘑菇型、堆高型、各種型

可以借用幾何學的符號來思考職涯規劃。除了T型和π型，還有一種蘑菇型：一根胖胖的菌柄，和一大片菌蓋。例如美國銷售企業家羅尼．葛林（Rodney Grim），他在電子產品銷售的經驗豐富、知識淵博，而他在企業經營上也不斷學習各種其他相關技能，並掌握時機轉換跑道。他當過輪機技師、市話與行動電話的技師，接著他轉做市話與行動電話的業務工作，然後又轉到製造業。葛林現在擁有自己的事業，常會碰到來自不同產業的客戶，此時葛林的「第二」專長——工程——就常能派上用場。

這很像是創作出《呆伯特》（*Dilbert*）的漫畫家史考特．亞當斯（Scott Adams）提出的「能力堆」（talent stack）方式。亞當斯並不是精通多個領域的人，他是個通才，很多東西都會一點，於是把所有能力堆疊起來成為厲害的「能力堆」。亞當自稱不是一流的藝術家，但他在寫作、做生意、行銷和社群媒體等領域都略懂一二。把這幾項程度一般的技術全部疊起來，使亞當變成傑出的卡通畫家。

許多人專注於發展某一項專業技能，例如某一種程式語言，卻忘了諸如幽默風趣、善於溝通等等技能，也可以替自己的履歷大加分。

除了「T模式」和「π模式」，還有其他模式可以幫助想像職涯的規劃。「蘑菇模式」代表擁有很廣泛的技能，而這些廣泛技能的背後有雄厚的專業背景做支撐。

《呆伯特》的作者史考特．亞當使用「能力堆模式」讓自己有所成就。想要事業有成，其實有時不是僅靠某一領域的專業知識而已，這一點常被人忽略。

另一方面，用最簡單的角度來說，不管哪一個行業都不可能人人都成為頂尖的百分之二。而且，也不是非要成為佼佼者才能從工作中獲得成就感。

預防職涯初期的錯誤判斷

你二十二歲的時候，真的就能把下半輩子完全規劃好嗎？有些人的職業生涯不順遂，有時是因為他們在太年輕的時候就選擇職業。如果是這樣，我們會想，那就等到成熟一點的年紀再來選擇職業吧。但實際上，把職業問題往後拖延卻會帶來其他問題，尤其是對於某些需要長期訓練的職業來說。

因此，新加坡非常重視職業選擇的問題，也盡早提供年輕人職業輔導，讓學生及早認識到自己夢想中的專業有哪些現實、以及它所需的技能。新加坡的做法是在學生年紀很小的時候，就替他們設計「學習之旅」，包含實習機會和技職訓練。像是「nEbO」這類的青年團體，會安排高級中學以上的學子去某些公司或業界實習。鄭德源說，這做法可以避免學生們「進入具挑戰性的產業之後才夢想破滅」，可以拉近學校和產業之間的距離，避免期望落空。

然而，不管用什麼方式在學校教育中做職業輔導，都還是需要取捨。一個十六歲的學生還太年輕，假如早早把目標鎖定一個職業上，卻對這個工作還沒有足夠的了解，到了大學畢業後很容易對先前鎖定的職場感到失望。

帶著上述這些理解，我自忖：到底是該在學生求學階段就盡可能讓他們對各種職業抱持開放態度比較好呢，還是該鼓勵他們及早選定方向呢？

為了回答這些問題，我造訪了位於下一個街口的新加坡市政廳。

綜覽全局

吳純瑜（Soon Joo Gog）博士是「新加坡未來技能計畫」（SkillsFuture Singapore）的首席研究員兼團隊負責人，也是隸屬於教育部的法定委員會（statutory board）成員。吳純瑜身材纖細，神情專注，渾身充滿活力。她時常在思考學習的意涵——不僅是從她個人的角度思考，更從政策的角度來思考如何讓學習更為活絡。她致力於在人口組成多元的新加坡激發眾人終身學習的意願。

新加坡的工作人口數總計有三百萬人，這對吳純瑜的工作團隊而言過於龐大，很難觸及其中的每一位。於是吳純瑜的團隊與企業雇主、商團與工商團體、公會和大專院校、職業訓練機構等等密切合作，共同推動以學習帶來改變。

「因應改變的能力是關鍵。」吳純瑜表示：「在未來，只有改變是唯一不變的道理——舉凡科技、經濟、社會結構、政治結構都是如此。改變的速度越來越快，所以我們必須要有因應改變的能力才能生存。」

當抱負碰上機會

「職涯發展構成了我們在世上的角色認同」，這是吳純瑜的觀察。但同時，吳純瑜也意識到光只是努力追求自己喜歡的職業還不夠。她說：「理想必須要找到合適的機會。」

在吳純瑜與許多教育訓練機構合作的事項之中，有一項是共同打造一個「職業資訊點」（career signposts），提供資訊，讓求職者有機會接觸雇主，幫助求職者從現階段身分轉到自己喜歡的職務去。為達此目標，「未來技能計畫」與「新加坡勞動力局」（Workforce Singapore Agency）合作，建置了一個職業輔導系統，使個人和企業可以從系統中取得與工作者有關的資訊、可以使用人力銀行、取得各種技能的相關資訊和課程簡介。這個訊息系統，可針對不同階段的求職者來提供相關資源，幫助尋找學習機會和可能的工作。求職者可經由政府創立的「職能培訓中心」（Employment and Employability Institute）和 Caliberlink 等專案，連結到全職的就職輔導員。這些專員會提供職業輔導，針對失業、追求升遷、轉換跑道等等情況給予建議。人力資料庫（the Job Bank）的設置，則能幫助企業找到最適合的人選。

在吳純瑜的嬌小身型和年輕外貌下涵藏著過人的智慧。身為新加坡未來技能計畫的首席研究員和團隊負責人，吳純瑜想要建立一個教育生態環境，讓個人可以主導自己的學習。新加坡一直以來也都朝著這個方向努力。在這之中，如何讓人們意識到終身學習的重要性，這是轉變過程的重要環節。在這張照片中，吳純瑜身後是新加坡終身學習院（Lifelong Learning Institute），每一層樓負責不同領域的訓練，諸如零售、幼教、資訊、傳播和科技。新加坡在終身學習和職涯韌性的發展上挹注了龐大的資源。

職涯發展構成我們在世上的角色認同。光只是追隨自己的興趣還不夠，理想必須要找到合適的機會。

——吳純瑜

訪談繼續進行著。桌上的茶都涼了，一口也還沒喝。吳純瑜和我回憶著自己的職涯，我們兩人都是因緣際會才進入自己現在的職場——我們在思考該從事什麼工作的時候，恰巧遇到某些人，在那個報章雜誌資源有限的年代又恰巧讀到某些資訊。然而，這一切都被網際網路改變了。

吳純瑜讚嘆，現在的求職者可以取得的資訊真的太多了。如果你熱中於音樂，想知道作曲者、藝人或是高音質錄音工程師的工作內容是什麼，一點都不難。不像以前那樣難遇到所謂千載難逢的機會了——現在只要一個按鍵就可以從別人的經驗中學習。

吳純瑜估計，大約百分之八十的人可以自己完成學業，投入職場。但是在職場中碰到像是被辭退或資遣的人，通常會感到絕望——彷彿面前所有的門都關上了。吳純瑜認為，很重要的問題在於這些人的心態：「我們常覺得自己只能做自己一直以來在做的事情。可是，如果能意識到我們其實還有很多機會等著去發掘，就比較不會感到絕望或憤怒。」

吳純瑜博士的同事，黃美美，事後也提到，新加坡把職涯發展的資本和韌性看成是跳板，而不是安全網。「也許安全網有時很有幫助，但有時也會變成陷阱。我們的策略反而是像彈跳床：求職者在重新整理自己、預備自己的時候，就像是彈起之後的往下落，但是最終都有辦法靠自己的能力跳得更高。」

新加坡是個小國，所以政府致力於發展有高成長潛力的產業。醫藥研發是重點產業，另外物流、船運、資訊、傳播和科技也非常重要。其他關鍵領域還包括網路安全、軟體程式、觀光業、健康養生、社會工作和教育。

從數據上來看，在新加坡轉職很容易——畢竟新加坡的失業率僅百分之二。但這數據也可能會誤導。低薪的工作例如店員、服務生等等技術門檻很低的工作可以說換就換。但是若需要越高度的專業知識，轉職就更為麻煩。工程類的雇主非常重視相關工作經驗，這也就設下了應徵的門檻。

> 也許安全網有時很有幫助，但有時也會變成陷阱。我們的策略反而是像彈跳床。
>
> ——新加坡未來技能計畫經理黃美美

新加坡的做法並非只求經濟能蓬勃發展，而是要創造優質的工作機會。吳純瑜觀察到：「好工作的條件不是只有高薪，而是要讓每個人能自主決定如何改善他的工作、有沒有機會提升技能。這是關於專業認同。」

吳純瑜非常看好新加坡的前景。她提到經濟學家約瑟夫．熊彼得（Joseph Schumpeter）的觀點，談到勞工發展體系如何促進個人從「創造性破壞」的經濟體中獲益。「我們辦公室的工作就是要改善整個體系。不是只要改革技職學校或大學而已，更是要創造、孕育出一個讓所有人都可以自立自強的技術生態。」

在這過程中，「職涯資本」是個關鍵的角色。喬治城大學電腦工程教授，卡爾．紐波特（Cal Newport），著有《人才不會被埋沒：為什麼從事喜歡的工作時，技術比熱情更重要》（*So Good They Can't Ignore You: Why Skills Trump Passion in the Quest for Work You Love*）一書，他認為：「職涯資本，指的是你擁有的稀有且具價值的技能，這是你在選擇工作時的籌碼。」

吳純瑜對這個概念做了進一步的詮釋：「有時你很難界定自己學習究竟是為了工作還是為了興趣，因為你不知道現在學的東西哪一天會派上用場。就像賈伯斯，他以前在書法和印刷格式的經驗——後來，美麗的字型成了蘋果電腦的大賣點。」

轉念關鍵

巨大的改變是可能產生的

我們很容易陷入一個觀念裡，以為自己只能做自己會做的事。但如果你能對潛在的可能性敞開心胸，絕對有可能成就大改變，有所成長。

在機會平等的搖籃中自立自強

新加坡的教育方向有一個關鍵，就是要提供一個平等的環境，讓每個人都有同等的機會追求成功。這聽起來很理想化，但是像新加坡這樣的小國就有可能做到從學校到家長、社區、乃至於雇主和整個產業等相關人士都凝聚在一起。

吳純瑜想起她兒子近期在學校的表現，微笑著說：「很多人誤以為新加坡學生在國際學生評量上表現優異，反映的是新加坡的填鴨教育。但國際學生評量所測驗出來的其實是解決問題的技巧——而不是死背的功力。新加坡的學生在學校學習的不只是知識和各科的教材，我們的學習環境中，每一個環節都可以幫助學生發展所謂的『深入思考技能』。拿文學來說，文學需要分析技巧——分析文本脈絡和情境。我們讓孩子找出一則故事中隱含的寓意，並且解釋給大家聽。而數學，從基本的層面來說，數學是為了解決問題。於是我們要求孩子思考如何邏輯分析，如何找答案。不論是文學、數學或理科，都不是只學習科目知識而已，重要的是，各科目如何教我們從更深入的層面與生活互動。」

吳純瑜認為，我們必須用更宏觀的角度來看待學習；學習體制並不等於學校體制。學習體制需要家庭和社群的參與。我們必須在國家和文化的脈絡下探討學習，而每個國家都有自己的社會經濟模式——由此我們可以看出家長參與孩子學習的情形。

對新加坡而言，「技術」是策略發展的重點。也就是說，不能交由特定機構來決定哪些技術組合、課程和教學方法最能帶動企業成長。新加坡的教育體制並不是呆板不變的，而是持續在調整、更新的。大專院校常和企業合作，共同找出新興的技術領域，讓學生和畢業生都有機會接觸最新、最實用的關鍵技術。這並不代表新加坡不重視人文藝術學科。事實上，多語背景已經深入新加坡的內裡，因而新加坡能有更多元的觀點——這可是種族單一的國家所渴求的學習環境哩。

在新加坡，接受基層教育是不用付學費的，而就讀大學的學費百分之七十五由政府出資，並且提供豐富的獎學金。但是獎助學金只是優良教育體制的其中一部分。新加坡的家長非常支持孩子接受教育——這才是吳純瑜認為的關鍵。此外新加坡的社會風氣也致使大家都非常努力。

吳純瑜也談到其他國家的教育體制：「美國的體制就截然不同，因為他們的州政府和市政府可以自行決定很多事，他們沒有一個放諸全國皆準的機制。有些城市辦學成功，有些城市就不怎麼樣。失敗的學校非常不容易得到改善，因為這需要先讓整個社群改變。」

新加坡創造了一套機制來幫助學習困難的學生，這些人的占比很低，可能是患有嚴重的疾病、父母過世，或是有學習障礙。舉例來說，新加坡的北爍學校（NorthLight School）招收全國各地「畢業考」兩次沒考過的學生。北爍學校的老師用創意教學法幫助學生找到自信和熱情。有些課堂上，老師會請學生在聽不懂的時候，把放在桌上的雙色卡從綠色面翻到紅色面。正面積極的語氣和作風也使家長更有意願參與。北爍也提供工讀機會，職業輔導員會幫助學習障礙的學生學習工作相關技術，協助他們順利進入職場。

「教育不是只有學校，成功的教育需要打造一個大環境。」吳純瑜說：「我們的工作就是確保每個人都能找到邁向成功的道路。」

轉念關鍵

培養出學習的生活風格

在不同的社區、國家以及文化中，都可以培養建立學習的風氣。

無時無刻都可以學習

學習的一大關鍵在於要做到全面，這不只是口號而已。「未來技能計畫」與合作機構和社區一起努力，要讓大家知道終身學習可以是生活的一部分。我和吳純瑜見面的那個週末，正好有一場「終身學習節」，主旨在於宣導隨時隨地都可以學習的觀念，在休閒活動中或工作時皆可學習。

如同其他許多國家，新加坡的教育體制並不完美。於是偶爾也有新加坡人認為現行體制致使新加坡學生無法和西方學生一樣具有創意。另有些人則私下承認自己很會考試、很會背書，也很會解題，但是無法「跳脫思考框架」去找出不一樣的解答。

有可能是新加坡的教育體制抹煞了學生的創造力，這跟其他考試導向的國家一樣。原因也許在於，學校無法提供最具創意的學生額外的技術，難以幫助他們克服在創意之路上有時會碰到的難關。

不過不容否認的是，新加坡非常積極面對教育體制中的各種關鍵問題，例如太過仰賴「高風險型測驗」（high-stakes testing）來決定一個人的人生或職業方向。最近新加坡成立了「未來經濟委員會」（Committee on Future Economy），集結新加坡出類拔萃的人物，旨在幫助新加坡邁向瞬息萬變、複雜又模糊的未來。

吳純瑜說：「新加坡不斷在追求改善與進步，我們從來不覺得自己已經達成目標了。若能意識到新加坡還在進步之中，我們就能繼續去做下一步該做的事，不斷往前。」

「新加坡是一個學習中的國家。」這是吳純瑜的結論。

換你試試看

技能擴充

新加坡自有一套獨特的方法來鼓勵國民終身學習和發展第二專長。在這些方法中，你可以運用哪些來維持學習的動力呢？

有哪些領域是你可以發展第二專長的呢？

你可以做什麼來幫助擴充自己的技能組合呢？

以「技能擴充」為標題，寫下你的想法。

7 給每個人平等的教育機會

邱緣安（Adam Khoo）九歲時由於打架鬧事被小學退學。到了中學，他的學業成績墊底。他上課時很難專心。

學業表現不佳的學生有時會說自己其實很聰明，只是學校上的課太無聊或是太簡單。但邱緣安不說這種話，學習對他來說就是很難。而讀教科書又比聽課還要討厭——他一翻開書就昏昏欲睡。

邱緣安的父母在他十幾歲時離婚，這讓情況變得更棘手，他的新家庭裡有個姊妹是資優班的好學生，她上的是新加坡最頂尖的學校。而邱緣安本人卻在排名墊底的學校就讀。他一天到晚被問：「你怎麼就不能像你家姊妹一樣？看看人家每科都拿高分！」

後來事情發生很大變化。我和現年四十一歲的邱緣安約在新加坡的辦公室見面。他現在是大富翁等級的身價，是東南亞最大學習機構「邱緣安教育科技集團」（the Adam Khoo Learning Technologies Group）的創辦人兼董事長。邱緣安雖然被譽為業界鉅子，但是他非常樂意與人分享他早年的失敗經歷和轉變的契機，希望能藉此啟發更多人。

我很喜歡拜訪新加坡，因為這裡使用英語，對西方旅客來說非常方便。邱緣安的母語是英語——而當年學華語的歷程對他來說可是困難重重。

然而，新加坡競爭激烈的文化卻也讓西方人感到不解。東方世界有許多國家都像新加坡一樣人口密集，在這樣的環境中，不管你做什麼，身邊都有成百上千個、甚至是好幾百萬個競爭對手——而這些對手的目標也都跟你一樣。

邱緣安在十三歲時有了大轉變，從一敗塗地朝向驚人成功。他靠的是心態的改變和強大的學習新法。邱緣安現在經營的企業，旨在幫助別人在生活中創造出邁向成功的轉變。

在亞洲，一如在許多其他國家裡，成功往往意味著物質成就——社會地位崇高的工作、很高的薪水和教育程度。這裡的父母對孩子寄予厚望，總希望他們成為醫生或律師，但不是每個人都是當醫生或律師的料，這個世界上也不能只有醫生或律師。

數學和理科被視為是通往長遠成功的關鍵。父母希望孩子可以在數學上表現優異，這樣才能申請上頂尖的大學，有機會從事高薪的職業。過去以來新加坡很努力想要改變這種風氣，讓大家知道，藝術家或運動員也和工程師一樣是很棒的職業。但是扭轉觀念需要長期奮戰，尤其是當經濟環境不如意時就更難了。關鍵原因在於，像作家或音樂家這類「有趣」的工作，比較難維生。

學校的競爭更是激烈。學校的標準化測驗其實就是要幾萬名學生一起站在起跑線上，對空鳴槍，大家一起往前跑，最後獎牌落在少數幾個僅以幾毫秒奪得勝利的學生。這種風氣使然，升學準備就好比軍事戰爭。學生開始受訓的年齡越來越低。從前，在新加坡的劍橋高級水準會考（Cambridge A-level exams，決定學生可以進入哪間大學就讀的關鍵考試）中拿到四個A就算是名列前茅了，但現在要拿到七個A才行。

新加坡已經在設法減低標準化考試給學生帶來的壓力，並且改變考試內容，想要讓思考和學習變得更多元，但是考試體制仍然相當嚴格。然而，亞洲有一些國家比新加坡更難有所改革，他們的考試體制更為殘忍。幾百萬名學生擠破頭想搶進只有少數名額的明星大學，成績差的學生就被分配到區域性的普通大學、技職學校。有些高中生根本考不上大學，求學之路就此打住。

在新加坡和其他亞洲國家，「好學生」在年紀很小的時候就會被分到升學班。這樣做有其道理，可以幫助好學生以適合自己的速度來學習。但是這做法在亞洲的「面子文化」中，給學生帶來了雙重壓力。你家小孩分到哪種班級對父母變成一件很重要的事。如果孩子考試考壞了，失敗的不是只有孩子本人，還會丟家族的臉。分班制度還有另一層面的包袱——分到後段班的學生，就得跟愛玩、不讀書的同學一起上課。這會導致學生在學習上更難專注，也會導致學生更加自卑。後半段的師資也比較差。於是你的想法進入了一個死胡同：「我一輩子都無法跟資優班的學生一樣優秀。」

一旦走上這條學習的下坡路，彷彿再也無力回天。環境中的一切會繼續扯你後腿。

但事實上，學習之路是可以反轉的——就算你是後段班的學生也可以。

換你試試看

邁向成功的轉念訣竅

你是否曾經覺得自己被激烈的競爭給淘汰了？本章將會揭露幾種觀念上的扭轉，幫助你回到學習之路。你能不能猜到其中有哪些訣竅？請以「轉念的訣竅」為標題，寫下你的想法。

邱緣安的人生轉機

邱緣安小時候是鑰匙兒童——新加坡有好幾萬名兒童都有相同困擾。邱緣安放學回家後，家裡沒有人可以照顧他。這對他來說真是太好了——這樣他就可以在家瘋狂打電動。他對學校意興闌珊，但這使得花大錢繳學費、請家教的父母非常頭痛。

邱緣安會支開家教老師，到處亂跑，不管大人教什麼都不聽。學業被當？他才不管。打電動、看漫畫、看電視之外，邱緣安唯一有興趣的就是跟朋友鬼混、打架鬧事。邱緣安喜歡引人注意，總想標新立異。如果他無法在好的地方標新立異，他也不介意做點壞事惹人注意，跟其他問題學生一起搞小團體。

邱緣安的父親是個企業家，雖然非常關心自己的兒子卻覺得使不上力，不知如何鼓勵他，如何引起他的學習動機。邱緣安的母親是新加坡的一流記者，是個事業有成的女強人。她也很關心兒子，但是也在幫倒忙。邱緣安學數學感到無力時，母親就會搖著頭說：「真是遺傳到我。」

邱緣安說：「我被貼上了又笨又懶的標籤。」這標籤與事實相去不遠，邱緣安帶頭承認自己學習遲緩，而因此他就逃避課業。邱緣安那時並不知道有一些心理訣竅可以幫助他戰勝「非典型智力」所設下的障礙。不過後來他的成功成為明證，他只要克服這些學習障礙，就可以發揮自己的潛力。

現在的人大多認為心靈成長性質的青少年營隊對學生沒有太大幫助，但是回到一九八七年，有這麼一個營隊，對十三歲的邱緣安造成重大的影響。這個營隊的名稱叫做「超能青少年」（Super-Teen），是全亞洲第一個青少年成長營。

「營隊向我們介紹人類潛能運動（human potential movement）的概念，」邱緣安說：「每個人都有天賦，學習過程中沒有失敗，一切都是經驗。我聽到許多逆轉勝的故事，非常受到激勵。」

邱緣安坐在椅子上，前後搖晃，手指不自覺地敲著桌面。他的專注力稍縱即逝——他的聰明才智並不是以傳統的理性方式用一塊磚一塊磚的方式累積建構出來的。難怪他在八股的學校教育裡會瀕臨被踢出校門的邊緣。

「我在超能青少年營裡學到記憶的訣竅，學到如何使用圖像化記憶法，並且在腦海裡建立關聯。我會跟朋友說『給我五十個字，我五分鐘內可以背起來，賭兩塊錢。』這之後我有了新身分——天才。但一切的關鍵都在於我學到的技巧。」

邱緣安擁有十足的創意，喜歡做白日夢、繪畫、畫卡通還有音樂。他覺得從第一頁開始讀一本書是很無趣的。但是他在營隊中學會的一種記憶技巧：「心智圖法」（mind mapping），讓他懂得使用圖像的方式記住事物、整理教科書的內容——他用畫卡通的方式來幫助記憶。

營隊不只教會邱緣安學習技巧，也

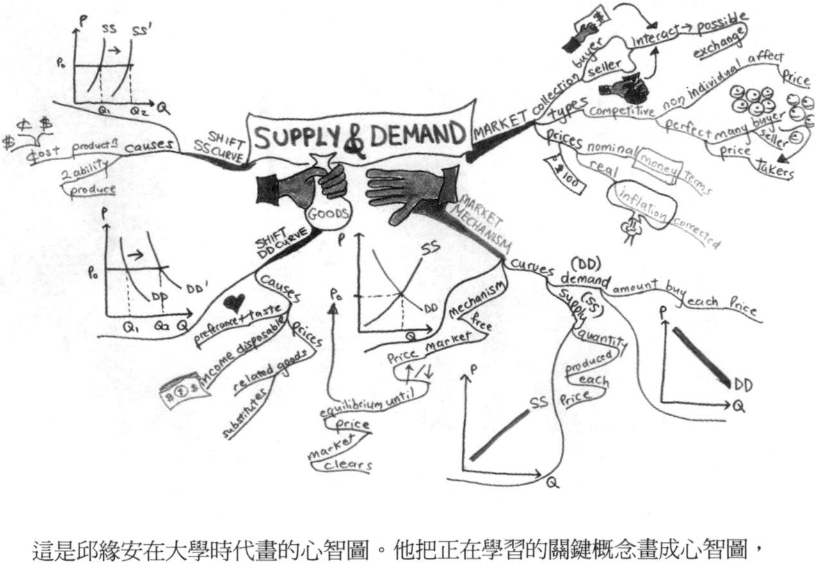

這是邱緣安在大學時代畫的心智圖。他把正在學習的關鍵概念畫成心智圖，幫助自己記憶並了解所學內容。邱緣安的心智圖中有很多插畫——有相關研究證實，塗鴉可以加強學習能力，並幫助記憶相關概念。

教會他勇於作夢。營隊老師問了一個問題激他：「你想要當平庸的人還是傑出的人？」

「傑出的人。」

「如果你想當超人，」營隊老師說：「你就要設定你在現階段根本不可能達成的目標，用這些目標幫助自己自我超越。」

邱緣安覺得很有道理。

於是設定了很高的目標，非常高。那年他十三歲，他設下的目標是要考上新加坡的明星學校：維多利亞初級學院（Victoria Junior College）。邱緣安那時讀的中學裡，根本沒有人考上過維多利亞。學校老師對邱緣安說他好高騖遠。

「對我來說，最難克服的難關是身邊的人。」邱緣安說。身邊的人聽到他的目標都不免一陣冷嘲熱諷：「你瘋了」、「不可能」。他父親聽說兒子想讀新加坡國立大學，只說：「考不上的。」但邱緣安天生反骨，越多人說他做不到，他就越是要做到。

除此之外，邱緣安還有一個夢想：建立自己的事業。他藉著心智圖和各種想像，在腦海中畫出了企業藍圖。中學時，他就自己製作名片，寫著「邱緣安董事長」。他做了一個出人頭地的夢，而這個夢是他努力往前的動力。他在房間貼上他的所有目標。「考上維多利亞！」「新加坡國立大學，我來了！」還有一張海報寫著「我是天生贏家！」

邱緣安開始在學校名列前茅。他的地理老師摸不著頭緒，不知道原先那個「壞學生」跑哪去了。但她決定要利用這個機會，讓邱緣安用一節課的時間教班上其他同學他是如何辦到的。

邱緣安寫下關於學習方法的文章：「如何設定目標」、「時間管理」、「維持學習動機」，印出來，分發給同學。其他學生開始佩服他、向他看齊。邱緣安得到了新的身分，他也很享受自己的新身分。就是這個契機，讓他找到自己的志向：「啟發他人」。

他為了克服自己學習遲緩、在班上成績吊車尾的事實，他詢問老師隔天的授課內容，預先讀過該章節，並且畫出心智地圖。

隔天到學校上課時，邱緣安就是第二次接觸所學內容了，也就是說他更容易進入狀況。上課時他也會問很多問題，然後在心智圖上加油添醋。他也會畫上有趣的卡通圖案，幫助自己記憶。

邱緣安勤學不倦，特別是數學。這正因為數學並非他拿手的科目。數學對他來說非常困難，儘管如此（或是說正因如此），他後來在維多利亞初級學院的主修就是數學。華語文對邱緣安來說也很困難。在當時，若要繼續升學就一定要懂華語。邱緣安花了大半時間研究這個「外星語」的讀音和文字。他在好幾次重要考試上的華語都考砸，就這樣過了好幾個月。最後好不容易及格了。「就這樣忽然出現了一道曙光！」邱緣安咧嘴笑著：「我繼續苦讀、再考，後來考了個C。符合維多利亞的門檻了！」

努力讀書的同時，邱緣安也在外面接洽音樂ＤＪ、魔術表演的活動，他也因此學會管理時間。我們常常無意間浪費了零碎的時間——坐公車、等老師進教室、坐在馬桶上……。邱緣安善用這些零星時間，讓每天多出二至三小時可以使用。他隨身帶著書，一有空檔就馬上學習。他會利用兩堂課中間的空檔和等老師來上課的時間，整理前一堂課的筆記。

「我一心想要成為頂尖學生。甚至在家族旅遊時，我父親停車去商店買東西，我就找椅子坐下，開始畫起心智地圖。對，我剛才說了嗎？我那時忙成這樣，還交了個女朋友！」

我忍不住從筆記堆中抬起頭，笑了。我問他：「所以你開始採取正面積極的學習態度，也學到了一些學習技巧，找到更有效率的學習方式，然後每件事就越來越順利。可以這樣說嗎？」

「沒錯。但是非常辛苦。舉個例子，我剛上中學的時候，數學老師打電話給我媽說：『他的小學不該讓他畢業，他不應該上中學，他數學成績真的太差了。』」但是邱緣安下定決心要在中學拿到好成績，他就找出小學課本，一題一題從頭練習，把最基本的觀念搞懂。整個過程非常辛苦，並不是某天奇蹟出現，他就一夕成了數學神童。面對新的一課數學，邱緣安的姊姊只要讀一遍就能弄懂，但是邱緣安必須反覆閱讀，直到他終於弄明白書中的概念才肯罷手。

邱緣安知道自己常常以為學會了某種題型，結果一到考試就忘得一乾二淨或是粗心犯錯。他說：「所以就算我已經知道這題怎樣解，我還是會把答案遮住，再算一次。」他會再三練習，直到這種題型對他來說易如反掌，解題變成反射動作。

轉念關鍵

五種可以強化學習的轉念技巧

1. 把素材畫下來，畫成生動的心智圖。
2. 用視覺聯想法來幫助記憶。
3. 善用常被忽略的零碎時間，例如坐公車的時間。
4. 反覆練習，不斷練習，直到你可以輕鬆解決難題。
5. 不管你在學什麼，都在腦中想像你學會這項東西之後的成功未來。

有效學習背後的祕訣

邱緣安這種「練到成為反射動作」的學習法，其實有神經科學的根據。雅賽爾・史拉（Asael Sklar）等人在《美國國家科學院院刊》（*Proceedings of the National Academy of Sciences of the USA*）共同發表一篇論文，名為〈無意識地閱讀並解開數學習題〉（Reading and Doing Arithmetic Nonconsciously）。這篇論文讓許多人大開眼界，原來步驟繁瑣、耗時費神的算數習題也可以用下意識來解。

有一種「快速珠心算法」（Flash Anzan），可以訓練兒童在心裡用珠算的方式快速算數。快速心算到底有多快？簡直超英趕美。電腦螢幕上，在很短的時間內閃現好幾組百位數或千位數字。舉例來說，螢幕上出現了3942，馬上變成9647，再換成1785，如此接續下去。小朋友看著螢幕，一邊在心裡把這些數字加總。小朋友很喜歡這種學習技巧，初學者一邊算，手指會一邊在桌上敲呀敲，彷彿真的有個算盤在桌上一樣。熟練以後就可以把手放好不動，讓大腦自己做算數。

沒有經過訓練的人，光是要在兩秒內看出電腦螢幕上的十五組三位數字就已經難如登天了——沒錯，只有兩秒——遑論要在兩秒內把這些數字加起來。但只要經過練習，絕對有可能學會這個技能。而且學會這個技能可以帶來很大的好處。珠心算可以訓練學生在算數時使用大腦的視覺區塊和運動區塊——這和使用紙筆計算時的大腦運作方式大不相同。學會珠心算的小朋友，心算能力會越來越流暢，熟練到一定程度之後，甚至可以一邊做快速珠心算一邊玩文字接龍，用前一個人說出的詞中最後一個字做開頭造詞。看來，在做語言導向的文字接龍和做數學導向的快速珠心算時，所使用的大腦區塊並不相同。

「程序流暢力」，指的是由於重複某件事很多次之後所形成的自動化反應。例如：輕鬆倒車（但第一次學倒車的人可輕鬆不起來！）；舞蹈的轉圈動作；一口氣說出完全沒有錯誤的繞口令；或是演奏鋼琴協奏曲。在數學中，這可能包含了輕鬆就把兩個數字乘在一起的能力，更進階的能力則例如微積分求導數。

經由練習，可以建立起完整的神經網絡，而這是程序流暢力的關鍵。若已藉著練習建構起完整的神經網絡，日後當你需要解決難題時，就可以很快從腦中把「記憶組塊」叫出來使用。這些經過統整的記憶組塊，可以讓我們在稍微思考、或是完全沒有意識到的狀態下，就把腦中已建立起的模式提取到工作記憶區使用。大腦中的記憶組塊有點像是電腦的子程式——需要使用的時候便呼叫它，但實際工作時你不會去想它的功能究竟是什麼。

學者安德斯．艾利克森（Andres Ericsson）花了數十年研究「專長發展」（expertise）。他從研究中發現，在學習新事物或是想要在某領域中精益求精時，有種叫做「刻意練習」的做法最能幫助我們快速進步。刻意練習就是專注於練習所學的材料中最困難的部分。

用一個簡單的綁鞋帶來做例子。生平第一次綁鞋帶的時候，需要刻意集中精神，使用工作記憶來完成任務。熟能生巧之後，綁鞋帶變得易如反掌，你就可以一邊綁鞋帶，一邊做別的事，譬如說一個複雜的笑話。你只要告訴大腦現在要綁鞋帶，潛意識就會自動開始綁鞋帶，此時你的工作記憶就可以專注在講笑話上。這類從練習而得到的記憶組塊，可以讓生活更加便利。如果你看過編織高手一邊鉤出毛衣上的複雜圖案一邊談笑風生，你就知道把專業技能放入記憶組塊中有多方便了。

一九八〇年代晚期，學者首度提出「認知負荷論」，目前已得到越來越多的腦神經影像研究加以證實。認知負荷論認為，如果一個人的工作記憶超過負荷，大腦便無法處理訊息。當一個人在某領域中慢慢發展出專業，此時再觀察他的腦神經影像，便會發現他大腦中與工作記憶有關的區塊會漸漸冷靜下來，減少活動。也就是說，記憶組塊（藉著反覆練習和程序流暢在大腦中建立起的完整迴路）似乎真的可以把思考的過程從工作記憶區塊（位於大腦的前葉額）轉移到大腦的其他區塊。這可以減輕工作記憶的負擔，讓這區有空間處理新的想法和概念。

透過程序流暢而建立起的記憶組塊，對於工作記憶能力較差的人特別有幫助。一旦能讓潛意識藉由記憶組塊來自動完成任務，就可以騰出工作記憶來處理問題或是說笑話。

轉念關鍵

刻意練習，建立記憶組塊

在學習困難的學科或技能時，可以找出學習內容中最困難的部分來做刻意練習。把正在學習的事物分解成小單元——譬如，鋼琴曲子的其中一小段；西班牙文中的一個字或動詞變化；跆拳道的側踢；三角學中的某個習題。反覆練習這些小單元，直到腦中建立起「記憶組塊」之後，你就可以很快想起來，並且完成技能。但是在熟練了這個單元之後，不要因為練這些熟練的東西會感覺良好而繼續練習同一個技巧——這時應該要保持專注，開始練習別的困難單元。

英雄造時勢

邱緣安十八歲那年，他在維多利亞初級學院的「預備」終於告一段落，他準備參加高級水準會考。這個會考將會決定邱緣安是否能上大學。他的夢想當然是新加坡國立大學。這次，華語的夢魘再度襲來——邱緣安在會考中的華語科目沒有通過，但是說來奇妙，他在其他科目的表現極為都優異，於是新加坡國立大學決定特別寬容，讓邱緣安採取有條件方式入學。

他的家人不敢置信，邱緣安本人更是喜出望外。

邱緣安在大學裡努力不懈，使用以前學到的技巧來學習、記憶困難的概念，最後以優異成績取得商管學士學位。一個十多年前成績吊車尾的學生，現在竟能有這般成就。

我在想，在邱緣安的成就上，「運氣」這件事該怎麼看。

邱緣安說他相信「運」有兩種。一種是「瞎好運」，「在新加坡我們稱為『狗屎運』（ass luck）。」另一種則是「人造運」。邱緣安的想法大概緣自於風行亞洲國家的「命理之說」，認為有些人天生命好，有些人則普通。

邱緣安回憶當年：「我以前有個員工天生好運，他在新加坡買樂透，中了兩次汽車。兩次汽車耶！他買樂透幾乎週週中獎，以機率來說根本不可能，無法解釋。我小時候曾經因為好玩去算命。算命老師看了我的命盤後說：『你運不好。』我不知道是他神機妙算還是巧合，但每次我玩跟運氣有關的遊戲，例如撲克牌、二十一點等，每玩必輸。」邱緣安搖搖頭。「不知道為什麼我就是會輸。這也許就是指瞎好運這回事吧，我沒這種運，也不需要。」

他反而引用了羅馬哲學家塞涅卡（Seneca）的話說：「當準備遇見了機會，運就來了。」邱緣安接著解釋，好運有三個必要條件。

首先你要有機會。邱緣安認為，機會通常都會偽裝成別的形式，最常出現的形式就是困境。要有正確的思考模式才能把每天遇到的大小危機化成轉機。當別人看到的是困境，你卻看到機會，那麼你就是幸運的人。

邱緣安笑了：「我機會超級多，因為我一天到晚碰到困境！」

第二個條件是準備。「有了機會，在相關的技能或知識上若沒有充足的準備就無法利用機會。童軍團就常說：『做好準備！』要持續不斷地學習新知、加強技能，這樣當機會來臨時，你才能善加利用。」

最後一個條件是行動。「如果你光說不練，就會因為過度分析而癱瘓。不跳下海做就不會有好運。」

邱緣安一服完兵役就立刻「下海」了。他在新加坡國立大學讀書時，結識了聰明機伶的周文添，兩人便合夥發展行動DJ事業。周文添是活動管理，邱緣安則負責DJ和魔術表演。除了經營事業以外，邱緣安還想要回饋社會。有天他回到母校維多利亞初級學院，把他逆轉勝的故事告訴校長，問校長他是否可以與同學分享一些學習技巧。

校長答應了，邱緣安便開始在學校演講。「剛開始我沒有收錢。我去分享自己的經驗是因為我有興趣。沒多久之後，我發現自己的興趣可以發展成事業！於是我開始設計各種為期一至三天的訓練課程。」

這時邱緣安寫了本書，《我是天才，你也是！》（*I Am Gifted, So Are You!*）。邱緣安說：「這本書改變了一切。」他說，表面上看來這本書得以出版是因為他運氣好，但事實上，這本書能問世，全是因為困境。「我的困境就是，我不是個好學生，我有學習障礙。」而他的困境變成了他的機會。邱緣安發現，他可以告訴大家「如果像我一樣差的人都能做到，你也能」。他打算寫一本書，不只是因為他有這個克服失敗的經驗，也因為他讀過很多自我成長的書籍。他很懂這類型的書。而且他也具備好運的第三個條件：行動力。

出書之前，邱緣安遭受很多質疑，有人認為他並沒有寫作的專業能力。但是他仍然提筆寫作，一寫就是四百頁。他說：「我把稿子投給幾十間出版社，賽門舒斯特（Simon & Schuster）、普林帝斯霍爾（Prentice Hall）、艾迪遜．衛斯理（Addison-Wesley），每一家都拒絕我。」但他鍥而不捨，繼續投稿。

有天，他接到了牛津大學出版社（Oxford University Press）新加坡辦公室的來電。他們邀請邱緣安見面討論。出版社的編輯覺得邱緣安的書很有意思也很有潛力，但也說他的英文寫作「未達出版標準」。

邱緣安大笑：「其實他們想說的就是我寫得很爛。」編輯說，如果邱緣安願意重寫，也許可以考慮出版——邱緣安照做了。編輯也幫忙修改了第二版的內容。邱緣安把內容縮減為兩百頁，並且持續改稿。他媽媽也幫了不少忙。

邱緣安在新加坡國立大學讀大二時，這本書出版了。「我超興奮的！」但是書店裡卻不見此書蹤影。原來是出版社沒有足夠的行銷預算，初試啼聲的新人作者無法得到豐沛的銷售資源。

「所以我心想，好吧，那我自己想辦法。」邱緣安主動到各級學校和大小書店提供免費講座。這些講座迫使邱緣安學習演講技巧。六個月後，他的作品成了新加坡的暢銷書，連續幾年都在暢銷書排行榜上。

缺點即優點

邱緣安有一項很棒的特質，就是他不會在眾人面前自稱是懷才不遇的神童，也不會拿出高高在上的姿態來對晚輩說話。若是說邱緣安有何特別之處（我個人認為他非常特別），那

邱緣安談職涯韌性

不管你在職業生涯中可能會遇到什麼樣的變動，都要多看書、多上課、多參加講座，藉此充實自己。邱緣安提到：「維持技能的不二法門就是不斷學習。」

要在你的專業領域中學得更精，此外還要學習其他領域的技能。不要排斥學習不屬於學科的東西，邱緣安就學了魔術和ＤＪ。這些技能與他大學主修的數學毫無關係，可是讓他學會如何與觀眾互動，而這對他的職業也大有幫助。

是因為他樂意與人分享天資駑鈍的自己如何克服重重難關。

與邱緣安見面之後的一個禮拜裡，我在東南亞有幾場演講，其中幾場，邱緣安也是講者。在雅加達的這場活動共有兩千名聽眾，我和邱緣安在講者休息室預備講稿，我很緊張，便問他會不會怯場。他淡淡地說以前會，但是他發現只要能專注在聽眾身上、想著聽眾的需求，就可以克服怯場的感覺。邱緣安總是很坦誠地說出自己的缺點，所以我忍不住問他，他自認最糟糕的缺點是什麼。

他不假思索，馬上說他「不夠聰明」，他不介意讓人知道他不聰明。大家通常都覺得他這麼說只是為了做效果，但他是認真的。

「我需要把事情簡單化，這樣比較好懂。」邱緣安娓娓道來。這個缺點後來成了優點：讀者喜歡他的書，正因為他的敘述淺顯易懂。

「還有其他缺點嗎？」

「固執。我跟驢子一樣固執，不受管教。然後，我很傻氣。我太太和周文添（邱緣安的好朋友，也是他們公司的執行長）常說我老是被騙。所以每次要談合作案時，他們都不讓我出席，因為我很容易給人太多甜頭。

「周文添是生意腦，我是創意腦。所以我們兩個很搭。周文添就像是光譜另一端的我——他非常注重細節。而我是畫出大方向的人——也就是負責做夢。周文添可能會常常需要提醒我：『邱緣安，不要再做白日夢了。』」

「還有其他缺點嗎？」我追問。

「我很執著，我有擔心強迫症。」邱緣安說。他也不喜歡成天擔心個沒完，但是他也意識到擔心其實對他有好處——他覺得如果他不再擔心，就沒有辦法和現在一樣敏銳。他常會先設想最壞的情形，然後瘋狂地做好各種準備，直到他有自信自己已經準備充足了。

我大膽地說：「這種強迫性焦慮有個缺點，就是壞事發生時很難告訴自己不要多想，這會演變成負面的心態。」

邱緣安點頭：「我以前就是這樣。」但是他學會了心念的訣竅：如何重新定義問題、把憂慮拋在腦後。他也學會切換模式，在該焦慮的時候焦慮，該放下的時候放下。

邱緣安還有其他許多認知方法，可以用來幫助自己還有他的學生達成各種目標。舉例來說，他告訴學生，產生動機（motivation）就像洗澡一樣，不可能一勞永逸。

「你不能只洗一次澡就想要乾淨一輩子。」邱緣安說：「不管你洗得再乾淨，還是會再髒、再臭，就要再洗一次澡。同理可證，不管你一開始的動機多強大，這世界就是這麼討厭，不可能讓你事事如意。你也會遭受批評，再次『變髒』。所以你必須學會每天激勵自己的動機，就像洗澡一樣。」

可以說是愛之深、責之切，他在活動中總是對來參加的孩子說：「我不是來幫你們洗澡的，我給你們肥皂、沐浴刷，你們要學著自己洗澡。」

邱緣安有一項很厲害的認知訣竅：心智的「重新框架」。他練習把危機看成轉機——把負擔轉化成資產。邱緣安很喜歡賈伯斯在被蘋果開除時的轉念。賈伯斯說：「被蘋果開除是我這輩子最棒的事。我卸下了非成功不可的重擔，卻得到了重新當新手的輕鬆感。」

邱緣安也選擇相信，每一件事的發生都有其原因。不管一件事看起來多糟，我們都能從中學習。邱緣安能夠意識到這點，所以在失意之時也能保持前進的動力。

舉例來說，當時出版社一再退他稿，他便告訴自己：「這代表我還要修改我的稿子，把它寫得更擲地有聲。等我的書成了暢銷書的時候，我就有故事可以跟大家分享了。」當年他被分到排名很後面的學校時也是告訴自己，這是好事，因為這樣比較容易在校內排前幾名。

邱緣安說：「我跟以前一樣，在腦海中一直上演著誇張的電影情節。我想像自己站在台上表演魔術或是激勵聽眾。一再播放這樣的小劇場，會讓我產生強大的動力來達成這個目標。」

雖然說邱緣安在生活和職涯中，看起來像是只靠著做夢就成就了許多事，但他其實是個夢想的實踐家。他學會了在腦中不斷播放自己的目標，盡可能把它描繪成真實。他認為每天檢視自己想要做的事很重要，同時也需要提醒自己為什麼想要做這件事。邱緣安時時提醒自己：他要功成名就，因為這樣才能幫助他人。當然，他追求成功的這條路上有百分之七十的事情都不如預期，令他感到挫折。為了維持動力，他會在YouTube上找別人講自己如何克服難關的影片來看，也很喜歡閱讀自傳。「與別人相較之下，我才發現我遇到的問題根本是雞毛蒜皮。」

成功沒有萬靈丹。邱緣安還在尋找新的學習，不僅是要學他正在修習的科目（像是避險基金），也藉由學習，再次用正面的心態看待逆境，這種做法讓他累積了許多智慧。

調整心念的力量

在邱緣安依直覺發展出的思維模式和思考方法背後，也有神經科學理論的支持。最近有一項腦神經影像的後設分析研究，便開始「以認知的角度重新探討情緒」（cognitive reappraisal of emotion）——換句話說，這就是心智的重新框架。該研究發現，若能用正面的態度去面對

> 三年前，我這個IT產業的自由業者，幾乎找不到案子做。但我發現這是件好事。沒案子做，代表我就有時間可以加強技能，把我的專業領域推廣並加深。我現在已年過五十，完全不擔心接不到案子，這在我這個年紀可說是非常難得。
>
> ——**比利時自由軟體工程師羅尼・迪・溫特（Ronny De Winter）**

不好的事情，便可以抑制杏仁核中的「戰鬥或逃跑中心」生成的負面情緒。舉例來說，我們可以藉由重新框架問題的認知方式，把一個有人流血的驚悚畫面想成「他在拍電影，血是番茄醬做的」。或是在面對疾病時所產生的負面情緒時，重新框架問題，用正面的方式來看待疾病，一心想著只會變好，不會變壞。重新框架的功效非常顯著，它是認知行為治療中的關鍵，可以幫助對抗憂鬱、焦慮和其他心理疾病。我們會在下一章更詳細介紹這一項心智的重新框架——也就是了解人類如何看待世界和世上的人事物。

有些人可能覺得，在某些情況裡，根本不可能重新框架心智。試想，假如你的至親得了絕症，根本不可能好轉，這要怎樣重新定義問題？如果是這樣，你可能需要換一種方法來想，也許可以把重點放在病人生命的「質」上，而不去思考生命的「量」（安寧療護工作者非常懂得用這種方法來重新框架心智）。有意識地改變事件的意義，似乎可以讓大腦中過度興奮的杏仁核減少釋放出與壓力相關的神經傳遞物質。重新定義問題的這個做法，看似是在欺騙大腦，實際上卻是開出一條路，讓大腦去深入地探討事理。

換你試試看

創造運氣

「幸運」的人，是在別人發現問題的時候看到了機會。邱緣安學到的態度是「每一件事情的發生都是為了讓我成長學習」，以此重新解釋逆境，藉此達成許多目標。

請回想你生命中的重大挫折，然後把它們重新建構成機會。以「創造運氣」為標題，寫下你可以採取哪些行動來把危機變為轉機，不管是針對現在或未來的情形都可以。在一張紙上，或是在你專門用來記錄進步和感受的筆記本上，寫下各種可以用來重新框架逆境的心智訣竅。

創造力

在第三章，行銷達人阿里．奈克維提到了大腦兩種不同的運作模式：「專注」模式和「發散」模式。相關研究指出，一旦你把注意力集中在某件事上，大腦就會切換成「專注」模式。另一方面，「發散」模式是在你沒有特別在想什麼事情的時候啟動——像是洗澡的時候、看著窗外公車的時候、慢跑的時候，等等。人類的大腦不會同時處在這兩種模式中。

發散模式其實就是腦神經進入「休息狀態」的時候，也就是說，當我們並非集中精神專注於某件事時，大腦便會處在一種比較寬闊的路徑圖（more wide-ranging patterns）。有創意的新點子通常是在大腦處於發散狀態時萌芽。我們在做白日夢的時候，可能會處於發散模式數分鐘或甚至好幾小時。而發散模式有時會突然在一瞬之間就出現——眨個眼也可能會觸發發散模式。（厲害的習武之人會等待對手眨眼——在這注意力轉移的短暫瞬間，就是出奇致勝的關鍵）。

學者漸漸發現，學習似乎有兩個階段。學習者首先聚精會神，啟動「完成任務」的神經網絡——這個階段的學習歷程，是學習者本人能夠意識到的。然後你會把注意力從正在學習的事物上轉移到其他事情，此時便進入發散模式。而學習者其實並不會意識到這第二個階段——實際上你會覺得自己沒在做什麼事情。但是學習的第二階段可以幫助大腦發揮創造力，自行整合所學事

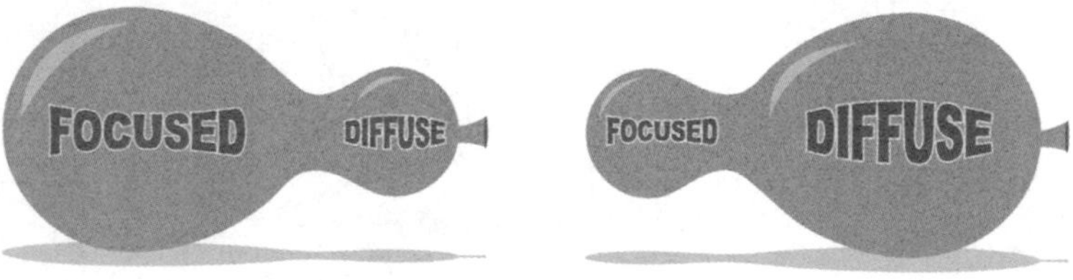

左圖，這氣球代表的是處於專注模式的大腦，這時大部分的精力都用在高度專注上。右圖，則是發散模式下的大腦，此時大部分的精力集中在另一個比較放鬆的發散模式中。

物。用比喻的方式來解釋，這就像是大腦一開始集中精神努力吸收眼前的資料，一旦你開始放鬆，讓大腦不需要再接收這些資訊，這時大腦就有餘裕開始整理與儲存資訊。這就是為什麼使用番茄鐘工作法努力用腦一段時間後，一定要停下來休息一下——這段休息時間讓大腦有機會去整理剛才學習的內容。

不難想像，那些特別強調並倚賴專注學習的教育體制，無意間抑制了發散模式神經網絡的發展。大腦是需要休息的。我們習慣花太多時間專注在某件事情上，而這種習慣甚至會被提倡「放鬆身心」的社會風氣給強化，比方說，有些冥想的過程其實需要專注。

事實上，不同的冥想方式會帶來不同的影響。目前常見的冥想方式都著重於培養專注力。另一方面，內觀禪修（Vipassana）和正念冥想（mindfulness）等覺察冥想法，則較能強化發散模式，促進創意思考。想要進入覺察冥想有很多不同的方法，而需要專注力的集中冥想就是方法之一，或至少是覺察冥想的前導，幫助完全進入覺察冥想的狀態。

總而言之，各種強化專注力的練習對學習都很有幫助，但是，每天都花一點時間讓大腦放鬆，讓思緒自由徜徉也非常重要，特別是在你需要創意力的時候。而從實際面來看，如果你參加冥想課程，在課堂上發現自己心思飄開時，可以不要強迫自己收回思緒或集中精神。

這大概就是為什麼不少人發現，設定時間的工作法非常有利於激發創意。番茄鐘工作法可以訓練專注力，在專注一段時間之後的獎賞就是讓思緒四處遊蕩。番茄鐘工作法，像是帶著你的大腦上腦部健身房，先來個激烈的密集訓練，訓練結束後就去做大腦三溫暖——從開始到結束都是暢快的體驗。

再回頭談邱緣安。邱緣安對於重新框架問題的做法非常值得記下。他在出現偶發性的過度焦慮時，思緒便會一直想著可能發生的壞事——神經語言學者茱莉．塞迪維（Julie Sedivy）曾經提到，胡思亂想「可能與神經質（neuroticism）有關聯」。話雖如此，邱緣安並不打算根除他胡思亂想的習慣——至少要先讓胡思亂想幫助他完成各種準備工作之後，才可以停止。邱緣安會等待最佳時機來重新整理他的想法。

工作記憶和胡思亂想

「工作記憶」（working memory），指的是大腦在短時間內可以記住的訊息量——譬如，要一次記住別人對你介紹的五個新朋友的名字（咦？第一位是傑克嗎？）。工作記憶和智力、創造力之間的關係，跟我們以為的情況相反。

智力常被人認為等於工作記憶力。記性好的人——也就是工作記憶較強的人——擁有令人羨慕的特質，可以在腦中一次就容納一個問題的許多不同層面。這類人在解決問題時游刃有餘。反過來說，工作記憶有限的人就必須先找方法來把難題簡化，才有辦法進一步解決問題。尋找簡化方法的過程繁瑣而耗時。但是，相關研究提出了驚人的發現，顯示這過程之中隱藏著一個好處——工作記憶較差的人，更容易找到捷徑，並且在觀念上有所突破。「聰明的人」、工作記憶力強大的人，通常比較難有動力想要用新的角度、更簡單的角度來切入一個問題。

記性好的人還有另一個劣勢。如果你一次就能記下一件事情的十個步驟，你在向別人解釋這件事的時候，很可能會一次就把所有步驟講完——但對方可能到第三步驟就頭昏了。換句話說，絕頂聰明的人很難是好老師；如果本身聰明，又瞧不起笨人，那就更難教會別人了。至於邱緣安，他是具有老師特質的人。他提到，當他弄懂某個概念，就可以用每個人都能懂的方式把這個概念解釋清楚。工作記憶有限的人還有其他優勢。這類人想盡辦法要記住某些概念，不管多努力就是記不住——卻會浮出其他點子、想法或感覺。這聽起來像是缺點，但它卻是創造力的關鍵。另外，有些記性較差的人是出現注意力失常的問題，如果你因為上述情形而感覺學校的教育對你來說比別人困難，就更需要知道，你這樣的特質其實也有優勢。

你可能會想，擁有較強的工作記憶不僅可以快速解決問題，學業成績表現也會比較好。但是研究顯示，學業成績和創意程度之間呈現負相關。換句話說，學業成績好的人，有時可能比較缺乏創意。此外，善質疑的特質和創造力之間也有關聯。這可能只是因為善質疑的人比較願意當團體中的壞人——不想當聽話的乖乖牌。現在再回頭看看邱緣安年輕時的狂放不羈，就知道那可能是他創意力的展現。

另一方面，工作記憶並不是這麼容易就能加強。刻意訓練工作記憶，也許可以幫助你完成你所練習的那一項任務，卻無法幫助你加強整體的工作記憶力。目前只有BrainHQ的課程可以有效強化工作記憶。這個課程無法讓你變成天才，但的確可以稍微強化記憶力、大腦處理訊息的速度和一般認知能力，稍微延緩心智的退化或稍加反轉。（第八章會介紹BrainHQ訓練課程。）

不論這類課程的實質效益有多大，這些練習都有一個令人意外的附加好處，就是可以改善情緒：減低憂鬱、憤怒以及疲勞感。這些練習並不能抑制有時會火爆的杏仁核，但可以抑制大腦島葉中控制怒氣的區塊。島葉（insula）掌管痛苦的情緒，也負責憤怒、恐懼、厭惡和快樂等基本情緒。工作記憶的訓練可以增加大腦的「肌力」，使我們有意識地處理那些觸發各種情緒的事物。由於在學習的時候，常要做一些強化工作記憶的練習，這也許可以解釋為什麼在生活中不斷學習，可以讓人感到心情愉快。

轉念關鍵

工作記憶力差的隱藏好處

在你努力想要理解並記住某個困難的概念時，可以提醒自己：你這種學習上的痛苦，可能伴隨著創意能力。雖然有時你確實需要比別人努力，但你一定不想放棄自己天生的創造力吧！。

邱緣安的「好缺點」

邱緣安在十三歲的觀念大轉彎之前，他有很多時間到處玩樂，因為他根本不在乎學業成績。然而，他參加了學習訓練營之後，不但在傳統學校體制中努力學習，同時也繼續當ＤＪ、表演魔術、參加訓練學習活動。邱緣安是不斷在學習、成長的——只不過他不是僅僅在傳統教育體制下埋首苦讀而已。

論到學習，我們常強調一些顯而易見的特質，譬如過人的記憶力和專注力，並且認為這些特質是學習的關鍵。但有時缺點也可以是出乎意料的優勢。以下列出邱緣安各種對學習大有助益的缺點：

◆**邱緣安並非絕頂聰明**。邱緣安和其他「不夠聰明」的人一樣，工作記憶力似乎很差。但正因如此，他就強迫自己簡化學習內容，專注在事物的核心觀念上。他需要花比別人長的時間來理解一件事物，但到最後總是可以弄懂、深入理解。他由於記性差，不得不找出簡單的方法來弄清某個概念，而聰明的人常常忽略這些方法。邱緣安很擅長找到學習捷徑，這個特質讓他有機會發展其他心智訣竅來掌握學習、應用在生活上。

◆**邱緣安很愛擔心**。邱緣安學會把焦慮變成優勢，運用愛擔心的個性來提醒自己要詳加準備。準備周全之後，邱緣安就會重新調整想法，放下憂慮，讓自己的杏仁核冷靜下來，進而抑制焦慮的情緒。這種做法相當於寧靜禱告所說的——改變自己可以改變的事，並且接受自己無力改變的事。

◆**邱緣安是逆向操作的人**。邱緣安天生固執，所以別人的喪氣話不但不能阻止他往前，反而加強了他一定要達成自定目標的決心。

◆**邱緣安是天真的夢想家**。「敢於做夢」的特質是他創業成功的幕後推手。他也和生性務實的人合作，聽取他們的意見，確保自己的夢想是建立在現實之中。

換你試試看

溫習：邁向成功的心智訣竅

在這章一開始，你預測了在本章中可能會討論到的成功訣竅。請回頭看看你的筆記，並在筆記中加入你在這一章學到的訣竅。這份列表將會很有參考價值，對你的未來也大有幫助。

邱緣安教我們的事

我和邱緣安及他的團隊相處時感到非常自在，這可能是有原因的。有創意的人常說，想激發創意力就要多跟有創意的人在一起。邱緣安和周文添都是非常有創意的人，他們也會邀請有創意又能幹的人加入團隊。他們團隊中不時會出現一些在求學階段升學考試考得很差的人，但這些人可是世界級的電玩高手、小說家或魔術師。

可能是新加坡嚴格的升學考制度設下了很高的門檻，使得工作記憶較強的學生在教育體制中可以大有所獲。但是比較有創意的學生，工作記憶通常比較差。換句話說，新加坡的教育體制不但沒有辦法培養創意人才，反而還會抑制創意發展，淘汰掉這些看似心智運作效率比較低的創意型學生。體制拋下了這些學生，還造成了他們的絕望感、自卑情緒。

從邱緣安和他的團隊可以發現，各種觀念的扭轉，可以幫助那些思考模式異於他人的人具有競爭力。這便使得教育環境可以變平等，讓不同的思考模式得以發展來幫助學習，增進創意。

像邱緣安的公司所舉辦的教育活動，常被認為只能強化教育界的軍備戰爭。但我們可以從另外一個角度來看待邱緣安的工作。邱緣安非常努力要做到人人都有受教育的機會：他把各種心智技巧傳授給不同背景的學生——其中大多是被教育體制淘汰、具有創意特質的學生，這些學生常常被自認一片好意的親朋師長潑冷水說他們不適合讀書，但其實是傳統的學習方式不適合這一群學生。邱緣安曾經是被教育體制淘汰的學生，只能在處境相似的人之間取暖，這種背景原本也很可能讓他一蹶不振（雖然他有天生的領導能力，還有想要出人頭地的強烈慾望），但是最後他開拓出一條正面的道路，並吸引了很多人跟隨。

當然，並不是所有學生都把學業成就視為終極目標，我們也不應該把學業成就視為終極目標。學業或人生，都不該是你死我活的零和遊戲。如果一個社會中多數人可以同時受到良好教育又擁有創造力，整個社會都能受益。就算「受到良好教育」指的是高等學校畢業、擁有良好的讀寫能力、能運用數字；而「創造能力」只代表可以活用新的角度看待事情。

說來，邱緣安的運氣很好，他生長在一個務實而充滿愛的家庭，願意提供豐富資源來幫助他找到適合的學習方法。邱緣安是固執、神經質、樂觀、創意的綜合體，在掌握新的思考模式之後，便抓住機會，大步往前。

沒有任何一種教學方法可以保證百分之百成功。但是世界各地有非常多學生是比較難集中精神來學習的，這些學生的家境較差，加上其他各種因素而無法擺脫壞學生的標籤。他們往往成為教育體制下的砲灰，也沒有人注意到他們的創造力。在這種情形下，他們很難不感到絕望、沒有價值感。

也許該是時候讓世界各地的教育體制都開始採用邱緣安的思考方式和學習方法了。讓典型的學生和非典型的學生都有機會接觸到新的學習技巧，成為更好的學習者，過著快樂充實的生活。

我們都可以運用邱緣安的學習方法。

換你試試看

找出是什麼因素造成你難以改變觀念

回想小時候，如果你的父母功成名就，他們可能會希望你也走上他們走過的路，例如成為一名醫生。父母這般的期望其實很可以理解，畢竟，醫治病人是了不起的能力，而且醫生薪水優渥、備受敬重——此外，這又可以反映出你父母的專業領域。世上的某些社會與文化裡，總是特別尊崇特定的職業，也就是說，這些文化中的父母對孩子的期望可能會比較高，造成孩子的壓力。

但不是每個人都適合當醫生，都想要踏入杏林。

至於朋友對你的期望就跟你的家人就不一樣了——朋友總是希望你在當下可以過得快樂，他們才不管現實問題。如果你想要當電影明星或超級籃球員，朋友通常都會滿口支持你追求夢想，不論這個夢想有多不切實際。所以啦，選秀節目中常會看到一些首次在朋友以外的觀眾面前表演的素人歌手，聽到評審把他們評得一無是處，他們會感到震驚。不過我們也要知道，朋友未必總是會站在支持的立場。因為朋友可能會不希望你做出有可能最後會離開他們的事情。而如果你成功了，朋友的嫉妒心可能也會悄悄萌芽。

老師和教授也會針對職業選擇給予建議，但是他們和父母、朋友一樣，也有自己的利益考量。舉例來說，生物工程的教授可能會告訴你生物工程是工程學群中發展最快速的領域，以此鼓勵你選讀他的系所（這樣可以讓他的系所繼續成長）。但是教授可能不會告訴你，生物工程學科現在發展迅速，是因為它是剛萌芽的新興學科，可是畢業後的相關職缺很少。

如果你已婚，那麼也要考慮配偶的意見。如果你有小孩或想要小孩，那麼小孩也會是考量因素。

你可能會認為，性向測驗可以提供改變方向的參考，但是性向測驗的結果通常只能提供制式化的回應，而且只能測出你當下的優勢和興趣，很難測出你可能的改變方向。

談到熱情，我們常聽人說要做自己熱烈喜歡的事。但是一個只有追求熱情的世界未必美好——如果每個人都只做自己喜歡的事，那麼有一些必須做但未必引起多大熱情的事就沒有人做了。

值得一提的是，如果可以在白日夢和現實考量之間取得平衡，就有可能翻轉成功。譬如有位科學家拉蒙．卡哈爾（Santiago Ramón y Cajal），他在父親的極力堅持之下，放棄成為藝術家的念頭，不情願地當了醫生。但最後，卡哈爾以醫生身分獲得了諾貝爾獎，而獲獎的原因之一是因為他在工作中發揮了藝術天分。

在上述各種互相衝突的考量中，你的看法是什麼？

請花一點時間思考下列問題並寫下答案。

- 你是否相信每個人都有「真實的潛力」，旁人應該要無條件支持？
- 假如你計畫要來個大幅度的轉彎時，你需要考慮別人的意見嗎？如果要把別人的建議納入考量，應該要考慮到什麼程度呢？
- 當你翻轉想法的時候，要考慮現實的工作環境嗎？如果需要，要考慮到什麼程度呢？
- 你有哪些缺點是可以變成優勢的嗎？你要怎樣把弱點變成優勢呢？

PART 3

把危機當轉機的人

8 當學術生涯進入撞牆期

泰倫斯．索諾斯基（Terrence Sejnowski）的額頭寬、笑容燦爛、反應機敏。他的身型瘦長而精實，完全看不出就要七十歲了！若有人在加州拉荷亞附近海灘兩側棕櫚樹搖曳的路上看到他在散步或慢跑，大概不會知道這是個大有來頭的人物。說真的，連索諾斯基的鄰居都不清楚他的豐功偉業。索諾斯基是美國國內極少數同時能在科學、醫學、工程這三門領域的最高學術機構裡都擔當重任的菁英。在人才稀少的神經科學領域裡，索諾斯基是個傳奇人物。

但在迷幻搖滾當道的一九六〇年代，這時索諾斯基年紀二十出頭——正是眾人公認的好學生，聰明絕頂的小夥子。可惜他的聰明還是沒能讓他察覺到，去旁聽一堂生物課竟然會導致女友要跟他分手。

索諾斯基在俄亥俄州的克里夫蘭長大，從小學開始就是個理科狂。到了高中，他負責學校的廣播社。社團老師麥克・史提麥（Mike Stimac）鼓勵學生做實驗時要把格局放大，例如不妨做個「月球彈跳」實驗——他們以商用電台發射器和教室屋頂上的一堆天線，把電波訊號傳送到月球，再讓月球表面將訊號反射傳送回來。史提麥老師是索諾斯基的重要導師，他也負責督導航太社，而索諾斯基也在這個航太社團學會開飛機。

索諾斯基提到，此時回顧以往就會發現，「你是好學生，或你是聰明人，也未必能保證成功。我是在廣播社團裡學到如何動手做、如何設定目標、如何規劃長期的專業。身為社團社長，我也學會如何管理社員，與社員一起完成目標。學校的正規課程沒有幫助我找到後來的職業。關鍵在於把你的所學運用在新的領域。」

這張照片約拍攝於一九七六年，這時的泰倫斯・索諾斯基是普林斯頓的物理研究生，手上拿著弗拉基米爾・納博科夫（Vladimir Nabokov）的作品《阿達》（*Ada*）。照片裡的領帶和休閒式西褲是當年普林斯頓學生的招牌服裝——這身裝扮卻給索諾斯基惹了麻煩。

一九六八年，索諾斯基在凱斯西儲大學（Case Western Reserve University）取得物理學士學位，然後申請到美國國家科學基金會（National Science Foundation）的獎學金，進入普林斯頓大學（Princeton University）攻讀理論物理。普林斯頓有位物理學家，約翰．惠勒（John Wheeler），參與過知名的曼哈頓計畫，而「黑洞」一詞就是他首先提出的。惠勒教授指導了許多廣義相對論的論文，他便收索諾斯基當研究生。

惠勒對索諾斯基來說也是位特別重要的導師。惠勒總是鼓勵他思考時要高瞻遠矚。有一天，索諾斯基突發奇想：「如果說有一種黑洞只有豆子一般大小，會發生什麼事？」對此，惠勒怎樣回應呢？他說：「泰瑞，這個想法有點瘋狂，但還不夠。」惠勒覺得，把一個跟太陽系一樣大的東西擠進四分之一茶匙的小空間裡，這算不上什麼古怪的想法。

超越聰明才智的障礙

索諾斯基專攻物理，也善於觀察形形色色的人。置身普林斯頓這樣的環境，他知道世上有太多聰明人了。他的專業當然非常需要聰明才智，但他漸漸發現，光是聰明才智還不夠。「聰明才智其實也是一種負累。」索諾斯基發現到：「聰明的人不但看到選擇，也會看到障礙。也就是說，你越是聰明，就越有可能找理由不去做某事。」索諾斯基進入普林斯頓之後不久，就想要探討：銀河系中央假如有個巨大黑洞會是何等面貌？可是幾位教授都否決了這個研究題目。後來有人發表這個主題的研究，引起了注意。索諾斯基說：「能不能堅持下去，也是個關鍵。」

索諾斯基在惠勒的指導之下開了眼界，對物理學界各種複雜議題有深入的了解。惠勒還教了另外一件事。他說：「泰瑞，每個人都會犯錯。假如你犯了錯，不要陷在錯誤裡面，要馬上抽身，盡快走出來。」

惠勒的諄諄教誨對索諾斯基有很大的影響。

索諾斯基早已沉浸在物理的世界裡，到最後物理完全滲透到他的全部心思。那時的普林斯頓大學有個考試制度，研究生要在這折磨人的一週當中，使出渾身解數，展現自己所學的物理知識，從古典力學、量子力學、電磁學、熱力學、統計力學、凝態物理學、粒子物理學，

索諾斯基的研究和工作帶著他拜訪美國多個頂尖研究機構。今天，各大研討會和合作研究專案更是讓索諾斯基有機會造訪世界各地。

一直到廣義相對論。

這類的資格考，在全世界大學的博士班都有，而普林斯頓大學裡的頂尖物理教授群特別喜歡挑戰來到這裡的頂尖學生，所以設計的考題一年比一年困難。每位教授針對自己的領域競相設計出深入而刁鑽的題目，這使得學生要花很多時間準備面對已超過正常難度的各科考題，最後幾乎都不可能通過試驗。因此，普林斯頓物理系漸漸流失優秀的學生。

最後，有人靈光乍現，認為應該讓教授也來考一次。結果有些超級聰明的教授竟然也無法通過考試。所以考試難度便降回合理標準。

不過，在考題的難度降下來之前，索諾斯基就通過了考試，而且成績優異。

退一步看全局

索諾斯基的碩士論文研究的是廣義相對論。索諾斯基發現，理論派的粒子物理學者好像認為只有「弦理論」（String theory）有發展空間，而且越來越奧祕玄奇。實驗性質的研究需要觀察太空中的大爆炸或需要大規模的加速器設備，才有可能做出一點小小的成果。需要的加速器能量等級則不斷上升。到最後，物理學者知道，要耗費美國的年度總預算才能打造出夠大的粒子加速器，讓研究有所進展。同時，宇宙學領域也遇到相同的問題——要先打造出天價的衛星和巨大的干涉儀才有可能進行研究。

一開始，這些問題都像遠在地平線上的烏雲，沒有立即的危險——物理學者還是每天專注於從數學領域中提取出物理概念。索諾斯基很喜歡發現新知時的強烈興奮感——那種腦海中忽然冒出新發現或新理論的燈泡亮起來的感覺。他有時甚至可以找出當初提出理論的學者沒有發現的新連結。

但是，索諾斯基通過博士資格考之後，就不把精力放在研究工作上了。他喜歡社交，會約朋友出去看電影、吃飯。他當時交了一個女友，她聰明、大方，又漂亮。說實在的，在那個時代凡是重視學業表現的父母，都會把索諾斯基看成金龜婿。還有誰能比在普林斯頓攻讀相對論的學生更重視學業呢？普林斯頓的指導教授可是世界最頂尖的學者。就事業來說，索諾斯基肯定能有所表現。

然而烏雲慢慢靠近，暴風雨在即。索諾斯基開始懷疑自己該不該繼續走物理研究這條路。若是將來一天到晚都要聽到「我們沒有經費可以打造你需要的設備」這種話，是要怎麼做出對相對論有實質貢獻的研究呢？索諾斯基在最愛的物理學科中已經投入了如此心血，很難想像現在要轉換跑道，但又擺脫不掉心裡的想法：「我是不是應該往別的領域發展？」有沒有什麼領域可以不受龐大預算的限制？普林斯頓集結了物理學界的菁英，來到這個環境深入研究相對論，根本就是物理研究的聖杯，要對這樣的學術殿堂說不，簡直會有罪惡感。

儘管（但也許正是因為）索諾斯基對物理抱有高度熱忱，他對所有事物都很有興趣。索諾斯基有幾個讀生物學的朋友，於是他決定選修著名的神經生物學者馬克．柯尼錫（Mark Konishi）的神經行為學（neuroethology）課程。索諾斯基想要運用物理學來研究動物的天性，例如貓頭鷹如何用聲音找出獵物的位置，幼鳥如何從每天聽到的上百種鳥叫聲中辨識出同類的歌聲，等等。

索諾斯基開始用不同的角度來了解生物學的有趣概念。有堂由耶魯大學來的訪問教授查克．史蒂文斯（Chuck Stevens）的課上說到，大腦突觸（連結神經元、讓神經元彼此溝通的接頭）其實並不可靠。索諾斯基感到納悶：「如果突觸是不可靠的，大腦是怎樣藉著它們來運作呢？」於是他去了美國神經科學學會（Society for Neuroscience）的研討會，對於與會人數之多和大家的熱情都感到震驚。

於是他開始發現有兩個共同存在的宇宙。首先是在人腦之外的——包括了有幾十億光年大的宇宙，還有在一個原子內的毫微微（femto）單位那麼小的世界。在物理的世界中，巨大和極小共存，非常美妙。

另一方面，人腦內有另一個宇宙：一個未知而看似神祕的空間，裡面住著我們的思緒、感覺和意識。當時才剛開始用「神經科學」這個新詞彙來指涉這門學科，但它還不像相對論那樣是研究界的顯學，在科學領域中只是個剛起步的小娃兒。想要在這個剛起步的領域找到工作，難如登天。而生物科學看上去根本與自視甚高的物理學領域八竿子打不著關係。

他女友的父母則更是傻眼。索諾斯基這個頂尖的物理學生，竟然跑去生物領域瞎鬼混？女友的父母認為索諾斯基是學術界的花花公子——無法定下心來發展世界頂尖的職業生涯。

經歷緊繃的幾個星期，索諾斯基的女朋友提出了分手。

分手讓索諾斯基痛不欲生，但也正因為失戀，索諾斯基才有機會重新審視這個世界，看清楚自己在其中的位置。接下來，索諾斯基開始進出普林斯頓兩位神經科學教授，查爾斯・葛羅斯（Charles Gross）和艾倫・捷爾佩林（Alan Gelperin）的實驗室。他沒有跟著惠勒繼續學習相對論，反而選了也是從物理學轉換跑道到神經科學領域的教授來指導博士論文，這位教授就是鼎鼎大名的約翰・霍普費爾德（John Hopfield）。霍普費爾德在一九五〇年代晚期做了突破性的偏極子（polariton）研究，偏極子是一種「差不多是粒子」的粒子，是由電子（electron）與其周圍的其他物質耦合而成。霍普費爾德有許多突破性的研究發現，其中一項是著名的「霍氏神經網路」（Hopfield net），對於與記憶有關的神經迴路提出突破性的觀察。索諾斯基從相對論轉換跑道到神經科學的頭幾年裡，過著雙面人的生活：白天上生物課，晚上寫物理論文。霍普費爾德教授的鼓勵對他很有幫助。索諾斯基後來也發表了許多關於神經網路模型的學術論文，以大衛・休伯爾（David Hubel）和托斯頓・魏塞（Torsten Wiesel）在視覺皮質上的創新研究為靈感來源，而這兩位學者後來也得了諾貝爾獎。索諾斯基把他發表的這些論文編寫成自己的博士論文：〈非線性神經元互動的隨機模式〉（A Stochastic Model of

Nonlinearly Interacting Neurons）。

小心撞牆期

在科學領域中，學者常需要花多年心力來熟習某項技術，再使用這個技術來解決某一特定的問題。（譬如說，某種顯影技術或是數據統計分析方法。）這項特定技術經過各種調整後，通常可以成為一個專門的職業。

「針對同一個技能投資自己，這並不是僅見於科學界。」索諾斯基發現：「你學會了某項技能，然後反覆使用這項技能，但過一陣子之後，你會進入撞牆期，會感到無聊。也可能是那個領域的大環境改變了，你也察覺到自己需要學習新的技能。然而，這時你還不具備在另外一個新方向起步的技能。這在科學領域裡又特別是個難題，因為你花了十年功在某一個狹窄領域成為博士，但你在其他領域裡還是生手。」

索諾斯基的博士論文指導教授霍普費爾德就是個活生生的例子，他從物理轉到生物。索諾斯基深信，絕對有辦法利用物理領域中的數學模式化方法來深入理解生物學科，特別是神經元相關知識。同時，索諾斯基也很清楚自己對生物領域的認識還不足以成為神經科學專家。索諾斯基的老師艾倫．捷爾佩林後來就說了，索諾斯基必須「把神經元弄得滾瓜爛熟」。

但是，就算索諾斯基可以學好神經科學，他又要如何才能打入這個學科領域的圈子呢？

已經有不少學者對神經科學領域開始有興趣，但是美國境內的神經科學相關系所仍然寥寥無幾，很難找到工作。

建立人脈，找對地方

如果你想要深入神經生物學研究圈的核心，就必須去哈佛大學。但這時索諾斯基卻在距離哈佛好幾百公里外的普林斯頓寫博士論文，即使他偷偷把自己對神經元的興趣在合理範圍內嵌入他的物理博士論文中，但他此時人還不在合適的環境裡。

到了一九七八年的夏天，波士頓鱈魚角（Cape Cod）的伍茲霍爾海洋研究所（Woods Hole）開了一門神經生物學的課程。索諾斯基報名去上課。他聽說伍茲霍爾的氣氛比較輕鬆，便穿了普林斯頓的經典裝扮——白襯衫和西裝外套。為了符合輕鬆的氛圍，他沒打領帶。

這身穿著馬上引來同學和暑期班職員的玩笑。神經生物學者史多莉・蘭蒂絲（Story Landis，後來當上美國國家衛生研究院的神經疾病暨中風研究院的院長）幫索諾斯基買了他人生中的第一條牛仔褲。不過，蘭蒂絲不只為他的衣櫃添新衣。有了蘭蒂絲和暑期班其他人的幫助，索諾斯基一頭栽進了新領域，在這年夏天展開了一場奇幻之旅。

神經生物學課程非常困難，索諾斯基這輩子從來沒有這麼認真讀書過。但是這門課也令人感到興奮，因為授課老師都是世界頂尖的神經科學家。暑期課程是從六月到八月，但是直到九月索諾斯基還待在伍茲霍爾，努力完成一份魟魚電感受器的作業。這份作業演變成他人生裡的第一篇生物主題的論文。

這段期間的某天，索諾斯基坐在伍茲霍爾的實驗室中，電話響了，他接起來。來電的是哈佛的神經生物學者，史蒂芬．庫夫勒（Steve Kuffler）。索諾斯基願意到哈佛跟著庫夫勒做博士後研究嗎？庫夫勒可是公認的「當代神經生物科學之父」，接到他的電話簡直就像是接到聖彼得本人的電話一樣。庫夫勒是很有機會得到諾貝爾獎的，只可惜後來的發展不如人意——他太早過世了（諾貝爾獎只頒給在世的人）。

庫夫勒的來電是個好兆頭——這下要進入大聯盟了。但是事情沒那麼順利。索諾斯基在寫博士論文的尾聲碰到了一些變動。之後他才到哈佛加入庫夫勒的研究團隊。

換你試試看

你能勝任的專業領域

索諾斯基決定到哈佛做研究，是因為他的興趣領域非常專業，若要從事那個專業方面的研究，就要到哈佛去學習。這裡的關鍵是：要了解自己的領域。舉例來說，開餐廳的人就不需要去哈佛。想知道如何經營餐廳，得要親力親為，從服務生開始到經理的每個職位都做過一遍。

想一個你已經非常專精或是想要專精的領域。以「你能勝任什麼事」為標題，寫下你以前做過哪些，或是你接下來還需要做什麼努力，才能讓你在將來真正成為那個領域的專家。

選擇性的忽略

來到哈佛之後，索諾斯基在工程領域的強大背景，出乎意料地成了他的劣勢。他知道他這時候很容易就會被轉調去擔任技術人員。（「這個新來的好像很懂電腦——不如讓他寫寫程式吧。」）因此，索諾斯基發誓在做博士後研究的三年當中絕對不碰電腦。在這三年當中，他的一呼一吸都是神經生物學。

索諾斯基刻意努力專注於學習新的領域，也大有所獲。雖然他還不是哈佛神經科學系中的一流博士後研究員，但他的表現不比該系所裡的同儕遜色。而且他有一項特別之處：他現在學會了一系列新的神經科學技能，在這些新技能的背後，隱藏著他對物理學的通盤了解，而物理是一門可以用模式來解釋世界的學問。只不過他還不知道自己腦中的知識資料庫擁有多麼強大的力量。

哈佛大學會訓練所有博士後研究員的說話技巧，這不只是為了要向專家呈現所學，更是要做到向沒有專業背景的人解釋自己的研究。索諾斯基在哈佛學會了如何對專家和初學者生動地說故事。

這就要說到我是怎樣認識索諾斯基的了。那時，我去美國國家科學院（National Academy of Science）發表研究成果；我在演講中當然安排了敘述的起承轉合。這是在加州爾灣貝克蒙中心（Beckman Center）索克勒研討會（Sackler Colloquia）的演講，我面對一群世界級的研究員，自有初生之犢的勇氣。當天的主持人是索諾斯基，他的主持功力緩解了我的緊張情緒。我們兩人都對人類學習和改變的歷程深感興趣，由此結識，成為好友。

我曾經對前老闆說，我想要學會公司所有大小事。她的反應是：「不要這樣。你要學會『選擇性的忽略』。因為，如果你什麼都會，就會變成大家的跑腿。」事實證明這真是個好建議。藉著『選擇性忽略』，我時常可以躲掉我沒興趣做或沒時間做的案子。

——布萊恩・布魯許爾，布魯許爾企業線上行銷專員

轉念關鍵

選擇性的忽略

人的認知精力有限。慎選你準備要專精的領域——可別在你不想浪費時間的領域裡當個專家。

敞開心胸

我在美國國家科學院做簡報的一年半後，某個晴朗的七月天，我和我先生在聖地牙哥附近的索爾克中心的滑翔翼場上散步，身旁是索諾斯基和他醫生兼學者的聰明妻子，碧翠絲·葛隆（Beatrice Golomb）。（結果我脫皮脫得跟水煮番茄一樣。）前方，滑翔翼和滑翔傘從崖邊往空中飛去，滑翔翼下方一百多公尺處就是海洋。索諾斯基看著眼前景象，思考著創造力和轉換職業跑道這檔事。

「對自己的專業領域瞭若指掌，其實有一個缺點。」索諾斯基說：「每個領域都有自己的文化，你越是適應某一種文化，就越難轉換到另一種文化中。」

神經科學是一門很有潛力的學科，隨時可能出現突破性發展。於是，許多想要轉換跑道的人便把神經科學當成目標——索諾斯基也有幸親眼見證這些人的轉變。他說：「轉換職業跑道有一點像是進入一段新的戀情。這個過程可能會耗時數年，但絕對令人興奮，感覺像是回到了年輕時候。舉例來說，就算你還是留在醫藥領域裡，但轉換攻讀科目也會讓你覺得整個人都變年輕。」

這種年輕的感覺也可以造就職涯中的突破，因為新的見地通常都在你學習新知的時候席捲而來。一旦你學會了新的內容，你的大腦就會開始「閉門造車」，用新的視角來領會這些新知。「這種年輕感，我指的不是實際年齡。」索諾斯基說：「而是你在一個領域當中的年齡。」」。然而，在科學研究裡當先鋒並不容易。索諾斯基說：「你看那些背後插了很多支箭的人，就是打先鋒的研究員。」

另一方面，想要得出新的見解，也需要懂得接受研究結果告訴你的訊息——而不是你想要從研究結果得到的答案或是眾人皆同意的解釋。例如碧翠絲首先發現，降膽固醇藥物「斯達汀」（statin）有時能幫助延長壽命，卻也可能引發肌肉痠痛或記憶受損。可是要讓這些研究發現登上期刊，卻遇到阻礙——這項發現和大家對斯達汀的期待相左，期刊審稿人因此不願意刊登這項研究，寧可一味相信斯達汀是無害的藥物。

謙卑的重要性

索諾斯基深入回想他花了多年時間耕耘的領域。他覺得，物理學界充滿各種自大狂——這裡像是學術界的華爾街，人人都覺得自己是「宇宙無敵萬事通」。（但我必須說，我喜歡索諾斯基的原因之一就在於他沒有這種傲慢。索諾斯基和其他絕頂聰明的人一樣，常常會做出錯誤的結論。但是索諾斯基的不同之處在於他可以很快修正錯誤，一旦發現錯誤也能馬上改變方向。另一方面，索諾斯基也是少數不會一味推崇自己的發現的人。就這點來說，他和許多學者可說是天差地別。）

很多物理學者認為物理是所有學科裡最困難的，而他們就是最聰明的研究者。的確，物理學界處處是聰明人，但也正因如此，看到他們在研究中不小心犯了可笑的錯誤就更有趣了。

索諾斯基認識一位美國加州理工學院（Caltech）的傑出學者，他也想從理論分子物理學轉到神經心理學。他沒有神經心理學的背景，但還是自行創立了實驗室，雇用一名傑出的博士後研究員，開始指使他做事。結果是個慘烈的悲劇——實驗室被搞得烏煙瘴氣，相關研究也無疾而終。為什麼會這樣？因為你就算在A領域學有專精，也不等於一定能在B領域無往不利。如果你不夠了解另一個領域，很容易自我感覺良好，以為自己的想法是創舉，而實際上說不定根本不可行，或是早就有人做過相關研究了。

實驗派的分子物理學者，傑瑞・派恩（Jerry Pine），選擇了另一條通往神經科學的路。派恩是加州理工學院的正式教授，在研究事業發展正如日中天之時決定換跑道。他和索諾斯基一起在伍茲霍爾修神經科學的課程（索諾斯基很不好意思地說，派恩來上課時穿牛仔褲）。那時候班上就只有派恩和索諾斯基兩名物理學者，其他同學都是生物學家。隨後，派恩舉家遷往聖路易斯華盛頓大學，展開了三年卑微的博士後研究生活。後來他也設計出一種神經晶片，讓神經元在其上生長，藉此研究神經元在神經元組中如何傳遞訊息。

想要像索諾斯基和派恩這樣學習第二專長，是很花時間的——如果第二專長和第一專長之間沒有直接關聯，則更是耗時。你需要找到一個可以學到相關知識的地方，而且這裡要有人可以幫助你學習。學習的過程中一定會遇到挫折。入門時更經常感覺好不容易有所進展，卻又馬上被打回原形。不過如果你運氣好，終究便能夠結合新舊專長。

如果想要避免進入職涯撞牆期，就要像派恩一樣，敞開心胸。在學習的過程中，最關鍵是在於謙卑，堅持到底也很重要。這些特質可以幫助你進入一個新的脈絡——接下來我們也會提到：**脈絡是轉換跑道的關鍵**。

轉念關鍵

學習新領域不可能速成

如果你在學習一個困難的新領域，可以先用魔鬼營的方式來建立連結，把自己浸泡在新知當中。不管你有多聰明，都要預留充分的時間來徹底深入理解這個新學科。

脈絡是王道

脈絡就是我們洞察事理的環境——這個環境會影響我們對事物的反應。假設你看到，在幾步之外有個玻璃箱，箱中有條眼鏡蛇呈現攻擊姿勢，你的反應會不同於你看到有條眼鏡蛇在桌上滑行過來。我們無時無刻都在接受各種提示，來自環境的，出於想法的、感覺的提示。

這也就是為什麼安慰劑可以產生強大的作用。有意識的思緒會在大腦的前額葉中形成，這些想法可以造成身體各處的實際改變。舉例來說，如果護理師告知病人手術過程會很痛，此時病人的壓力賀爾蒙便會在幾秒內升高。這會造成「反安慰劑效應」，使「膽囊收縮素」系統變得活躍而加劇疼痛感。同樣的，如果我們相信某物質可以減輕疼痛——就算該物質只是糖水或食鹽水——這個信念也可以啟動身體原就具備的止痛機制，進而降低疼痛感。「安慰劑效應」作用非常強大，只要使用幾天，效果也能持續——即便是告知病人其實他吃的並不是真藥，也仍然會有效。

從不同的脈絡來看待事物，還有其他效果。舉例來說，如果我們相信A品牌的奶昔比B品牌奶昔更有飽足感，則A品牌奶昔就會抑制我們身體裡引發飢餓感的賀爾蒙飢餓肽。喝下摻有免疫抑制劑的怪味飲料，最後可能只需要這個味道，不需要藥物本身，就有抑制免疫力的作用。抗焦慮的藥物可以幫助病人在看到恐怖的或有威脅性的圖像時減低不舒服的反應，吃了一陣子之後，以安慰劑替代實際的抗憂鬱藥物，也能達到相同的功能。

總之，你對某件事情的期望，以及事情發生的脈絡，具有非常強大的力量，可以重塑你身體和心理的反應，可以往好方向發展，也可以轉成壞方向。這也是第二章克勞蒂亞．麥道絲得以戰勝憂鬱的關鍵。出於相同原因，認知行為治療可以有驚人的成效。

不管你想要學習什麼，想要變成怎樣的人，都可以用這種方法邁向成功。

得了諾貝爾獎也可以換跑道

索諾斯基和碧翠絲有個朋友，叫法蘭西斯．克里克（Francis Crick），他非常明白脈絡對於轉換職業跑道的重要性。克里克最為人知的事蹟是他和另一位研究者一起發現了生命的密碼——DNA，由此成為科學界巨擘。而克里克是在三十多歲時第一次改造自己——那次轉換跑道也造就了他後來驚人的研究發現，最後替他贏得諾貝爾獎。

克里克本來是倫敦大學學院（University College）物理系的學生，前途似錦，但是有一天，二次世界大戰的德軍炸彈轟掉了他的實驗室。

克里克停下研究工作，花了幾年的時間設計出可以躲過德軍掃雷機的地雷。到了三十一歲時（這年紀在科學研究領域來說很老了），克里克才終於開始攻讀生物。對克里克和索諾斯基來說，從物理轉到生物是一條艱辛的道路。克里克曾經說過：「這簡直就像再一次出生，一切從頭來過。」雖然從「優雅直觀」的物理學轉到有複雜化學反應階段的生物學非常困難，但說也奇怪，克里克覺得自己當初在物理領域的訓練給了他很大的優勢——這是狂妄自大造成的兩刃劍。克里克在物理領域的同事——這些宇宙無敵萬事通——個個都有驚人的研究成果。如果這些人在物理領域可以有這樣的突破，憑什麼他在生物領域不能有所成就？

於是克里克便轉換跑道，從物理轉向生物，最終也成就了克里克在發現ＤＮＡ上的重要地位。不過他儘管得了諾貝爾獎，克里克還是不滿足。一般來說，邁入耳順之年的人往往開始放慢步調，克里克卻迷上了科學世界裡最困難的領域——人類意識的運作和起源。他的想法不同於當時的多數人，他直覺認為神經解剖學在這個領域扮演關鍵的角色。若想要了解人類的意識，克里克便需要開始學神經科學。

然而，克里克最大的挑戰是，他在原先的領域裡已經是菁英。發現了ＤＮＡ的這項光環和隨之而來的諾貝爾獎像是黃金手銬，把他銬在分子生物學的寶座上，他在劍橋的世紀研究也變成他的科學監獄。

克里克想要越獄，就從英國搬到美國聖地牙哥，來到索爾克中心。他改變了自己的脈絡。在加州陽光普照的新環境中，克里克四周的同事不再是分子物理學者，他現在每天和神經科學家往來。索諾斯基憶起當年：「克里克常花好幾天的時間討論概念，他會約同事來，藉著討論來訓練自己。」

克里克把自己放在新領域裡面浸泡著。雖然他仍無法親自解決跟意識有關的研究問題（這是個超難解的領域），但他也扮演關鍵角色，把意識研究帶向一個更堅固的研究基礎。克里克過世之前幾天，還忙著編輯他的神經生物學論文，最終享壽八十八歲。

索諾斯基在年輕的時候就轉換跑道，克里克則是在晚年才開始改變並且學習新知，這兩個例子都證明改變和學習絕對是可行的路。也有相關研究幫助我們更認識如何在學習和改變上有所進展——即便我們已經不再年輕。

學習永遠不嫌晚

出人意料的是，我們對於轉換職業跑道或是學習新知常會有種罪惡感。二十幾歲的時候，我們會想：「如果我從小就開始學吉他，將來一定可以變成吉他之神！」三十年過去，當我們回憶三十歲時看待自己的無限可能時，總會興嘆，卻忘記了那時的我們總感覺自己沒有什麼選擇。就連大一新鮮人也會羨慕那些從高中就開始學法文、物理或哲學的同學。不管我們現在幾歲，總是會覺得自己已經太老，不適合學習新知。

以前沒有選的那條路，看起來總是比較誘人，我們也很難意識到自己已經選擇的這條路帶來了哪些好處。以成年人的身分，重新訓練大腦來學習新事物不僅可以使你自身獲益，對你身邊的人和社會也都貢獻良多。學習帶來種種好處，世上最傑出的人才都會想辦法轉換職業跑道，其中有些人甚至會預先規劃好轉換跑道的時機。美國伊利諾伊州羅克福德大學（Rockford University）的哲學教授史蒂芬．希克斯（Stephen Hicks）提到：

我在讀研究所的時候逐漸決定要從事哲學領域的相關工作。那時我讀到物理學家蘇博曼楊．錢卓斯卡（Subrahmanyan Chandrasekhar）的生平事蹟，印象深刻。錢卓斯卡的方式是先花幾年時間大量閱讀、深入思考物理學科中的某一個領域，然後才開始撰寫論文，一篇一篇寫，並且編纂成書，把這些想法整合起來。接著他便從物理學科中選擇一個比較不同的子領域，從頭再來一次。幾十年下來，錢卓斯卡克服了思考的死胡同，在許多領域當中都有創新的貢獻。

哲學是一門觸角很廣的學科，而我這麼喜歡哲學的原因之一就是哲學在根本上與許多高深的學科都有關聯，所以我決定追隨錢卓斯卡的腳步，使用他的研究方法來學習。我研究所畢業之後，開始以六年為單位來工作——頭四年針對某一領域閱讀、思考、撰寫短文，後兩年編撰相關書籍。六年周期結束，再選擇一個截然不同的哲學領域，從頭來過。

我並沒有刻意以六年為期，而是自然而然就形成了這樣的時間循環。截至目前我已經完成了幾種不同哲學領域的研究，但這些領域其實互有關聯，所以我希望、也計畫在完成所有研究之後，可以有一部作品整合這些領域，進而建構出一個完整的哲學體系。

在生活中打造一個有助於改變的脈絡

你對自己的可能性的想法，並不容易改變。你身邊可能有人在暗地裡想要讓你留在原點，而不是幫助你達成目標。想要克服這種挑戰，有很多方法。

◆**離開**：如果你所在的環境裡充斥有害因子，那就離開吧。札克．賽瑞斯（第五章）決定離開負面的高中生活，就是採取這個策略。

◆**兩面生活**：當個雙面人，一邊維持原有的習慣和興趣，一邊發展新的興趣。葛漢．基爾

（第一章）和泰倫斯・索諾斯基（第八章）都這樣做——這樣做可以省得別人對他們的事議論紛紛。

◆**顛覆**：當個有自信的逆風而行的人。別人越是不相信你能做到，就越是加強你的決心。這個策略對邱緣安（第七章）很管用，他替自己設定階段目標，向自己和旁人證明自己的能力。然而要切記，一定要選擇可達成的階段目標，也要設定停下來的停損點。假如你已經盡了最大的努力，醫學院入學考試的成績還是非常低，可能就必須喊停，重新審視從醫的夢想。

如果你運氣好，身邊的人可能會支持你。你在開心之餘，也要把握機會，盡量深入學習。物理學者傑瑞・派恩（第八章）就是這樣才舉家從加州搬到聖路易斯，從正式教授降轉為博士後研究員來重新建立他的職涯。

發現新興趣的時候，不該在心裡為自己設限，但是也不能欠缺審慎的考量——譬如說，你要先知道自己在那個領域有沒有具備成功的基本要件。別在不知道自己歌藝不精的情況下夢想要當歌手，每天半夜扯著喉嚨大唱卡拉OK。

老狗也能學會新把戲

索諾斯基研發出厲害的電腦模擬工具，幫助我們認識人類複雜的記憶、想法和感覺。也就是說，索諾斯基對於神經科學研究的各個面向都有通透的了解。

索諾斯基說：「隨著年齡增長，學習新知的速度可能會變慢，難度也會提高。但你還是辦得到，大腦是很有可塑性的。特別值得注意的是，目前的研究得到突破性的發現，可以幫助我們在年齡增長之後還能延緩認知能力的衰退。」

隨著年齡增長，突觸和神經元的數量都會減少，就像水壩中的水一點一點流失。但這不是說我們就只能坐以待斃，只要我們努力，就能延緩這速度。運動、學習、暴露在新的環境之中，都可以幫助大腦培養並製造新的神經元和突觸。上述這些活動就像是認知的及時雨，可以補充大腦水壩中的水資源。這些活動可以幫助我們打造所謂的「突觸水庫」。**隨著人類的老化，運動與學習更顯重要，可以讓我們平衡日漸流失的突觸和神經元連結。**

我問索諾斯基，有哪些頂尖學者的研究可以幫助我們找到對抗老化並改善大腦功能的方法，索諾斯基毫不猶豫就說：「達芙妮．巴佛利爾（Daphne Bavelier）」。

巴佛利爾是瑞士日內瓦大學（University of Geneva）的認知神經科學家，專門研究電玩——殺敵無赦的那種動作派電動遊戲。巴佛利爾的研究發現，顛覆了我們對電動遊戲的負面刻板印象，同時也替未來的認知行為治療注入了新方法，讓我們在退休之後仍然可以保持大腦活躍。

傳統的觀念告訴我們，花太多時間盯著螢幕打電動是有損視力的行為。巴佛利爾將動作派電玩玩家的視力加以量化，結果竟出乎她本人預料，這些玩家的視力竟然比一般人的平均視力好。玩家的視力在兩個微小卻很重要的方面優於其他人——玩家比較能在充滿各種元素的環境中看出細節，而他們對灰階的辨識度也比較高。

這種視力優勢看起來好像沒什麼，但是把場域拉到現實生活中，這意味著玩家比較善於在起霧的環境中開車，他們老了以後，也可以不用放大鏡就看清楚藥罐上的處方標示。換句話說，**打電動可以幫助我們在老了之後強化我們處理危險情勢的能力**。

然而，巴佛利爾和她的研究團隊的發現還不只這樣。

打電玩的好處

很多人認為電玩容易造成分心，引發注意力的問題。事實上恰巧相反。巴佛利爾的研究團隊在研究動作型電玩玩家時發現，這些玩家的大腦裡負責「集中」的區塊變得更有效率。動作型電玩玩家轉換注意力的速度更快，耗費的精神也非常少。基本上我們可以說玩家比一般人更容易專心。舉例來說，他們可以很快把注意力從前方路況轉到從路邊衝出來的狗身上。

也就是說，動作型電玩可以加強老化後將會退化的許多能力。正如巴佛利爾所述：「動作型電玩這種複雜的訓練環境，可以加強大腦的可塑性，也可以幫助學習。」動作型電玩不僅可以訓練視力、幫助集中精神，讓我們可以更有效學習，同時，這些好處也相當持久，即便已經經過了數個月也都還在作用。（附帶一提，如果你想要加強對於藝術創作和工程都很重要的空間概念，可以玩俄羅斯方塊）。

如果想要強化大腦整體功能，殘暴但引人入勝的《榮譽勳章》（Medal of Honor）絕對比《模擬市民社會》（The Sims）有效。這可能是因為《模擬市民社會》不太需要玩家控制專注力。但是在《榮譽勳章》中，你需要在螢幕各區塊間切換注意力，在觀察環境中是否有新敵人時，需要注意整體畫面，瞄準的時候又需要專注在某一個特定的小點。《榮譽勳章》也需要玩家運用直覺來破關，遊戲進行時有背景音樂、各種出其不意的變化，還有不斷進行的動作，這些都要用到大腦潛意識中的各種運作機制。這種需要專注的遊戲，對於大腦可塑性的重塑非常關鍵。

既然如此，為什麼市面上還沒有出現專為改善老化而設計的電玩遊戲呢？巴佛利爾認為，這就像是在美味的巧克力（電玩）中加入營養的青花菜（認知增強元素），難度非常高，頂尖大廚也很難辦到。不過，腦神經科學家、藝術家和電玩業者已經開始攜手合作，也有了不錯的進展。

談到電玩，有些基本概念也得提出來——學者同意，過度沉迷於電動遊戲並不健康。幸好，你不需要沉迷於電玩也就能從中獲益——每天大約玩三十分鐘，持續玩幾個月，就能看到正面影響。

成年人想要維持學習和改變的能力，常會遇到諸多挑戰。光是打電玩、讀教科書、跟同學老師互動還不夠。如同前述，運動扮演非常重要的角色。非處方藥物如利他能（Ritalin）和阿德拉（Adderall）能幫助學習，但是它們也充滿副作用——這好比為了遮蓋牆上一小塊汙點而潑上整桶含鉛塗料。補充營養當然也小有幫助，不過營養補給到了某種程度，對於認知能力的提升效果就不會再增加了。

另一方面，動作型電玩遊戲開始引起頂尖科學家的關注，是因為這類遊戲可以帶來令人驚豔的各種好處——從這類型的電玩中，我們不難發現：聲光刺激、各種動作和任務，在學習歷程上都扮演關鍵的角色，對於注意力分配、對抗令人分心的事物、工作記憶，還有任務轉換等等都大有幫助。我們已經知道某些類型的玩家更能有效使用腦力——他們在處理難解的任務時使用的氣力較少。這些玩家比較懂得忽略不重要的訊息。

以巴佛利爾的研究作為部分基礎，加州大學舊金山分校（UC San Francisco）的學者亞當．加扎利（Adam Gazzaley），也專門研究電子遊戲的效果。加扎利也是索諾斯基推薦的學者，同時研究神經科學與神經醫學。他指出，電玩是極具影響力的媒體。電玩不但有趣，遊戲過程又有互動（學校老師不是最注重互動嗎？）。加扎利想要更有效地結合電玩與治療，他付出的努力也有所斬獲。世界著名的科學研究期刊《自然》（*Nature*）用加扎利的研究做為封面報導，標題為〈改變遊戲規則的人〉（Game Changer）。

加扎利新穎的認知行為治療構想，改變了遊戲規則。他研發的《神經賽車》（Neuroracer）遊戲規則很簡單，玩家在可能會隨機跳出交通號誌的路上開著超快跑車，這很需要及時反應力。加扎利的研究發現，較年長的受試者若是一天玩一小時的《神經賽車》，一週玩三天，如此持續一個月，也就是總共玩十二個小時，就可以提升專注力。美國食品藥物管理局（FDA）正在審核這個發明，加扎利希望這款遊戲可以成為全世界第一個「有醫師處方的電子遊戲」。

幫助你集中注意力、在工作記憶中儲存

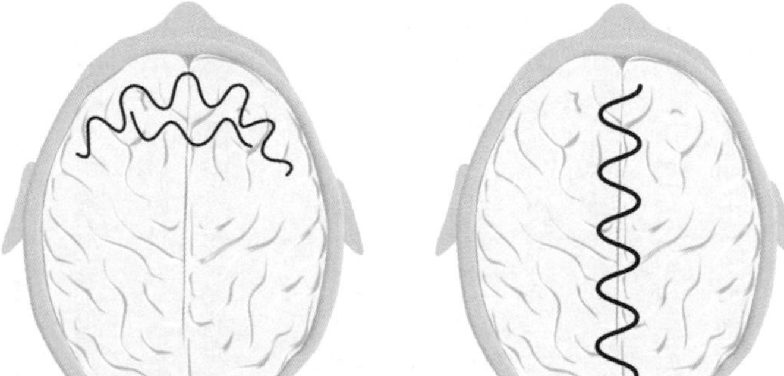

左圖，那道線條是位於大腦前半部的「額葉中線 θ 波」，在聚精會神時產生。右圖是 θ 波往返大腦前半與後半時的波型。左右兩種腦波的活動都會隨著年齡而衰退——但是藉著電玩的強大力量，這種衰退是可以逆轉的。

資訊、避免胡思亂想的能力，來自於「額葉中線θ波」（midline frontal theta），這是當你運用專注力時大腦前半部忽然增強的電波活動。但是當你想要專注時，用到的就不只是大腦前半部而已。大腦的前半還需要把訊號傳遞至大腦後半以建立溝通，而這和「長距離θ波同調性」（long-range theta coherence）也有密切的關係。隨著年齡增長，相互關聯的各種腦波不論是在強度上或是同調性，都會減弱。這種「額葉中線θ波」和「長距離θ波同調性」的衰退，就是造成老人家站在廚房卻忘記自己去廚房要做什麼的主因。老人家開車反應變慢也是同理。

《神經賽車》遊戲讓玩家有機會練習專注。然而這項發明最有價值的地方在於，它可以讓我們得知大腦功能如何得到改善：其原因在於θ腦波節奏的改變。加扎利的研究結果顯示，藉由電玩學習，六十歲的腦力也可以打敗二十歲的年輕人！《神經賽車》可以刺激腦部用來激發工作記憶、警覺性等重要認知技能的神經，並進而加強這些技能。也就是說，雖然遊戲本身並不是針對這些認知技能設計的，但是可以改善這些技能。

我們開始了解到，用以增強認知功能的遊戲應該要包含哪些元素。藝術、音樂和劇情可以讓玩家身歷其境，這種設定可以增強神經可塑性。換句話說，設計妥善的遊戲應該要是神經重構的工具組，幫助我們重塑認知功能。也有相關研究結果顯示，電玩可能可以幫助對抗注意力缺陷過動症、憂鬱症、失智症以及自閉症等疾病引發的討厭症狀。

加扎利設計出這款遊戲的目的是想要得到即時回饋。他正在研發一個系統，希望藉此找出神經運作過程中衰退的部分，然後使用系統蒐集到的資訊來挑戰玩家。想要改善衰退的神經訊號，也可以用簡單好玩的方式。「如果可以進入自己的大腦，任務是要改善你眼前看到的神經運作過程，不知道會是怎麼樣？」加扎利說：「這樣應該可以學會掌控自己的大腦處理訊息的方式。」

在另一條路線上，麥可．莫山尼克（Mike Merzenich）和波拉．塔拉爾（Paula Tallal）設計了一款電腦練習軟體，讓有閱讀障礙的人能分辨特定的聲音。這種練習可能可以大幅提升閱讀能力。這項創新的研究結果刊登在《科學》雜誌上——研究才一刊登，就有超過四千通電話湧入，家有閱讀障礙孩童的父母，企盼能改善孩子的學習能力。

莫山尼克最近獲頒神經科學界的諾貝爾獎：卡弗里獎（Kavli Prize）。他同時服務於美國國家科學院和美國國家醫學院，是位備受尊崇的科學家。莫山尼克在訓練大腦對抗閱讀障礙這事上大有成就，後來創立了「假設科學公司」（Posit Science Corporation），旨在改善認知功能。BrainHQ是該公司最具代表性的課程，這套課程目的不是要把學生訓練成天才，而是藉著各種加速神經運作速度、增強注意力、改善工作記憶的訓練，讓學生可以達到自我認知能力的巔峰並且維持下去。也有權威研究結果顯示，BrainHQ的課程在幫助辨識人臉、安全駕駛、跟上思緒快速的對話等功能上都非常有幫助。

坊間有上百種線上的大腦訓練課程，多數都沒有什麼科學研究能支持其效果。而巴佛利爾、加扎利和莫山尼克這幾位頂尖科學家，已經起了一個頭，證明「心理治療」確實有效。

打造認知的庫藏

我們知道，大腦裡的海馬迴每天可以製造大約一千四百個新的神經元。隨著年齡增長，神經元數目會減少，但是減少的數量不大。不過大腦還是必須要持續接受新的刺激，否則許多神經元會來不及發展成熟就死亡，然後融入神經網絡之中，有點像葡萄藤蔓還來不及長大就死亡，最後掛在藤架上。

成人腦中新生成的神經元「顆粒」，可以幫助我們區分類似的經驗，然後把這些經驗儲存為不同的記憶。這些新的神經細胞和舊有神經細胞是不同的，舊神經元細胞的功能是在替相似的記憶建立連結。新神經元的特殊價值在於它可以避免我們回想起久遠的、有時甚至是創傷的回憶。也就是說，如果想要學習新事物或是維持健康的心理狀態，一定要促進新的神經元生成、存活與健康生長。這就是為什麼在憂鬱症和其他焦慮相關的心理疾病治療上，神經元生成乃是熱門領域。

如同前述，對於產生新的神經元來說，運動是「特效藥」。打個比方，運動就像是在大腦中散布種子，而這些種子最後發芽長成神經元。另一方面，學習就像是水分和養分，可以幫助這些小幼苗生長。

年紀越輕，你所接觸的事情就越可能是新事物。隨著年齡增長，則較容易進入死胡同。就算有時你看似在學習新知，其實這個新知本身可能也只是你已知事物中的一小部分。**若想要有效改變大腦的學習，你需要稍微踏出舒適圈。**

杜克大學（Duke University）的腦神經學者賴瑞・卡茲（Larry Katz）認為，若要促進神經元的生成、健康並建立新的連結，最有效的方法就是每天從事新鮮而不一樣的事情，這可讓你的大腦自然而然暴露在新的體驗中。新的事物可以簡單如換成用左手刷牙、用餐時坐在平常不坐的椅子上。這也說明旅行可以讓人感到神清氣爽。這些活動都可以調整大腦，若你盡可能把自己放在新的文化和環境當中，效果會更為顯著。隨著年紀增長，學習語言的助益也會特別明顯，因為語言學習正是可以強化那些原本在老化時會退化的腦區。

說到大腦，只能說「不進則退」——不管你原本是多麼天賦異稟。人氣演說家羅伯・索布克韋（Robert Sobukwe），在南非還處於種族隔離時期發表了解放南非黑人的言論，於是被放逐到偏遠的羅本島（Robben Island），這一隔離就是六年。他只能用祕密手勢與獄卒溝通。在這段痛苦的日子中，索布克韋發現自己慢慢喪失了演說能力。在遙遠的南極科學站忍受嚴寒的科學家，鮮少與人交談，他們也有類似的經歷——科學家回到文明世界之後常發現自己連一般對話都結結巴巴。

廣泛的興趣可以幫助我們調整心智——特別是這些活動與運動並行時。研究顯示，假設你現在從事女紅、修水管、做木工、打遊戲、用電腦、或閱讀，你老了以後會有較強的認知能力。這些相關的研究結果並不令人意外，因為縫補或做木工時會用到的測量與裁切技術，顯然可以幫助你維持空間概念。此外，近期一項控制研究實驗發現，每週至少讀書三個半小時的受試者，在接下來十二年的追蹤期當中，死亡率比另一組人低了百分之二十三。這項研究中，死亡率降低的關鍵是書本，讀雜誌和報紙的受試者表現就很一般。（恭喜你，因為你正在讀這本書，可以長壽！）

有一項針對中國偏遠地區超過一萬六千名受試者所做的研究，研究結果顯示，阿茲海默症發生的機率和教育程度有關。這也不意外，接受越多智力刺激，罹患阿茲海默症的風險就越低。不錯，這項研究只是提出相關性，所以我們不能確定智力刺激是否真的是罹患阿茲海默症機率較低的原因。但我們可以確定的是，接受越多教育，可以產生越多突觸，而突觸越多，認知水庫的庫存就越多。無論如何，受教育都不該只是年輕人淺嘗即止的活動。研究顯示，年長者若是越能採取積極的學習生活型態，罹患阿茲海默症的風險就越低。成年後或是老年後所學的新知都可以幫助你建立並維持認知水庫的庫存。

轉念關鍵

舒適圈和突觸的庫存

簡單的日常活動，例如交談、編織或投籃，可以保持我們已經會的技能，進而維持身體和心理的健康。但如果我們稍微踏出舒適圈、學習有挑戰性的事物，便可以建立突觸的庫存。隨著年齡增長，突觸庫存的重要性也會提高。

幾歲都能學習，改變不分年齡

索諾斯基的預測沒有錯，過去十年來，他原本的物理領域並沒有太多突破性發展，因為器材費用貴得驚人。索諾斯基有幾位攻讀分子物理的朋友後來也轉往其他領域找工作。而在許多不同的產業中都出現了以下現象：熱門產業的誘惑、缺乏主見、未能認識到該領域機會有限。學術界中，很多學科也都有盲從現象，就算相關工作機會很少，學費超高，教授還是會鼓勵學生主修自己的領域。學生多半心想：「如果這行飯不好吃，教授不至於鼓勵我們選這個科系吧。」

索諾斯基儘管在物理學名校的發展可期，他還是退一步重新評估情勢，經過審慎思考之後下了賭注，決定換跑道。雖然這樣的改變是困難的，而在當時也很少有成功的先例，但在最後的評估中我們知道，正因為索諾斯基願意賭上自己的職業，轉往他覺得自己在其中可以有更大科學貢獻與社會貢獻的學科，才能有今日無比倫比的成就。

將神經元溝通的方式量化，可以讓我們更認識人類的本質——記憶如何形成、我們如何聞出玫瑰的氣味、如何打棒球、為什麼會做夢。有了索諾斯基和他的團隊的努力，我們現在得以更了解大腦的運作方式，並知道如何在進行研究分析時梳理相關數據並預測最有可能的研究突破。索諾斯基研發的演算法和工具幫助了世界各地許多研究者。

但是，假使你想要找到適合的職業，卻不像索諾斯基一樣成功，反而是才剛起步，憧憬和機會就受挫了呢？

下一章裡，普林賽斯・艾拉堤（Princess Allotey）將會告訴你，年輕人的韌性和一股抓住天賜良機的意願，可以帶來很大的改變。

在索諾斯基的幾種研究題目中，其中一項研究揭開了運動在認知和學習上的重要地位。他自己也特別在每天的生活中安插運動時間，不論他身在何方。圖中，索諾斯基正在加拿大亞伯達的西湖國家公園（Western Lakes National Park）度假。

神經科學領域的工作

想要在任何一個科學研究領域找到工作，要先花非常多的時間、精神和金錢，才能取得該領域的博士學位。而取得博士學位之後，還要經過一番廝殺才能在大學中取得終身教職，這個競爭激烈的申請過程光想就令人備感壓力。在目前的學術環境中，一個職位往往吸引來上百名申請者。

神經科學是當代當紅學科，所以若你考慮走這條路，務必謹慎。不過神經科學家艾倫·捷爾佩林也點出，其實不管是什麼學科，生物學、物理學、工程學，競爭都非常激烈，神經科學當然也不例外。

捷爾佩林提出了一個問題：「在你有興趣的當紅領域中，哪一個領域也正吸引很多有興趣的人想投入其中？發育生物學？還是分子生物學？厲害的CRISPR基因編輯技術？對基因重組有興趣嗎？不妨在網路上買一本食譜書，去買些蛋，誰知道？搞不好哪天你可以讓青蛙說話。」

普林斯頓的腦神經科學家艾倫·捷爾佩林，從事該領域相關工作已經超過五十年了。他在學界競爭上的寶貴洞見也適用於各種不同領域。

科學研究工作有其風險。最大的風險就在於，你還沒發表研究結果就被人捷足先登。捷爾佩林的建議是：去尋找「獨特的領域組合」，結合你的構想和技能，在你做研究時，別人幾乎不可能有機會搶先發表類似的研究結果。

即便如此，還是有很多學者採取看似不會出錯的研究策略，辛苦研究了五年之後卻在期刊上看到一篇文章——「天啊！這篇論文寫得真是太好了！」——有人搶先發表了你的研究成果。所以做研究的當務之急就是要找出一個不太可能在你投入時間研究的過程中就出現在期刊上的主題。

「打算投入一個新的領域，就要先做足研究，找出研究主題的大方向。」捷爾佩林說：「哪個主題是你感興趣，又可能可以做出舉足輕重的成果？你腦子裡的大計畫是否已經有人做過了？」

然而我們正處於一個令人感到興奮的時代——新器材和技術的發展非常迅速，也就是說，在神經科學的領域中，還是有機會可以找到研究缺口。捷爾佩林根據他幾十年的經驗得出以下感想：「數學、光學、固態物理學、電機工程等領域中的研究方法或工具，可以幫助你找到一個獨特的定位來進行很少有別人可以做出的研究。但你要切記，凡事沒有絕對。你只能盡可能降低風險，然後開心做研究。」

換你試試看

你的專業領域前景如何？

在自己選擇的職業中，如果只是每天做著同樣的事情，有時會讓人感到迷惘。這時不妨停下腳步，仔細檢視你自己和身旁其他人的職業，想想這些職業在未來的發展。我們會遇到一些實際面的限制，像是成本考量，甚至新發明也可能是一種限制。新的發明雖然可以造就新產業的誕生，但可能也會瞬間讓某個產業走入歷史。千萬不要以為有很多聰明人都往某個特定產業發展，你就也應該要跟著走。你現在的工作環境可能很不錯，但是這個環境可以維持多久？

拿出筆記本或一張紙，以「預測職業的未來挑戰」為題，然後在中央畫一條直線，把一頁分成兩欄，在左欄寫下你的專業領域可能會出現的改變，在右欄寫下可以用哪些方法因應這些改變。

加碼：如果你打算要轉換，不妨先從小地方開始——本章的索諾斯基為了換跑道，去進修生物課程、報名了神經科學訓練營。你呢？如果你打算要轉職，要如何從小地方？如何才能知道新的志業是否真的適合你呢？

9 十八歲就被延誤的夢想

在十八歲的時候就意識到自己的夢想不可能成真，真是令人痛苦。這是發生在普林賽斯・艾拉堤身上的事。

艾拉堤成長於迦納的首都阿克拉（Accra）附近的克拉坎（Klagon）。克拉坎以低識字率和輟學生多而出名。艾拉堤的雙親只受過最基本的教育，程度相當於國中，但是他們一直鼓勵四個小孩讀大學。

迦納的官方語言是英文，但是多數迦納人在英文名字之外都有一個迦納名字，也在英語以外，至少還能說七十種非洲方言之中的一種。

艾拉堤的名字叫普林賽斯——Princess，這在英文裡是公主的意思。父母為她取名公主，正因為她是家中的長女，而他們家的長子名為普林斯（Prince）——王子。但她的父親屬於

「迦」（Ga）系族，根據迦系字輩的取名規則，她的全名是：普林賽斯．娜．阿古．席卡．艾拉堤（Princess Naa Aku Shika Allotey）。她可以流利地說三種語言：英語、迦語，還有母親的母語阿散蒂語（Asante Twi）。艾拉堤的母親是迦納中部一處偏遠地區伊席恩（Eshiem）的芬特人（Fante）。

小學的時候，艾拉堤和八十幾位同學擠在一間只能容納三十人的教室裡上課，她必須和兩個同學共用一張小桌子。雖然學習環境很窘迫，但她求知若渴，特別喜歡數學，她花很多時間寫練習題，問老師問題。所以她在小學和中學的數學成績一直非常好。畢業考的時候，她在其他九科基本科目也都拿下了好成績。艾拉堤出色的學業表現讓她順利進入阿奇莫塔高中（Achimota High School）就讀，阿奇莫塔高

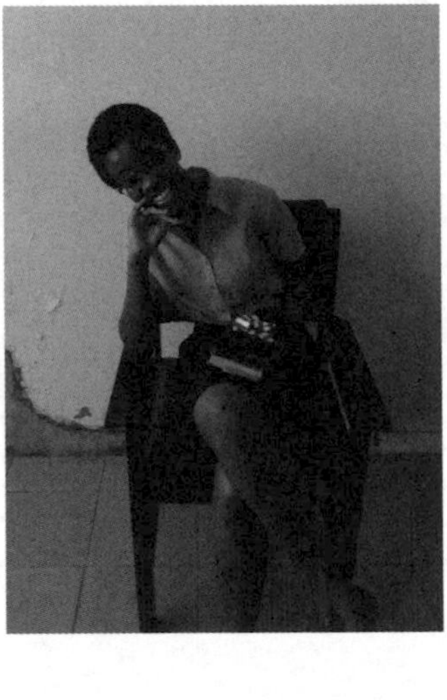

普林賽斯．艾拉堤在十八歲那年創辦了「學童與數學」（Kids and Math），這個組織提供學童所需的基本數學資源，幫助他們學好數學。

中是迦納最好的男女合校的高中。艾拉堤夢想成為數學老師，但她不只是要當一般的數學老師，她希望自己是一個懂得全世界各地的教育觀點的數學老師。

為了拓展背景知識領域，艾拉堤參加了一個暑期班，學習基礎的科學、工程和科技知識，希望藉此能在解決問題時有更創新的視角。暑期班中總共有二十一名學生，裡面只有艾拉堤和她的朋友夏妮加（Shaniqua）兩個女生。身為只占少數的女生，對她們本身是一大挑戰，因為她們總覺得自己不管做出什麼貢獻，班上的男生都會質疑她們的能力。儘管與她同組的男生都很支持她，艾拉堤還是覺得心虛，覺得自己是個「冒牌貨」。

年輕人往往懷抱夢想，艾拉堤也不例外。艾拉堤希望自己可以向諾貝爾和平獎得主蕾嫚．葛博維（Leymah Gbowee）看齊，擁有跟她一樣的眼界和膽識。葛博維在二〇〇三年賴比瑞亞內戰時，號召大群婦女發起運動，最後終結了戰爭。

艾拉堤的問題在於她沒有辦法在公眾面前演講。她不是內向的人，與朋友聊天也可以對答自如。但是她只要想到要站上台對眾人演講就開始緊張。就算眼前擺著一張預先寫好的講稿，她還是會語無倫次，要不就在台上呆若木雞。

艾拉堤就讀的阿奇莫塔高中，有老校友出資贊助，校友包括迦納的歷任總統和國會議員。此外，阿奇莫塔是公立學校，學費本身就相當合理。艾拉堤的父親喬治雖受氣喘之苦，仍然努力工作，是一間中型水泥磚公司的老闆，要支付艾拉堤就讀阿奇莫塔的學費還有住宿費對他來說並非難事。雖然艾拉提有演說障礙，但她的學業表現相當優異。

然而好景不常。

覺得自己是個「冒牌貨」

「冒牌貨症狀」（Imposter Syndrome）指的是一種認為自己其實不配得到目前成就的感覺，或者是感覺到自己的能力遠遠不及身旁的人。這種自認是冒牌貨的感覺，並不是心理疾病——這單純只是一種看待個人成就的角度，只不過這種感受會對情緒造成負面影響。如果你確實有所成就，你會覺得這成就只是一場意外或是因為你運氣好，否則就是大家都被騙了。換句話說，你覺得自己的成就跟你的付出沒有關係。但從另一方面來說，若你失敗了，你卻會覺得都是自己的問題。

這種感覺特別容易出現在女性身上，但男性也會有這個問題（可能是因為男性比較不把感受表達出來）。保琳・克朗斯博士（Dr. Pauline Clance）和蘇珊・艾姆斯博士（Dr. Suzzane Imes）在一九七八年提出了第一篇關於冒牌貨症狀的研究，她們在研究中提到：「就算做出傑出的學術表現或是專業成就，出現冒牌貨症狀的女性還是會認定她們沒有那麼聰明，那些說她們很厲害的人們都是被騙了。」令人難過的是，儘管這些女性的才智、成就和能力是不爭的事實，她們怎樣都揮不去這種自認是冒牌貨的感覺。

怪的是，冒牌貨症狀最常見於功成名就的人身上。想要克服這種症狀的難題在於，當冒牌貨對人表現出謙虛，旁人的反應可能會強化這種症狀（你看她好謙虛！）。由於女性對旁人的感覺可能比較敏感，所以為了不被冠上自大狂之名，便傾向於展現謙虛。睪固酮可能跟這個現象也有一點關聯——睪固酮是和攻擊、支配、冒險行為有關的賀爾蒙。

艾拉堤發現她在暑期班裡面出現非常嚴重的冒牌貨症狀。她是小組長，組員全是男生，她要帶領大家為農夫設計出一種可以長期保存蔬菜的保鮮盒。若要順利帶領小組，艾拉堤就需要在所有組員面前說話（這是她一直以來的心魔），還需要告訴大家該做什麼。她何德何能可以帶領小組？

這種「我不配」的心態，使得艾拉堤在告訴組員該怎麼做的時候特別小心。「你覺得這樣做對嗎？」她會把心裡的疑問直接說出來。但她漸漸發現組員真的把她當成組長——而且是能提出好方向的組長。這讓她感到驚訝，也慢慢敢於拿掉那些內心障礙，仔細審視眼前該做的事。由於她更為審度現實、更為客觀地評估現狀，這方法竟成為她克服冒牌貨症狀的重要關鍵。最後，艾拉堤重新架構內心看待這事的框架，降低自己腦中那些自我懷疑的思緒。她顯然是有能力的呀。輔導員也一次又一次為她建立信心。艾拉堤開始了解到另一件事：所謂的好的領導者，不一定要像刻板印象中那樣對人頤指氣使。這也讓艾拉堤意識到，她可以不用再受「冒牌貨症狀」所苦，而且還能從中獲益。

自我懷疑並不總是壞事。舉例來說，軍隊長官和外交使節很可能在潛意識裡有種文化優越感，認為自己的看法一定是對的——但是當他們到國外出差，這種態度就會給他們製造很多麻煩。諾貝爾獎得主，腦神經科學家拉蒙．卡哈爾（Santiago Ramón y Cajal）說過，與一群傑出的天才共事，最大的挑戰就是他們會很快下結論，但是到了發現結論有誤時卻沒有辦法調整心態。有太多的企業家、大將軍和政治人物，只聽取那些能支持他們既有想法的建議，然後開心地前進，最後卻一頭撞入災難裡。自我懷疑過多，當然不好，都不懷疑，卻也不行。

在現實生活中，天賦和技術固然重要，但運氣也扮演相當重要的角色。假設有兩人都來申請同一份工作，兩人同樣有才華，最後雇主必須擲銅板決定該雇用哪一個，沒被雇用的另一人便會感覺被拒絕。一場突發的交通事故，造成你腦震盪，可能害你在大學學測失利——你上頂尖大學的機率就變小了。也許，最幸運的事就是生長在充滿愛與支持的家庭裡——但這對許多人來說是求不到的運氣。

因此，除非是極端的自大狂，否則多數人偶爾都會感覺自己好像是「冒牌貨」，不妨學著接受這種感覺，知道會出現這些感覺是正常的，然後重新理解這些情緒，將它轉成優勢，然後帶著正面的心態繼續往前。

艾拉堤的難題

艾拉堤非常在乎她在阿奇莫塔高中的學業——在這所菁英學校裡，她拿下了3.7的平均成績。這段時間裡，艾拉堤的父親喬治．艾拉堤遭逢一個大挑戰：他的事業蓬勃發展，正是擴展的時機。她父親為了擴大事業，用現金三十萬迦納幣購入新土地，價值等同於美金七萬五千元。這個金額在迦納簡直是天價。這塊地的賣家是有權有勢的人，也是她父親的老朋友（至少她父親這麼以為）。賣家沒有開收據——她父親也從未告訴家人為何對方不開收據，可能是因為他覺得要開口向一位前輩等級的大人物索討收據很尷尬吧。總之，她父親心想不管怎樣，只要土地上的建物開始動工，應該就是確定交易了。

但是，還沒開始大興土木，麻煩先找上門了。有個生意人宣稱她父親不是土地所有人，而是他買下了這塊地。在法律訴訟中，很難知道到底是原告還是被告說的是真的，而我聽到的說法是從艾拉堤的角度而來的版本。在這種情況下，原地主可能會受到誘惑想要兩方都揩油。原地主說一句話，就可以判定是哪一個買主擁有該土地的地權——不過這樣一來，地主就只能從這一位買主手中收到錢。

但，賣主沒有表態，他提議這兩方上法院去解決紛爭。

艾拉堤父親因為已經花了大把銀子買地，自然不能就這樣棄之不管。此外，艾拉堤父親是個一定下決心之後就要做到的人——這也是為什麼他能成就、擴展事業版圖。

這起訴訟案，就在艾拉堤讀高中的後兩年時光裡展開了。她父親必須往返首都，去提交訴訟相關文件，還要支付高額的律師費用。他心急如焚，畢竟已經付錢贖地了。他同時就動工了，在土地上蓋樓，但是他和他的幾位僱工卻被人拖出去毒打。有一名工人被打到送醫院，而她父親花了大錢投資的各種工具都被毀壞——有幾人被打到像是被推土機輾過一般。

這些紛紛擾擾影響到全家人，干擾了艾拉堤的求學。她仍舊孜孜矻矻讀書，但是成績開始走下坡，有時候只是剛好及格。這是她第一次拿到D，真是心都碎了。

但艾拉堤不放棄，繼續努力。到了高中最後一年，艾拉堤開始準備關鍵的西非大學升學會考（West African Secondary School Examination），這項考試將會決定她能不能讀大學——在迦納，不論是在國內讀大學或是要去外國讀書，都要參加這項考試。考試於二〇一四年二月底舉行。艾拉堤下定決心要奮力應考。

她父親向一位有錢的朋友借了六萬元迦納幣（相當於一萬五千元美金）打算向最高法院申請訴訟。他把一生積蓄都壓在這場官司上，到了官司快要結案的時候，他只剩下兩百五十元——也就是美金六十元。

二〇一四年一月二日，官司開始至今兩年，法院的宣判下來了。

喬治．艾拉堤敗訴。

隔天，她父親的氣喘忽然加劇，便叫女兒去藥房替他買藥。艾拉堤出門去了，不久她媽媽發現喬治昏倒在廚房。媽媽費了九牛二虎之力把爸爸抬著，招計程車。連著兩輛計程車都拒載，說那是屍體、不是活人。第三輛計程車願意載他們，飛馳前往醫院。但一切都太遲了。

父親走了。

輸了官司，全家人心想事情不可能更糟了，沒想到還有更壞的事。喬治先前以為勝券在握，便用水泥磚工廠和自家房子做擔保，去借了那筆六萬元迦納幣。

艾拉提一家人不只輸了官司，他們失掉了一切。

兩個月後，艾拉提參加了至關重要的西非大學升學會考，而她的表現出奇得好。

但是艾拉提沒有錢念書，也沒有管道取得獎學金，所以根本不可能在迦納當全職大學生。艾拉提申請的國外大學也給了她入學許可，但是沒有提供獎學金。這時，艾拉提全家僅靠著家中長兄的微薄收入來維持生計。

艾拉提沒想到這一切來得這麼快，前一秒夢想還唾手可及，後一秒這個大好機會就從她手中流走了。

重新框架——同時發展新的專長

我們在前面提到了「重新框架」非常重要，第七章的邱緣安也就是用這方法把危機化為轉機。

艾拉堤也發現了這個做法的價值。她在高中的後幾年過得很辛苦，父親過世，全家進入經濟危機，艾拉堤深陷憂鬱，成績也一落千丈。不過，她仍然努力振作，在高中最後一次大考中表現優異。對艾拉堤而言，幫助她重新框架的力量是信仰。艾拉堤一家篤信天主教，她發現天主教信仰的價值觀——例如「神呼召你來幫助比你更不幸的人」——可以幫助她度過難關。

她沒有自怨自艾，而是重新框架自己的想法，把眼光從自己移開，去看外面的世界，並且思考如何幫助別人解決他們的問題。她開始去資源匱乏的小學或中學擔任義務助教，向這些可塑性極高的孩子分享她對數學的熱忱。她想要幫助所有學童，尤其希望可以成為女學生的好榜樣。迦納社會裡，普遍認為數學是適合男孩子的科目——老實說，迦納到現在仍認為受教育是男孩子的事。

艾拉堤認為，大部分的學童由於買不起數學教科書，很難有機會自修、練習並複習課堂上教過的東西。於是她發起了「雅里司馬計畫」（Project Arithmas），在學校創立了一個數學參考資料圖書館，幫助學童準備「基礎教育檢定考試」（Basic Education Certificate

Examinations）。她號召八個朋友，一同湊了七百元迦納幣（約一百七十五元美金），這些錢來自他們幾人的零用錢和幾位善心人士的支持。他們打算買幾本重要的學習書，然後詢問其他相關書籍的作者是否可以捐幾本課本。（這便是我認識艾拉堤的過程：她寫信給我，問我能否捐一本我的《大腦喜歡這樣學》。我印象特別深刻的是艾拉堤在那之後的聯絡。她收到書之後，又寫了一封信給我表達她的感激之情。我去過非洲，親眼目睹非洲學童面臨的各種困難，而艾拉堤竟然用最直接的方法解決了問題。）

接著，艾拉堤便創辦「學童與數學」（Kids and the Math）這個團體，成為負責人，希望可以讓孩子更喜歡數學。她的工作需要去許多學校鼓勵學童，燃起他們對數學的興趣。為了替「學童與數學」籌措經費，艾拉堤也去許多機構、公司行號、各級團體演說。她還舉辦了垃圾袋募資活動：她購入大量的垃圾袋，然後以稍微高一點但仍非常合理的價錢轉售出去，一個垃圾袋賣〇・八迦納幣（約美金兩毛錢）。這種專為中小型廚房垃圾桶設計的垃圾袋在迦納非常罕見——大家爭相購買，不僅因為這些垃圾袋好看又方便，也為了支持「學童與數學」。

艾拉堤搖身一變成了企業家——一名社會企業家。也就是說，她用經營企業的方法來解決社會問題。接著，她也就這樣一點一滴累積經驗，藉著一場一場的演講，成了老練的演講者。後來迦納政府的外交暨區域整合部（Ministry of Foreign Affairs and Regional Integration）的

Toastmaster演講社團邀請艾拉堤和她的團隊介紹「學童與數學」，艾拉堤認為這是個好機會，可以用來評估自己的演講技巧。散會後，有位會員特地上年來恭喜艾拉堤，說：「妳說得太好了——簡直就像TED演講！」

艾拉堤開始受到矚目。著名的電視節目《GH Today》也邀請艾拉堤受訪談談「學童與數學」，其中一名主持人還是迦納大明星卡夫伊．戴（Kafui Dey）。節目進行中，艾拉堤屢次回頭看身後是不是有人，因為她不敢相信卡夫伊．戴是在跟自己說話！

艾拉堤想到自己以前覺得是個「冒牌貨」，笑了出來。

訪談進行得非常順利。

艾拉堤重新框架問題和處境，把挑戰化為機會，這些能力還沒有幫助她進入大學、接受正式的訓練，拿到文憑，讓自己成為正式的數學老師——不過，這些做法做到了別的事：她覺得充滿意義，她戰勝了冒牌貨症狀，此外，在這過程中她也有了意外的斬獲，克服她最深層的恐懼——上台演講。

我們認識了這位熱愛數學的年輕女性，她戰勝冒牌貨症狀，為了要圓夢，她必須站在眾人面前演講，而演講需要運用到高度的「非數學技巧」。在下一章，我們要帶你們認識一個逃出科技領域的科技人。

換你試試看

擁抱內心的冒牌貨

你是否有時覺得自己是個冒牌貨？是否覺得跟你有類似處境的人都比你優秀，跟他們比起來你好像是個騙子？不是只有你這樣覺得。許多人暗地裡都跟你有一樣的感覺，他們只是假裝很有自信。（有時甚至會裝得過頭——譬如，某人可能跟你說他的期中考成績很好，但實際上只得到C）。

感覺自己像個冒牌貨，會帶來不愉快的情緒，使你懷疑自己，但這也並不完全都是缺點。冒牌貨症狀可以幫助你用旁觀者的角度來觀察周遭，可幫助你避免由於自大或過度自信而做出錯誤決定、領導不彰。

拿出一張紙，寫下「冒牌貨？」，然後在這幾字下方，用不超過一句話的長度描述你覺得自己像個冒牌貨的情境。在這句子下方的中央，畫一條垂直的線，把該頁分成兩欄。在左欄寫下：感覺像冒牌貨帶來的好處，右欄寫下這樣會帶來哪些壞處。

最後，用兩、三個句子（多一點也可以）寫下你對冒牌貨症狀的整體感受。

10 把中年危機變成轉機

阿寧．侯德（Arnim Rodeck），年紀很小的時候就會坐在臥室裡自己修補電器，他那時就知道，他長大一定會成為電機工程師。但他從沒想過自己有一天竟然會對電機工程師這份工作感到厭煩，畢竟這好像是他生來就該從事的天職。而他也從來沒想過自己有一天會轉換跑道。

找到方法跨越不可能的障礙

侯德出生成長於哥倫比亞的波哥大（Bogotá），母親是護理師，出生於非洲，有德國和比利時的血統，個性和藹可親，總是很支持侯德。而侯德的父親，嚴格且重視成就，經營一家電梯公司，是來自維也納的奧地利人。侯德的父母在哥倫比亞墜入愛河，最後決定留在哥倫比亞，因此侯德在成長過程中自然而然學會了兩種語言：西班牙語和德語。他笑著說，他在需要邏輯思考的時候用到他的德語腦，在需要表達情感和活力的時候則用西語腦。

侯德唸的小學和中學，有一部分資金來自德國政府，所以有些科目的授課語言是德語，有些則用西語，少數科目是用英語授課。但由於侯德早期的英文老師都是德國人，所以他的英語帶著德國口音。

然而侯德的人生並不是一帆風順的。他有閱讀障礙，一直都有記不住東西的問題。這意味著，學校課業對他來說很不容易。侯德同時還面臨其他挑戰，譬如音樂。他的歌喉其差無比，他讀幼稚園的時候只要到了歌唱時間，老師就會遣他去一旁玩樂高積木。

侯德的節奏感也不好，所以他不會跳舞。他看不懂樂譜，沒辦法把看到的樂譜跟耳朵聽到的旋律對起來，就連哪個樂器在做什麼他也

阿寧・侯德的學習旅程，帶領他離開了生於斯長於斯的哥倫比亞，繞了大半個地球，最後才找到自己的天職。

搞不清楚。

但是，聲音訊號的處理，也就是某些音樂類型背後的數位和類比的音響學概念，對他來說跟純聽音樂是完全不同的兩回事。他很愛這些東西。侯德也很幸運，遇到一位高中音樂老師，老師發現了他隱藏的天賦，允許他以製作黑膠唱機和電吉他來取代一般考試。就這樣，侯德用獨特的方式學習音樂，成績表現也很優異。他繼續製作合成器、混音器，甚至還有一種奇怪的樂器叫「特雷門」（theremin），這種樂器不需觸摸就可以演奏。

終於，侯德在別人認為他完全沒有「天分」的領域發展出強烈的持久興趣。他發現到常被忽略的一件事：好老師可以激發出那些不被看好的學生的潛能。他還學會一件更為重要的事——有時，「走側門」才是幫助你完成不可能任務的方式。（註一）

侯德由於有閱讀障礙，因此他高中英文課的表現慘不忍睹，畢竟英文課需要大量的閱讀。侯德記不住單字，弄不懂文法和拼字規則，再怎麼努力都沒有用。

最後侯德選擇去德國攻讀學士學位，主修電機工程。但他萬萬沒想到，他的宿敵——英語——竟然在德國海布隆（Heilbronn）迎接他。電機工程系有一些操作性的課程只以英語授課。考試當然也是英語。他只好努力迎戰——但仍要靠著小老師的協助，靠著好人教授有時睜一隻眼閉隻眼，才能通過考試。有人特別提醒他，不要去找需要使用英語的工作。

然而，侯德也跟第七章提到的新加坡企業家邱緣安一樣，學會了把劣勢化為優勢。侯德從位於赤道的哥倫比亞搬到溫帶的德國之後，發現自己很喜歡在異國求學，他有機會認識各式各樣的人，沉浸在新的文化當中。至於研究所，儘管他有「語言障礙」，他還是選擇去英國就學。

出乎侯德本人意料之外，雖然他在閱讀英語上有障礙，但是他的聽力理解卻表現得相當不錯。在研究所的日子裡，他沒有遇到與語言相關的困難：

我剛到英國時英語很爛，但我不會覺得不好意思，我還是會開口問問題，就算講得非常爛我也照樣開口講。我既然是外國人，就有藉口可以問路、問哪些事可以做，哪些特別的地方值得去看等等，這些是以英語為母語的人一般都不會問的事。

舉例來說，那時候我在搜尋合適的研究所，有一次搭了一班火車要從曼徹斯特前往利物浦，火車上沒有幾個乘客。我往一個年輕女孩身旁坐下來，找她攀談。我把心裡盤算的各所研究所都拿出來問她，最後也請她推薦在利物浦的住宿地點。結果，她竟然邀請我去她父母家作客，我們也就此成了好朋友、好同伴。

說話帶口音，會引起別人對你感到好奇，也讓你有機會向別人介紹自己，這是個破冰的好方法。然而，能說一種以上的語言有個最大的好處在於，你會認識到世界上不是只有一種文化。我們可以用不同的角度來看待世界，在世界中活動。學說另一種語言可以讓人變得更開放。

我想，我自己學習語言的轉捩點，就是我走出了提供正規課程的教室，走入人群、與人交談。其實我到現在都還很努力在學新字，只要在書上或新聞中看到新字，我每天早上都會用一種叫 Anki 的特殊單字卡來練習。說來諷刺，我在學校的時候最討厭學單字，單字表現也最差，而我現在記憶的速度還是很慢，但反正我就是繼續記單字，而且這過程滿快樂的。

有趣的是，我的破英語反而讓我更能有效溝通。大家會仔細聽我想要說什麼，不想讓語言影響我跟他們的溝通，這就更能幫助我學習。

干擾未必是壞事

在聽別人說話時若同時出現了干擾——例如，對方有外國口音——這時你的大腦會運用小訣竅來增強思考。所以沒錯，這正是侯德發現的，因為他的口音很重，別人會比較專注聽他說話。若是我們在處理眼前所見和耳朵所聽到的東西時，出現了一些小障礙，就不得不採取比較抽象的思考模式。如此便使得聽者採用更具創意的方式來理解所聽到的內容。

一點點背景的干擾因素，例如口音，似乎會稍微提高理解過程的難度——難度剛好可以暫時讓你進入一個不一樣的感知模式中，讓你可以用較廣的、更有創意的方式來思考。這大概就是為什麼有些人喜歡去旁邊有其他人在說話的咖啡廳讀書——也許這是在潛意識覺得這種氣氛比較適合讀書。

不是所有學習模式都需要專注

我們學習的時候常會喝含咖啡因的飲料，咖啡因會削弱alpha腦波帶來「做夢」的效果，以此集中精神。喝完咖啡或茶之後的一個小時內，咖啡因的效用最強，不過咖啡因可以持續提神長達八個小時，所以晚上還是最好不要喝咖啡。（註二）

當你從事對認知而言相當困難的任務時，不只可以靠咖啡來提神，還有別的方法。我們常在潛意識中運用一些訣竅來集中注意力。舉例來說，當你想要記下什麼的時候，你會把目光移開——這樣做可以避免環境中無關緊要的訊息占去你的工作記憶。就算只是閉上眼睛，就可以幫助你忽略環境中的干擾因素，讓你更容易想起某事。正是出於這個原因，記憶大王在參加記憶比賽時便會用盡各種方法來降低噪音和不必要的視覺刺激，他們常會戴上特製的眼罩或耳罩來幫助集中注意力。

單純只是記住某個概念，要比設法理解那個概念來得簡單多了。這一點，有時會造成一些有幸具備過人記憶力的醫學院學生的問題。（沒錯，確實就是有一些人天生的記性比較好。學者目前尚未找出為什麼有些人天生記憶力較好的原因，不過已有相關研究指出，記憶力可能和遺傳基因有關。）

醫學院裡，每逢解剖學大考，一般的醫學系學生都要花好幾星期準備考試，反覆練習，設法記住上千條專有名詞及其相關功能。然而，有一些記憶力超強的學生，到了考試之前幾天才花幾個小時瀏覽教材，而最後還是考得很好。

不過，等到這些記憶大王面臨其他形式的考試時，便會發現只用幾個小時臨時抱佛腳是沒有用的，譬如，要解釋心臟運作原理的考試。當看到這些明星學生在某幾項考試中失常，學校老師也會感到震驚。看起來，快速記住與心臟有關的解剖名詞，並不能幫助你了解心臟的複雜功能，所以才回答不出問題。

這是重要的提醒：對於要理解複雜問題來說，僅僅只做到專注是不夠的。

複雜的學習與大腦發散模式

我們需要花很多時間才能弄懂一個複雜的概念。當我們想理解人類的心臟運作、新灌溉系統的設計圖，或是二次世界大戰的背景等複雜的問題，會需要切換注意力的模式，暫時放下問題，退一步審視整個問題的全貌。不管是在學習什麼，都需要偶爾轉移注意力，在全神貫注和綜觀全局這兩者之間轉換。

在第七章說明過，人類使用兩種不同的方式來感知世界——這是兩種不同的腦神經運作模式。一種是專注模式，它需要我們聚精會神，另一種是發散模式，則是腦神經休息的狀態。

如果你還記得，專注模式是你刻意專心要解決一個題目時的思考模式。另一方面，洗澡的時候你可能沒有特別在想什麼事情，這時你就進入發散模式。

現在讓我們仔細說明這兩種模式。

專注模式，主要位在大腦的前額葉皮質的中央，也就是大腦的前半部。另一方面，發散模式就像是一個網絡，把分散在大腦中的幾個區塊連結起來。發散的思考模式在本質上是動用整個大腦的，它常會造就出其不意的創意發想。與發散模式有關的活動包括走路、搭公車、放鬆，或是睡覺，比較可能讓你冒出靈光乍現的想法。（註三）

輕微的背景雜音

當我們處在極度安靜的環境中，這種安靜可能會觸發專注模式的大腦神經迴路，同時也就抑制了發散模式。因此，安靜的環境很適合從事需要高度專注力的工作，例如報稅或理解困難的考題。

但有時我們面對的是比較宏觀的題目，例如心肺功能、電腦網路連結或是氣象規則。這時候，片段的話語或碗盤聲等背景雜音會很有幫助。這是因為，這些輕微雜音有助於暫時進入更大範圍的發散模式。（用技術語言來說，雜音會「打斷專注模式對發散模式的抑制作用」）。換句話說，咖啡廳這類不是百分百安靜的場所，不但可以讓你專心，它們的背景雜音也可以幫助你偶爾跳脫出來，用宏觀的角度來檢視自己正在學習的內容。

但有時候小雜音也許會變成噪音，使得你根本無法專心。年長者對噪音比較敏感，因為他們抑制發散模式的能力比較差。所以在餐廳裡比較常聽到年長者抱怨隔壁桌客人講話太大聲，害他們無法專心享受音樂。

轉念關鍵

背景雜音

背景中如果有間歇的小雜音，可以幫助我們在專注模式和發散模式兩者之間切換。這做法在學習新概念、新方法、新觀點時特別有效果。

可以聽音樂嗎？

讀到這裡你可能想問——可以聽音樂嗎？學習的時候聽音樂，到底是有益或是有害呢？答案是——不一定。如果你聽的音樂的節奏很快又很大聲，那麼絕對會干擾理解，部分是因為大腦裡處理音樂的區域和理解語言的區域有重疊（註四）。有歌詞的音樂比沒有歌詞的音樂容易讓人分心。此外，學者發現，如果你聽的是你最喜歡的曲風，便可以幫助學習，但如果你聽的是自己不喜歡的音樂，就會降低學習效率。

結論是：如果背景的聲音是音樂，你要自己運用常識判斷，去找到最能幫助你學習的音樂類型。

再次走側門

侯德的哥倫比亞背景，使他的思考模式不同於其他富裕國家的人。哥倫比亞是一個開發中國家，而且簡直是以神速在發展。哥倫比亞國內的種族雖多，但所有人都很有自信，也具備企業家精神。如果老師指派了作業卻碰到停電，老師還是會要求你在指定的時間交出作業。就算市區大塞車，光是穿過波哥大市中心就要耗時三小時，老師也不聽你的理由，你就是必須按時繳交作業。哥倫比亞這種天下無難事的大無畏精神，也深植於侯德的血液裡。

侯德在德國時常聽到人說一句德文：「我們從來沒有這樣做過。」別人這樣說的意思其實就是認為侯德辦不到。但侯德只要聽到這句話，他的哥倫比亞魂就會想：「嗯……那麼我要怎樣做到呢？」侯德這種思維使他免於重修他在哥倫比亞名不見經傳的學校已經修過的學分。他問系主任，他要怎樣才能把他以前修過的學分轉過來，系主任的第一個反應是：「不能轉」——但他接著又說：「除非你的每一位教授都同意讓你轉。」

侯德到處打聽哪幾個教授「人很好」，先讓這些教授簽名，然後多得到幾個教授的同意。等他找上最嚴格的教授時，那教授也不好不答應了。最後，系主任恭喜侯德，把他以前修的學分轉了過來。

碩士班即將畢業之前，侯德陷入了兩難。他一直想搬去加拿大，卻還找不到在那裡的工作。畢業在即，他寄出一百多封求職信給位於德國的公司，都沒有下文，實在很難不沮喪。侯德於是參加了工程與電子通訊業的求職博覽會，但每一個攤位前都大排長龍。他與人資負責人談話時，忍不住問了他們有沒有比較不熱門、比較冷清的求職博覽會。

就這樣，侯德去了財經產業的求職活動——財經不是他的領域，但是前來參加的人數比工程類少很多。在這裡，侯德遇到了他在工程與電子通訊博覽會時遇到的同樣幾家公司的人，大部分人都讓他吃了閉門羹，說他跑錯場子，這兩個產業截然不同。但是惠普的代表很賞識侯德這種膽識，說：「我們要找的就是你這種能用不同方式思考的人！」

侯德進入惠普，到達姆斯塔特市（Darmstadt）擔任技術支援工程師。很快，他被派往惠普在英國布里斯托（Bristol）的產品開發研究中心接受訓練。到了這裡，侯德才感覺到終於能接受「真正的教育」了，而且是以師徒制方式進行的訓練。

侯德的第一位師父話不多，反而很會「聽人說話」，並且能以身教來激勵別人，而這位師父一開口便言之有物。侯德的第二位師父教會他不要擔心金錢、地位、名聲，只要努力做把該做的做到最好，不要想便宜行事。

侯德和第五章的中學輟學生札克．賽瑞斯一樣，也發現到師父對於他的職涯和個人成長無比重要。惠普有一個未來領導人訓練計畫，延請了「專業師父」來訓練大家，但是侯德自己私下去拜師，這才真正對他造成莫大影響。

侯德想要拜某人為師之前，會先吸引他的注意。舉例來說，他發現如果只是寫電子郵件是不夠的，要用不同的方式吸引不同人的注意——拜師之路沒有萬靈丹。他也發現，直接跑去找別人然後開門見山就要人家當你的師父，通常會吃閉門羹，尤其當這位師父根本不認識你的時候。他和賽瑞斯的做法一樣，都會先思考如何做，才能讓師徒雙方都受益，讓師父在兩人關係中的「投資」有所回報。另外，侯德也會尋找兩種不同類型的師父——一種是幫助他建立自信、充滿熱忱，另一種則是會毫不保留地批評，不聽藉口的人。

侯德這趟到英國布魯斯托世界級研究中心之旅，也讓他展現出過人的意志力。侯德分配到的案子特別有挑戰性，其中一些挑戰並不是技術上的難題，反而是研究中心的文化所造成。在傳統的英國文化裡，大家不習慣開口找人幫忙。但侯德是外國人，而且是個什麼都不懂的新手，他必須到處發問才能弄清楚狀況。高層人員注意到侯德很願意尋求協助、與人打交道、發問——並且解決問題。

惠普併購了加拿大一間小規模的新創公司，管理階層想要在歐洲團隊中找一個心胸開放、可塑性高、願意替惠普打知名度的技術人員，這簡直就是替侯德量身打造的職位。侯德到了加拿大，開始為當地的辦公室解決各種問題，結果一發不可收拾——他越待越久。幾年過去，他覺得不需要保留他在德國的公寓了，於是他搬到加拿大的夢想就成真了。

接下來，侯德熱愛新文化的特質讓他有了突破性的成就——他把惠普從未賣出過的一項產品推銷給一個大客戶。侯德說服上司讓他搬到矽谷，跟客戶「住在一起」。這種要求在惠普很不尋常，畢竟惠普已經有完善的銷售和技術支援團隊。然而，搬到矽谷六個月之後，侯德就了解客戶如何使用惠普和其他品牌的產品。他向工廠提交的報告書，開啟了新的對話方式——聆聽客戶真實的需求——這也造就了惠普進一步的成功。最後，侯德住進高科技產業

轉念關鍵

師徒關係

師父在你的職涯或個人成長都可以扮演很重要的角色。你不必告訴對方你把他當師父，也能從對方身上學到寶貴的知識。想一想你可以為師父做什麼，就像他們對你有幫助，彼此互惠才能增進師徒關係。

的重鎮——加州的帕羅阿圖（Palo Alto）。

轉換職業跑道的時機

在侯德心中種下轉職種子的人，應該是他父親漢斯（Heinz）。他父親老是說，如果你在目前領域裡已經是專家，這時就該改變了。「不要等到已經是專家之後再轉換。」他的意思其實就是，不要等到自己覺得厭倦了才換跑道。

侯德沒有這種消耗殆盡的感覺。他在惠普（後來衍生出安捷倫科技公司）的待遇非常好，受到重用，周圍是很棒的同事，工作內容可以挑戰腦力。唯一的缺點就是他討厭大企業內部的人際政治和官僚作風。他開始受不了每天通勤時的塞車、每天看的都是水泥路面，還有身邊這些世界級人才竟然目光如豆，唯一的興趣就是科技和創業。

於是，在侯德從事當年他夢想中的工作一年之後，他開始考慮轉業。侯德實在不知道自己能做什麼，他只希望可以不只是專精一個領域，希望他的新工作可以完全不同於現在的工作。當然，改變就會有風險，但不改變的風險其實可能更大。

侯德想要改變的原因是他想要當自己的老闆，他想要當「創作者」。他也希望可以找到一個他可以不斷追求成長，到老了也能繼續展現的專長。侯德有一項強大的優勢：他的邏輯思考能力。他受過工程的訓練，也有相關經驗——他知道，不管他最後選擇什麼職業，都必須要能讓他施展邏輯方面的長才。

於是侯德開始探索各種可能性。他隨身帶著紙張，隨時寫下腦子裡浮現的想法——各種瘋狂的想法。週末，他把這些紙條攤開，整理他寫下的各種想法。六個月之後，有一個職業浮現了。

木工。

侯德從來沒有動手做過木工。但是他深受加拿大的美麗樹林吸引，也很欣賞本地木工賦予作品獨特生命氣息的巧手。他喜歡木頭給人的感覺——一塊木頭最後會變成怎樣的成品，取決於木頭和木匠溝通的過程。這大大不同於侯德在科技產業的經歷，推動科技工作的是追求一致、準確和效率——毫無情感可言。侯德說：「但是木工就需要去感覺、去觀察，還要有耐性。木工是一門藝術。我想要發掘自己藝術的一面。我想要發展新的職業，並且在新職業裡用新的角度看世界。」

侯德找出了他想做的事，他在腦海裡預想十年後的今天他將會在自己的木工教室裡，與學生一起做木工。但是他也同時問著自己：「該怎麼樣達成這個目標？」

在這個想像與自我溝通的過程中，有兩件事越來越清晰：第一，他很喜歡自己腦海中看到的畫面，這是他夢想中的未來。

第二，他必須辭職——必須解開科技產業的「黃金手銬」，然後跳入陌生的水域中。而這麼一跳不能保證必定成功。

侯德用了「預想未來」的方法，這麼做的好處是他不用詳細計畫每一個步驟，他只是需要有一個方向，讓自己朝著這個可以結合他工程背景的新職業而去。

侯德辭去前途似錦的工作，很多同事一方面覺得他這是不智之舉，但同時又非常羨慕侯德。之後，老同事就常到工作室來找他，甚至很喜歡幫忙他做木工。（這些老戰友之中，很多人最後都由於公司併購或科技產業的快速變動而被解雇了。）

這個轉換的過程很艱辛——比侯德當初想像得艱辛太多了。他沒有任何木工的實作經驗，需要從頭學習最頂尖的木工技術，他還要研究各種木料、黏劑、還有拋光。他需要知道去哪裡買到最好的材料，如何讓自己不斷接收到專業新知。

侯德從來沒有創業的經驗。他必須研究該賣什麼產品、要賣給誰。他要掌握成本、地點、物流，還要搞懂現金流。侯德這才意識到自己被過去在大公司的經驗寵壞了，大企業裡有各種專職部門，照顧員工個人和公司的需要。

侯德還面臨到一項不小的挑戰：他需要根據事情的重要性來安排該把時間精力花在哪些事上。他有各種問題和挑戰，但一個人的時間有限，他必須從頭到尾自己來——廣告、採購、製作、運輸、測試、製作、接訂單、設計、解決問題、實驗，還有拜訪新客戶。當然還有木工這一行的行規和法令規範。

就某方面而言，正因為侯德一開始並不知道實際上究竟會有多困難，他才能在這偶遇亂流的過程中持續往前。

侯德漸漸了解到，用這種「預見未來」的思考模式，無法針對一個自己一竅不通的新領域規劃細節，也無法擬出創業計畫。但是，是那份初衷，在潛意識裡編寫著他的「向量」——使他保持著往新的方向前進。這種潛意識裡的方向感當然沒有停下來，直到現在，侯德仍然會在腦海中想像自己應該要如何改變，如何學習與成長——也就是如何加強他的技能組合。侯德說：「空閒的時間，我就會坐在工作坊想著下一個計畫。不管我在哪裡、做著什麼事，我總是在想下一件要做的事。」

侯德努力打造一個可以迫使自己不斷學習的環境——而不要滿足於「老樣子」。十年過去，侯德對於他的新工作甚至比以前更有熱忱——就算工作中並不是事事如意。

侯德以前很喜歡他在科技業結識的同業，他們個個絕頂

侯德的行動中有一個關鍵，就是他會在腦中描繪十年後的自己。他看見未來的侯德在自己的木工工作坊跟顧客互動，想像那時的生活面貌。他很喜歡自己在腦海中描繪的景象。

聰明，可以讓人專注在工作上。為了留住這種精神，侯德開始把他欣賞的人、尊敬的人，或是不喜歡的人寫下來——這些人有個共通之處，就是他們非常專精於自己的領域。侯德仔細想這些人都提出什麼類型的問題，他們成功的關鍵又是什麼。

當初在惠普時的一位「明燈級」師父所說的話，至今仍盤旋在侯德腦海中，在他製作各種不同木工時幫助他專注。包括以下這些話語：

◆這項產品的確很有特色，但是它的基本功能好用嗎？

◆把自己當顧客，用顧客的角度來使用產品，想辦法達到顧客使用產品時想要達成的目標。

◆尋找三贏的局面——供應商、客戶和我們自己，都要能獲利。

◆認識自己的長處在哪裡，在哪裡成功，專注在這上面。但同時也要知道自己的缺點何在，並且針對缺點尋求協助。

◆想一想未來。你所跨出的每一步，哪怕只是一小步，在未來的路上都能積聚成能量。想一想複利的孳息方式。

◆沒有什麼「與某客戶之間有問題」這種事——問題就是機會，與客戶建立更好關係的機會。

◆不要因為去上了一堂銷售課程或其他什麼課，就以為自己了解那個領域。實際去做個十年，你才算是開始要認識某個領域。

◆設法幫助別人發揮他最好的部分，幫助他更上一層樓。這可以讓你自己也日益精進。不能反過來要別人先來幫你發揮自己。

到現在，侯德有時仍會想像自己與惠普老同事開會，藉此保有同事深具啟發性的做法。「我會回想同事以前提出的問題，想起他們的態度，然後讓他們『陪我一起』檢視我的構想或遇到的挑戰。當然這完全比不上實際上跟他們一同工作，但我藉此能把他們最棒的部分帶入我現在的環境裡。」

換你試試看

智者的話語

侯德把同事給他的務實建議列出來。你也可以想一想，你欣賞哪些人？特別景仰誰？甚至你不喜歡哪些人？想一想你的周遭有哪些人在自己的專業領域特別出類拔萃？這些人會提出哪些問題、抱持哪些觀點呢？

以「智者的話語」為標題，列出你最喜歡的幾位同事（以及幾位你不喜歡但是很傑出的同事）所說過的睿智話語。要針對你自己的喜好和你的目標，也就是說，你列出的這份清單也包含了你本人的創意。你可以參考這張話語清單作為你規劃未來的指引。

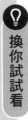

重新訓練

侯德在換跑道時有一件事是他不想做的：他不要接受正式的訓練。他寧可藉由自由思考來開發自己的創造力；正是這股想要創造的力量把他吸引向木工的路上。因此，他沒有去參加各種為期頗長的正規課程，寧可選擇短期課程，並且獨自實作、研究——他讀各種相關書籍，也去參加跟木工有關的活動和展覽，並且會踴躍發問。侯德尋覓潛在的顧客來測試自己的想法能否成立，聽取他們回饋，在自家展開各種不同的整修計畫，藉此了解自己的能力。

接著，出現了一個很特別的機會。侯德返回母國哥倫比亞拜訪親友，他聽說波哥大附近的愛羅莎（El Rosal）鎮上有間修道院在教人做木工，他便去參加教會的活動。侯德沒有宗教信仰，但是他很景仰那些把生命奉獻給崇高事物的人。

帶領活動的修士之中，有一位頭髮銀白的德國籍木工大師，備受眾人敬愛，看起來像是從中世紀木工同業公會走出來的人。這位大師把小組中每個人的神奇巧藝帶向卓越，在他的指導與帶領之下，十二位本地木匠組成的小組為教會、監獄和委託製作的客戶製作了許多木製品。侯德問大師，可不可以讓他在工作坊幫忙掃地或是任何收拾工作——只要讓他有機會待在教室裡觀察就好了。

這位說話柔聲細語的修士簡短地應了幾句，沒有給確切的答案。

侯德回加拿大後，寫了封信給大師——是一封寫在紙上的信（老派做法，還蓋章封緘）。沒有得到回音。

於是侯德又打電話過去。這時大師可能覺得侯德是個值得信賴的人，也可能是感受到了他的決心，便在電話另一頭簡單地說了：「隨時歡迎。」

侯德就是在等這句帶有魔力的話。

「我能待多久？」侯德問。

「你自己決定吧。」大師這麼回答。

侯德提出的要求可說是史無前例，但這就是他一貫的風格——追求不可能。修道院從來不允許任何人短期修業，除非這位申請人已經當了數年的學徒。

侯德計畫要在修道院待十四天。這十四天裡，他住在修道院內，與修士一同用餐、每天做木工。侯德這就活在了自己的夢想之中——這裡的生活是他至今最棒的人生體驗。侯德善用每一刻，不懂就問，從每個人身上學習，也學習謙卑態度、凡事都加以讚美欣賞、盡可能提供幫助。他在修道院的圖書館裡讀書、記筆記，也大方把筆記分享給修士。在修道院的這段時間，侯德動手做出他這輩子的第一個木工作品，過程中也不斷尋求批評指教。

侯德的熱情感染了眾人，大家都感受到這個學徒對人和對作品的尊重。修士和木匠很欣賞侯德快速的學習能力。到現在侯德還是會定期返回修道院，感謝修道院的人當初的訓練持續為他帶來靈感。他們一群人坐著說笑、交換想法、互相提供靈感。侯德回到加拿大後，每一次拿出舊筆記複習，都還是可以讀出新意。

侯德憶起當年：「也許對我來說最受用的一件事是大師引導我學習的方式。先觀察，然後動手嘗試。再觀察，然後再試一次——一直試到成品超越我當初的想像。要一直不斷做，動手實作，做到把這些動作都內化了。」大師希望侯德可以保有持續追求進步的態度——不因當前成就而自滿。侯德現在在自己的工作室做木工時，腦海中還會浮現大師的聲音。

為了要貫徹大師的指導原則，每一次接到新的案子，侯德一定會嘗試幾種新的做法。在做每一個案子的時候，侯德會盡可能讓自己有機會學習不只一種新工法。侯德為溫哥華冬季奧運和許多幢高級住宅打造了木門和家具，另外也設計很多茶几、牆壁木雕、禮物盒、樂譜架、壁爐裝飾、櫥櫃、街道標誌等，侯德有時也會接一些他覺得有意思的簡單小案子，例如砧板。侯德的客戶也都成了他的朋友。

活力的來源

侯德以前待過的高科技產業環境非常有活力，充滿各式各樣可以深入談話、有想法，又可以激勵他的同事。侯德開始思考，自己一個人獨挑大梁時，要如何保持團隊工作中的活力呢？

思考這一點，使侯德意識到一件有違直覺的事——時間並不是他最重要的資源；他最重要的資源其實是活力——身體、心理兩方面的活力。該如何做才能產生活力並維持活力呢？侯德於是開始常常散步、爬山、騎腳踏車。他漸漸發現，當他在大自然中散步時，常會冒出有趣的想法、想到問題的解答。就連散步後沖澡的時刻也能有收穫，他說：「浴室是我的創意辦公室！」

侯德萬萬沒想到自己竟然會想念惠普的績效評估。他當然不喜歡看到負面評價，但是他總是能藉此來改進。現在沒有人為他做績效評估，侯德就會自己進行「事後檢討」。每完成一個案子，他都會問自己、問客戶、問朋友、問同事各種問題，這樣他才知道還有什麼進步的空間。

侯德對自己精細的木工感到自豪，他也努力做實驗，接受自己犯的錯。他很清楚，創造的前提是要勇於接受錯誤。侯德的看法是：「當事情出錯或是不如預期，如果可以用正面的角度看待，想辦法扭轉情勢，讓事情變得比預期中的結果更好，這樣也挺有趣的。」

逆轉勝

很多人都會因為碰到不良的老師就放棄學習——譬如，碰到不好的數學老師，日後數學成績不好就會怪罪那位老師。侯德卻不是這樣。侯德會設法讓最惡劣的老師都變成恩師。

侯德剛進入青春期那段時間，大家都很討厭班上的數學老師，因為這位老師非常沒有禮貌。數學老師有一次叫侯德在全班面前畫一個大圈圈。侯德畫了。「不對！」老師大叫：「不夠大！」侯德照著修改。畫好後，老師便轉身對班上同學說：「這就是侯德的數學考試成績！」

侯德大受打擊，但是他決定要擺脫這個數學成績糟糕的命運。侯德的父親一直想要陪他練習數學，這時遇到數學老師當眾羞辱他，他才總算答應讓父親教他。多年過去，侯德變成數學資優生，並且拿到電機工程的碩士學位。侯德對這件事情的看法非常新鮮：他認為這位數學老師幫了他大忙，如果不是這位老師，他那時就不會接受自己需要有人陪讀數學的事實。

換你試試看

正面思考的力量

再怎麼討人厭的人也可以為你帶來正面的貢獻。以「逆轉勝」為標題，寫下你可以怎樣做到把負面人事物轉變成正面學習經驗。如果想要讓這項練習更有效，你可以約一位充滿正能量的朋友，與他分享你的正面思考模式。（不要讓自己掉到負面情緒的網羅中！）

風險和改變

侯德為了打造一個新的職業，承擔非常大的風險。然而，比起每天花幾個小時通勤，還要擔心有一天忽然就變成冗員或是職位消失，他在創業初期所承受的不安感最後還是值得的。

侯德認為：「能把人生活得很有意思的人，都是那種願意承擔風險、會犯錯，但是能從錯誤中學習的人。」他說：「人擁有自己的心靈，伴隨而來的便是你有責任要在生命裡實驗、塑造自己的人生，玩耍一番。」

身為電機工程師的侯德，忍不住要拿自己的大腦和電腦作業系統比較。電腦作業系統升級之後會有更好的工作能力，但是也幾乎一定會造成暫時性的小漏洞或問題。侯德覺得，有風險才能逼迫他敞開心胸、接受改變。確實如此，為了轉換跑道，侯德不得不改變原有的想法、態度和價值觀。

此外侯德發現在他試過的所有改變方法之中，有一種方法特別厲害。下一章裡會討論到這種改變方法。

換你試試看

打造自己的夢想

侯德預想自己十年後的樣子。如果你也想一想十年後的情形，你會看到怎樣的自己？你需要做些什麼才能讓夢想成真？以「打造夢想」為標題，寫下你的想法。

PART 4

不必走進教室的學習

11 線上學習的價值

成人學習的發展日新月異。最能看到成人學習的轉變現狀的，莫過於去觀察一群叫做「超級MOOC客」的人，他們都是在網路免費課程上過了十幾門、甚至幾十門大規模公開課程的人。我們就從前一章介紹的老朋友阿寧・侯德開始談吧，侯德總計完成了超過四十門線上課程，是位超級MOOC客；我們知道了侯德的經歷，就更容易了解他如何靠「狂修MOOC」才能達到今天的成就。後面會再討論其他超級MOOC客的學習經過。這些真人實例將會帶領我們通往一個特別的天地（提示：這個地方的天花板很低）。

> 我非常喜歡學習新知，我也熱愛閱讀，但是很難找到同時介紹入門基礎、又包含深入重點知識的讀物。幸好，很多MOOC課程都能一箭雙雕！
>
> ——軟體工程師，凱夏．湯克爾（Kashyap Tumkur）

侯德開始在線上上課

侯德在跟我認識之前的十年都任職於高科技產業，他那時的雇主非常願意提供員工在職訓練和各種機會。但是侯德準備出來創業之時，發現到自己面臨一個問題：沒有了雇主提供的在職訓練，他該如何持續學習呢？（很多人都遇到相同的問題——新近出現「零工經濟」現象，許多人放棄全職工作，選擇當自由業者，這時在職訓練就成了一大問題。）

此外，侯德在高科技產業公司上班多年，他習慣了跟知識淵博的人朝夕相處，從他們身上吸收新觀念。但是現在他的木工工作坊大部分時間裡都只有一隻貓，沒有其他人在。而且高科技產業瞬息萬變，因此侯德擔心，他換到這個古老到彷彿沒有任何動靜的木工技藝裡，會使他的競爭力停滯下來。

為了不讓這情形發生，侯德會去接下那種可以強迫自己學到新工法和技術的案子。他也養成一個新的習慣：他每天早上要學習新知至少一小時，讀圖書館借來的書、聽網路廣播、瀏覽網誌。

許多年前，有位佛教僧人告訴侯德，每天早上最重要的第一件事就是把心靈放置於正道上。這位僧人認為，充滿腥羶色的時事新聞會使人對於一些與自身無關的議題感到恐懼或擔憂，甚至對於每一天的展開造成負面影響（本書第二章談到麥道絲處理憂鬱症的方法，也與這個概念相似）。

侯德聽取了建議，每天早晨工作之前避免接觸新聞、電子郵件。侯德很早醒來，醒來之後他先躺著，閉著眼睛回想昨天學到的新知和單字。接著，他開始在腦海中想像他接下來一整天要做哪些案子，該怎麼著手。

這麼些年下來，侯德努力保持大腦活躍，也敞開心胸學習困難的新領域、新概念。他發現，困難的學習內容很難自學，譬如哲學和當代藝術等領域的教科書有時讀起來令人不得要領。另一方面，網路廣播和網誌對侯德的幫助也不大，這些媒體都欠缺侯德追求的知識深度和廣度。當然是有一些線上教學影片，可是這些影片通常只教授實際操作的步驟，例如如何使用鋸床和相機。

侯德渴望能跟擁有實際專長的傑出教師學習——他希望有教授可以把教材濃縮整理出來，再用深入淺出的方式教他。他也希望能跟同學互動、一起做作業，就像大學時代一樣。

二〇一二年，侯德因緣際會看到了達芬妮・柯勒（Daphne Koller）的TED演講，講題是「我們從線上教育中學到了什麼」（What We're Learning from Online Education）。柯勒正好與幾個人合作創立了Coursera這家公司；Coursera與大專院校合作，把若干學校課程放到網路平台上，成為大型的免費公開課程。柯勒在演講中談到，Coursera提供的網路免費課程，為世界各地的學習者開啟了一個新紀元。這些線上課程除了教學影片以外，也提供討論區、小測驗，還有同學互評作業機制，可以幫助學生弄懂教材。聽起來，這正是侯德理想中的大學學習方式。

MOOC這種線上學習資源平台並不是全新的構想——許多大學的線上課程早已行之有年；它真正新的地方在於，Coursera提供的線上課程極容易取得，學費又便宜——其中許多課程甚至不收費。MOOC課程往往有一個「故事軸」，有開頭、中間、結尾。你可以跟好多同學一起進入這個學習歷程，有些同學最後可能會變成你的好朋友。MOOC的學習方式有時像是遊戲——學生可以看到自己在課堂上的進步。結束課程後，還能得到超豐厚的報酬——可以拿到史丹佛、耶魯或普林斯頓等明星學校的修課證書。這些課程還有一項特殊之處，就是課程的規模——一門課就有上萬名學生，有時甚至高達幾十萬。這也是MOOC的魅力所在——超大規模的課程不但可以大幅降低學費，也讓學生有機會和世界各地的人互動。

侯德深受柯勒這場演講的吸引，於是報名了他在網路上找到的第一門MOOC——史考特．佩吉（Scott Page）的「數學模型思維」（Model Thinking）。佩吉的課程並沒有太多特效，也沒有龐大的製作成本，但是提供豐富的資訊，幫助學生學習運用數學模型來整理資訊、做出預測和更好的決定。

侯德就這樣進入了MOOC的世界。他還花了很多時間閱讀每一門MOOC課所建議的各種閱讀和教材。他發現，使用MOOC來學習，原本覺得困難的數學公式或是複雜的哲學概念也變得容易理解。在MOOC上學習就好比有教授本人陪在身邊，陪他走過難懂的學習內容，替他加強學習。這讓侯德想起大學時代的日子——只不過現在他不必為了上課而放下手邊其他事情。

侯德也發現，不管他想要學習什麼領域，MOOC都有。他更吃驚的是，各個領域裡的專家都願意來MOOC上課，跟他成為同學。這對侯德來說是個大好機會，他就不只可以向教授學，也可以跟這些專家學習。每天早上一到兩小時的線上課程時間，變成是侯德一整天裡最興奮的時刻。

過去四年來，侯德修了四十多門MOOC課，這些課程大幅改變了侯德的學習方式。他說：

「去年我和我太太去里斯本旅行，參觀了非常有名的當代藝術館。我逛得很痛苦，我實在不喜歡這些作品，也不知道為什麼這些東西可以被稱為藝術。但是為什麼有這麼多人欣賞這些作品，我就很好奇。回國後，我報名了一整個系列的藝術相關MOOC，也讀了相關書籍。我並沒有變成藝術專家，但是我看待藝術品的方式完全改變，也懂得欣賞了。現在我自己的作品也不一樣了。」

侯德喜歡選修出自不同大學的相關主題的課程。這可以讓他的思考跳脫單一範圍，得到更全面的理解——以前的大學生若沒有雄厚的經濟能力，根本不可能有這種學習機會。侯德意識到，他現在正在用一種以前辦不到的方式在學習——大學時由於歷練不足還無法理解的事情，現在他開始懂了。

侯德的朋友圈也因為MOOC而更廣。他和太太定期參加MOOC的同學聚會（這些是經他介紹報名參加MOOC課程的本地人），他們可以互相討論所學，有機會用不同於別人的角度來思考課程內容。侯德表示：「這些課程改變了我的人生，也還繼續在改變著我。我可以（在線上）環遊世界，造訪最優秀的大學。我沒花多少錢，不過我花了很多時間和精力。

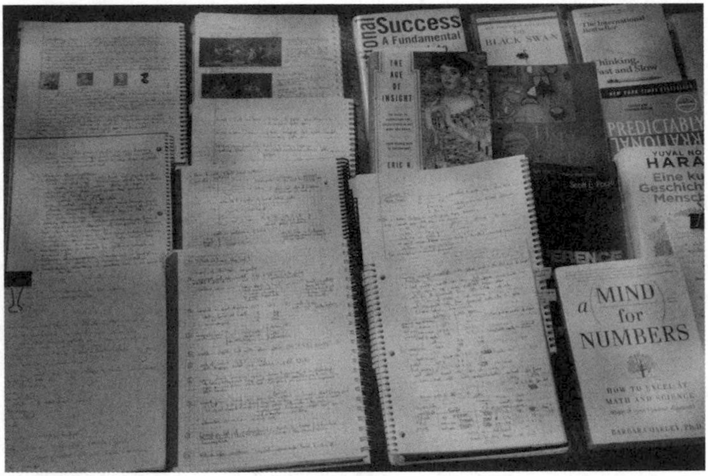

這些是侯德的 MOOC 筆記和閱讀資料。MOOC 讓侯德得以繼續接受進階的高等教育，不受他豐富的家庭生活和每天忙碌的生意所限制。

學習非易事，而我指的學習是讓我得到真正的改變、用不同於我以前的角度來看事看人、來想問題。」

像侯德這樣的「超級MOOC客」是一種新興的群體，這些人讓我們看見MOOC如何徹底顛覆舊有的學分系統和學習方式。

轉念關鍵

學習的機會極其珍貴

在規劃職涯、選擇職業時，要把能否得到學習的機會看成是重要考量因素。問自己：新的工作環境能提供機會學習嗎？

超級 MOOC 客

上完十幾門、甚至多到四五十門 MOOC 課之後，可以讓我們有一個獨特的角度知道目前線上教育的世界中有哪些課程可供選擇。光是知道現在有好多的超級 MOOC 客，就知道大家可以在 MOOC 上找到一種特殊的挑戰感和成就感——有點類似下棋的吸引力、撲克牌比賽的刺激感，以及拼布社團的參與感。這就值得我們花些時間見一見更多來自不同背景、自發學習的人。

這群懂得利用網路資源、密集上課的 MOOC 客，很多人都擁有大學學歷，他們是利用經濟實惠又有彈性的 MOOC 來充實自己、學習新技能——也就是在培養第二專長。超級 MOOC 客很明白，許多雇主尋找的是可以自發學習、不斷學習、願意拓展技能組合的人。

以下就來聽聽超級 MOOC 客本人分享他們的學習動機吧。

免費商管碩士學程

蘿瑞・皮卡德（Laurie Pickard）的工作是美國國際開發署（U.S. Agency for International Development）的人員，派駐在盧安達的吉佳利市（Kigali）。國際發展代辦處是負責處理美國外援預算的聯邦級機構。皮卡德擁有歐柏林學院（Oberlin College）的政治學士學位，曾任教於費城的公立學校，也有天普大學（Temple University）的地理碩士學位。皮卡德是在尼加拉瓜當美國和平工作團（Peace Corps）的志工時首次接觸到國際發展事務。

皮卡德計畫要完成商管碩士學程中的課程，她總共修了大約三十門MOOC課程（她修到二十門課之後就不再計算了）。她把自己這個學習計畫叫做「免費商管碩士學程」，在二〇一三年建立網誌：www.nopaymba.com，寫下相關文章。皮卡德知道這樣的教育方式並非完全免費——她最大的開銷是購買高速網路，但是比起傳統商管學程的學費，MOOC還是為她省了一大筆錢。

皮卡德的工作內容裡有一項是要與民間建立合作關係，藉此改善開發中國家人民的生活。這便是她最喜歡MOOC學習的一點：她可以直接把MOOC上學到的東西應用在國際發展的工作上。皮卡德說：

外派到盧安達的蘿瑞・皮卡德是一位「超級MOOC客」，她的目標是修完商管學位的必修學分。

我的重點領域是創業精神以及公部門和民間的合作關係。自從我開始用MOOC上課之後，我培養了新技能、持續追求新知，甚至還獲得升遷。我也能即時運用所學，這一大優勢是全職商管學生得不到的。知道自己有討論商業事務的能力，我後來在和企業高階主管討論合作可能時，就比較有自信。我現在上的一門課在探討非洲的雙邊市場性（類似uber和Airbnb）。我覺得自己的世界觀改變了，我發展出新的語言，而且認識來自世界各地的同學。

DIY數據科學碩士學程

二十三歲的大衛．范度利（David Venturi），在雙主修化學工程和經濟時的第一份實習工作把他對化工的熱情都磨光了。後來他結識了一個朋友，此人訪問過MOOC課程供應機構，便帶著范度利進入MOOC的世界。范度利選了一堂Udacity的電腦工程入門課程（這是一種提供專業人士實務技術的訓練，而非傳統大學課程）。

一切忽然就通了：程式設計就是范度利一直在找的方向！但他要怎樣才能轉換到這個領域呢？最直接的路是再去讀一個電腦工程學士班——因為他還沒上過碩士班要求的預修課程。

范度利申請到多倫多大學（University of Toronto），這是加拿大的大學電腦課程裡最棒的系所。他好高興，來到多倫多，打算一邊把他在皇后大學（Queens University）的雙主修讀完，一邊再拿一個電腦工程學士學位。范度利開始上課，卻感到挫折，學校所提供的課程比他當初在線上修的遠距課程遜色。而他還得面對一個現實問題：多倫多大學的學費一年要價一萬加幣。他得花三年時間才能拿到第二個學士學位——這三年裡他只能賺點零用錢，還會累積大量負債。學期才到第二週，范度利就休學了。他說這是因為傳統大學的電腦工程系「感覺不對」：

「我坐在大教室裡，心中暗忖課程進度又慢又沒效率，跟本比不上我上的Udacity線上課程。我一向討厭冗長的課……如果課程時間過長，我回家後都要重新再學一遍。使用MOOC學習的話，比較少被動地聽、比較多主動去做，而且影片都有暫停鍵，我可以學得更快又有效，而且費用只是傳統教育學費的幾分之一。」

目前范度利快要拿到雙主修學位了，不過他繼續使用線上學習資源攻讀數據科學的碩士學位。他已經完成了一半的學程，大約是三十堂該領域的MOOC。范度利估計，他上完所選修的MOOC學程大概只會花一千多元加幣。相較之下，他說：「花三萬加幣回學校讀書，感覺很不負責任。」

DIY 學位學程的優缺點

范度利針對他的自學方式列出優點和缺點：

優點

■ MOOC 讓我找到我非常有熱忱的職業道路！

■我省下了好多錢，而且這還不包括提前進入職場的機會成本！

■不用強制選修。我只學自己想學的科目，而且可以學得更快而有效。可以自由選擇想上的科目對我來說很重要，因為很多課程其實我都在原本的學士班上過了。

■我可以加快學習腳步，不必被僵硬的四個月學期制拖累。

■我可以在我想要的時間和地點學習。自由安排時間、自由選擇「教室」，我只需要準備筆電和耳機。現在的學習壓力比以前學化工的時候小，雖然現在每週學習的時數和以前一樣。這可能是因為我現在學習時能吸收到比較多的內容，而且又沒有硬性的課程截止日。

■可以和世界各地的人互動。在推特、Slack、課程特定的校友版、我自己的網站，我都可以與人互動。

■我可以提供別人幫助和啟發——而這樣做也能啟發我自己！已經有很多人（有朋友也有陌生人）跟我說我的心路歷程很啟發人心，請我針對他們的線上學習目標給予建議。知道有人受我啟發，又可以幫助他人進步，非常有成就感。

■提升自覺。還是有很多人不知道這些線上學習資源。我覺得很幸運，在恰當的時機發現了MOOC。我希望大家可以知道有這樣的資源，不要只是靜候幸運之神降臨，才能有機會接觸可能可以改變你一生的學習資源。

小缺點

■工作與生活之間的平衡不易掌控。按照自己步調的課程會需要自我約束。沒有教授幫你訂定作業截止日期，你就會更難遠離社群媒體、按照進度學習。用MOOC線上學習，你就要自己決定如何分配時間，安排社交、運動休閒、學校、建立人脈，而且還要睡覺。

■欠缺傳統大學裡的同學相處。有機會與全世界的人交流，可以補償線上平台所缺乏的面對面互動。但如果有機會可以和人就在附近的MOOC同學見面會更好。有一些線上服務平台努力在解決這個問題，成效還有待加強。

■彈性的截止日會造成疑惑和罪惡感。我們很少去想自己是否學會了課程內容，反而是想：我進度夠快嗎？我今天學得夠多嗎？可惡，上健身房和做飯一天就要花掉四小時！在大學的時候，同班同學的作業截止日都一樣，我從未感覺自己進度落後。但是當你必須自己決定學習進度、自己設計課程組合，這時你也就要替自己設定目標，知道自己應該達成什麼進度。

開卷考試，失敗只是一種可能性

派特．包登（Pat Bowden）在澳洲昆士蘭過退休生活。她是為了追求年輕時無法追求的興趣而開始上MOOC課程，而她第一次上課就被當掉。她在MOOC選修了天文學，距離她的高中物理學課程有四十年之久。這第一堂課之後，包登完成了七十一門MOOC——另外被當掉了十二門課。

包登曾經是銀行行員，她說：「MOOC開啟了我的新世界。我以前夢想中的退休生活就是做手工藝，在院子種花養草。但是我一開始上MOOC，雖然開頭並不順利，但我幾年下來學到了很多東西，現在我有信心可以開始寫作。」

在這裡要特別解釋所謂在MOOC「被當」究竟代表什麼意思。這和在傳統教室中的被當掉是不一樣的。其一，在MOOC被當，比較沒有危險，因為MOOC的成績不會被印在大學成績單上。其二，在MOOC有機會再試一次，假使你被當了，同樣的課程通常過幾個月又會再開一次。

（前面提到的）盧安達的外援人員，蘿瑞．皮卡德認為，若是從傳統教育的角度來看，上MOOC根本不可能會被當，因為MOOC讓你可以按照自己的步調學習，幫助你認識自己現階段的能力在哪裡。MOOC的另一項優勢就是，你可以暫時停下正在上的課，去選修一、兩門別的課來補足原本想上的課所需要的背景知識。

也是超級MOOC客的教育科技企業家，游尼．達洋（Yoni Dayan，在後面一章會更深入介紹他）認為，很多學生只對MOOC上某些主題有興趣，或是只想要快速瀏覽教材，觀賞幾支影片。這些學生可能不會完成整套課程，但是他們可以運用MOOC來達成自己訂定的學習目標。從這種角度來看，MOOC就像是教科書；大學生通常必須購買昂貴的教科書卻只會用到書中幾章，但是不會有人認為因為沒有全部讀完，教科書就沒有價值。

自我成長的同時也能加強商務相關技巧

克利斯欽．阿托尼（Cristian Artoni）是義大利一家大型交通運輸公司的營運管理階層，擔任營運經理兼分析師，他上過五十門MOOC課程。阿托尼求知若渴，在上課之餘，一年至少閱讀十二本與選修課程主題相關的書籍。

阿托尼列出他修過的MOOC課程，從中可以發現他的興趣如大海一般廣泛，包含古代哲學、管理、報表製作、演講、談判，以及「學會如何學習」。這些看起來像是大雜燴，但是阿托尼其實有一套縝密的選課邏輯。他的做法是，運用課程中的理論和實務來幫助自己進步，同時也用所學到的概念讓自己工作更有效率。

阿托尼的學習都奠基於「學會如何有效學習」的基礎。他覺得有了這項學習技能，再去學其他不同的技術就更容易了。由於阿托尼在公司裡扮演著導師、輔導、教練的角色，因此能知道他／別人如何學習對他來說特別有幫助。另外，領導能力、溝通、談判等等的課程也非常實用，可以幫助阿托尼想出新點子、與人分享新想法，然後說服大家接受、執行。

阿托尼也很重視批判性思考。他說：「哲學是批判性思考的根基，邏輯是其工具。」與批判性思考有關的技能，還包括解決問題、時間管理，這些都是阿托尼每日工作中不可或缺的元素。

阿托尼後來成為「學會如何學習」課程的資深輔導員，也是這門課程的義大利文版本的負責人。在他的帶領之下，總共召集了五十名志工來翻譯百科全書般的課程內容，而且幾乎是在一個晚上就完成全部。阿托尼從MOOC學到的管理技巧，加上他自身過人的判斷力，使得這門規模龐大的課程變得更加完善，從前面對這般規模的課程，任何教學策略好像都會顯得成效不彰。

> 我最近開始嘗試線上課程，我覺得很有意思、也很紓壓。我可以自己選擇想要上課的時間，也可以重播影片，播到看懂為止——在教室裡上課你不可能要求老師一遍又一遍重講。我發現，線上課程對學習新技能來說是最好的方法。
>
> ——布吉納法索 大三學生，薩努．度．艾德蒙（Sanou Do Edmond）

精進並拓展自己的技能

傑森．邱瑞（Jason Cherry）在一個服務性質（非營利性質）的組織裡擔任評估和數據管理的工作。他發現，MOOC課程提升了他的工作表現。邱瑞的同事大部分是社工人員，也就是說，他在工作環境裡很難有機會跟與他相似的高科技人才一同切磋。邱瑞一開始選修MOOC的課，是為了提升自己的分析能力、學習網頁製作和各種程式語言。他上了第一堂MOOC之後便停不下來了，截至目前他已經完成了大約三十五門MOOC。邱瑞說：「我非常喜歡MOOC的一點就是彈性——雖然還是有交作業的期限，但我可以隨心所欲超前進度。我可以輕輕鬆鬆花一個下午用一堂課的時間就把整週的課程內容學完。」現在，邱瑞可以在職場上運用他在MOOC學到的預測模型（predictive modeling）來協助開發部門的業務，這對該部門來說可是前所未有的發展。

改頭換面

布萊恩．布魯許爾在美國愛荷華州的德梅因市（Des Moines）長大，從小就是聰明的學生，考試成績總是名列前茅。雖然布魯許爾一直都有很多朋友，也交過女友，還是兄弟會的成員，但他其實很不擅長社交互動。布魯許爾說：「我天生個性就是不善社交。大家常問我怎麼老是這麼安靜，我也只能回答：『因為我不知道要說什麼話呀』。」

布魯許爾從史丹佛大學畢業，取得日語文學士的學位。畢業後幾個月，他前往韓國，修習為期一年的密集韓語課程。某天晚上，他在網路上殺時間，到處亂看，看到了一個小測驗：「你能看出她這時希望你親吻她嗎？」布魯許爾覺得有趣，便做了測驗。測驗結束後，跳出了一則廣告，是一個教人約會的影片課程。布魯許爾純粹出於新鮮而報名這項課程，不抱什麼期待。課程中，介紹了一連串的演化心理學概念、若干實用的做法和步驟，還有關於銷售、行銷技巧的運用。很快的，布魯許爾開始相信一個顛覆傳統的觀念——社交技巧確實是可以學習的。

他說：

> 我很快也發現，網路上有不少專替男性設計的約會技巧研討會，還有好多網路論壇讓大家討論。我加入這些論壇，全部都參加過。我很驚訝的是，很多的討論內容並不是在探討約會本身。而是著重於換位思考，以及如何了解別人的背景，幫助我們認識到原來別人在生命中也遇到跟你一樣的煩惱、顧慮和希望。有個講者就說：「越是私密的問題，其實越普遍。」
>
> 這種學習很有效。我在六個月裡跟大約六十位不同的女性約會——其中一位最後成了我的太太。課程的影響蔓延到我生活中的其他面向。我終於在社交時感到自在，我以前從來沒有過這種感覺。認識新朋友變成了令人興奮的體驗。

布魯許爾透過線上課程而改頭換面，這已是好幾年前的事情了，這個經驗讓布魯許爾深刻體會到：學習可以為生命帶來大改變，而所改變的程度絕非傳統教育所能及。布魯許爾打破了美國舉重紀錄、登上時尚雜誌、日語程度達到最高級、韓語也相當流利。這些對於一個出身愛荷華小鎮的「凡夫俗子」來說真是不凡的成就。

過去的改變經驗推動了他現在的學習探險。布魯許爾想要更深入了解微生物群，便選修了一門MOOC相關課程。如此繼續，布魯許爾就這樣連著上了十五門生物課程，他比以前生活過得更快樂。布魯許爾喜歡問自己一個問題：「該怎麼做才能把現在正在做的事做得更好？」於是他決定攻讀生物學博士班。但是他並不太想重讀大學、再花三年時間修完申請博士班的必修學分。布魯許爾看過線上的電腦工程學程，深受啟發，便決定搜尋相關的線上課程資源，想要設法自行組合一個適合他的生物學士學程——他也把學習的進展記錄在網誌上。布魯許爾能否成功完成博士學位呢？這有待時間來驗證。但是布魯許爾的學習歷程加上他原有的生意頭腦和語文能力，這對於在亞洲找到一個能結合生物和企業的新興市場應當是不錯的發展位置。

克服障礙

有位名叫「漢斯．李伏爾」（「Has Lefebvre」，註一）的超級MOOC客，在十一歲那年不慎摔倒，此後便四肢癱瘓。他得在嘴裡咬著一支小棒子才能按鍵盤打字，得使用聲音識別法來輸入。李伏爾擁有天文物理學碩士學位，可他還想要在電腦工程領域再拿第二個碩士學位，但他沒有修過相關課程，他得先讀一個學士才能申請碩士班。

然而，李伏爾發現，他想申請的學校提供了另一種碩士班入學管道——參加同等學力測驗。他想要通過測驗。於是他選修了五十幾門電腦工程的MOOC，他在這些課程當中都名列前茅，甚至還成為普林斯頓大學演算課的輔導員。李伏爾覺得自己還需要再上幾門課才有能力應考，而MOOC提供很多進階的線上學習資源，讓這位天資聰穎的學生有機會追求未來的夢想。李伏爾的長程目標是在大學裡擔任研究職務。這個夢想並非遙不可及——畢竟李伏爾住在全歐洲對殘障人士最友善的城市。

李伏爾說：「我熱愛學習，在學習過程中我很快樂。學得越多我越發現自己懂得很少，但這就是推動我繼續學習的動力。」

使用 MOOC 來開拓人脈

法國裔以色列人游尼・達洋，三十四歲，創業家，畢業於巴黎索邦神學院（Sorbonne）國際關係系。達洋在十八歲那年就與人合夥創立了一間審核電玩的公司，從那時起，他心裡就一直想著將來要創立有助人精神的企業。

達洋具備一個同時是優勢也是挑戰的條件：那就是他周遭的「自然」社交圈。十幾年前，達洋還在大學的時候，他在國際關係領域裡建立起專業性的人脈。但是對於達洋這樣的企業家來說，光只有這種類型的人脈還不夠。他需要企業導向的社群網絡來提升他的經商敏銳度。

而 MOOC 就是一個建立人脈的大好機會。達洋修了數十門 MOOC，其中包括許多經營與企業的相關課程，還有相關的寫程式、創意和設計等等課程。達洋說：「大家一起努力，即時完成小組作業，利用即時通合作，分享經驗，我在線上認識的這些人最後都變成了朋友、同事。」幾年來接二連三的小成就，加上志同道合網友的支持，使得達洋有信心可以完全發揮他內心的創業能力。現在他除了正在進行的各項工作之外，也計劃著要運用他從「狂修 MOOC」獲得的卓見與人脈來打造一間新創公司，提倡如何用非傳統學習方式來取得知識技術。

當個通才

五十九歲的超級MOOC客保羅．漢德爾（Paul Hundal），來自溫哥華，是位律師，他最近剛完成他在edX上的第一百門MOOC。置身於如今這個重視編寫程式和經商能力的時代，我們很容易忘記一個社會也很需要通才。科學家需要精通某一個領域，但是律師每次接手一個新的案子，都需要重新分析事理邏輯，因為每個案子都是一個新的課題，有時往往是表面上看不出來而隱藏在裡面的課題。若能具備更多領域的背景知識，律師就越能剖析情勢。

二十年來，漢德爾參加了加拿大歷史最悠久的環境保育團體：社會促進環境保育社（Society Promoting Environmental Conservation），擔任董事。他們舉辦了水質、空氣品質保護、原生林保育、野生動物保育、垃圾減量等相關活動。每一項活動都需要他廣泛了解各種學問，才能有效提倡環保。

漢德爾的一貫作風是，他要弄清楚所涉及的各領域的事理和背後的科學原理。漢德爾回想當年：「二十五年前，每當我需要快速學會某個專業領域裡的某個概念時，我就會打電話給本地的大學，請教該學科領域的專家。以前，教授很願意接聽陌生人的電話，尤其是當他們知道我打電話來的原因。然而這麼些年下來，想要直接撥一通電話就請教大學教授各種問題變得很難。現在的人不再隨便接陌生人電話了。」

現在網路上有非常多的資訊，如何篩選資訊就成了關鍵——網路上可能會出現二十筆資料都引用同樣的錯誤訊息，因為它們可能都源於同一則謬誤的發文。漢德爾後來不得不靠自己的力量，來學習所需要的知識。漢德爾說：「我第一次聽說edX的時候，發現他們提供世界頂尖教授開設的免費線上課程，馬上就知道這會很有價值。坐在家裡就可以向世界頂尖的學者學習幾乎所有學科。我修完這一百門MOOC的課，用最有效的方式拓展知識領域，真是很棒的體驗，而我還可以跟別人分享我的心得與知識。這讓我變成更好的律師、更好的環保人士，可以推動環境保育，打造美好世界。」

轉念關鍵

新型態的學習方式　掌握在自己手中

新型態的學習方式，讓你可以掌握自己的學習過程。MOOC是很重要的新興資源，不論你想學到的是實務技術、軟性技術，甚至是關於學習的技能，它都可以幫助你達成！

線上學習方式改變你的大腦

強納森・克洛（Jonathan Kroll）是一位企業家，熱愛學習語言，說他熱愛還有點含蓄了。克洛在加州大學聖塔芭芭拉分校（UC Santa Barbara）讀大學時，雙主修法語和西班牙語，副修葡萄牙語（學校不答應他三主修）。除此之外，他也學習拉丁語、義大利語和加泰隆尼亞語（Catalan）。

克洛的語文能力，跟他的數學能力不成比例，克洛的數學真是太差了。不過這對他來說不是大問題，畢竟他想找的工作是國際服務類型的工作。

但是他畢業後沒多久，發現網際網路以爆炸性速度發展，其中蘊藏的潛力吸引了他。克洛於是一頭栽進充滿無限商機而競爭激烈的網路產業，準備與臉書、YouTube、Gmail等新興公司或服務較勁。

白天，克洛去上課，繼續學習自己已經非常拿手的那幾門語言，晚上回家，他開始做研究、學習、動手編寫程式語言。克洛非常驚訝地發現，自己有一些技能是可以轉移的——他學習多年的各國語言的文法、句構和語意，等於是在替大腦做準備，讓他現在可以輕鬆消化、了解程式語言的規則。（這又是一個例子，說明了「無關的」專業出乎意料外可以為新職業帶來優勢）。

後來，克洛想要深入了解自己闖進來的企業世界，於是打算讀商學院。他著手準備應考GMAT（Graduate Management Admission Test，一種針對管理學研究所的入學測試）。GMAT要求的數學比重很高，克洛很清楚這場考試對他來說會非常困難。考試時不可使用計算機，所以每一題數學他都必須親手計算。平均每一題的作答時間不到兩分鐘，分秒必爭。時年二十九歲的克洛，連簡單的乘法除法都得仰賴計算機——他該怎麼應付多項式、計算不盡相異物環狀排列公式？

克洛參加了考試，成績出爐——差不多像是被卡車頭撞到那麼慘。他的數學真不是一般的爛，連小學一年級的學生都可以考贏他。

克洛從跌倒處站起來，拍拍身上的灰塵，然後從頭開始準備。他知道了自己的數學底子多麼差，便決定從小學數學開始複習。克洛請家教和考試專家來教他數學，課後自己花好幾個小時練習。就這樣一點一滴弄懂各種數學概念。

兩年裡，克洛總共考了六次GMAT，每一次考試是四小時。此外，他還考了四次的研究生入學考試（Graduate Record Examination，GRE）。結果，克洛的成績贏過美國多數考生。究竟在這兩年的學習當中，克洛是如何完全翻轉自己的數學能力的呢？值得我們好好了解。

克洛認為，一定有方法可以準備GMAT和GRE的計量測驗（GRE裡包含了數學題目的項目）。克洛與他的家教發現，有一家名為「大考應試」（Target Test Prep）的公司，這間公司擁有包羅萬象的課程設計和上千份模擬考題，但是他們使用的軟體太過老舊、品牌行銷不吸引人、市場滲透率更是低。克洛洞察先機，決定暫緩他就讀商學院的計畫，先去這家大考應試公司擔任科技執行長。克洛走馬上任幾星期，就提出了重新打造商管升學考試軟體的計畫——過了幾個月，就組成一個十人開發小組，準備開工。

當時MOOC剛剛開始流行，克洛出於好奇心，也選了幾堂課來上。出乎他意料的是，他學到的新知竟然立刻派上用場。

首先，他發現，參加「高風險型測驗」時很容易緊張。克洛自己親身經歷過——壓力導致腦袋一片空白，你感覺整個身體好似僵住一樣，目光只能集中在一個小點。時鐘指針一直跑，這種壓力會讓你原本覺得最簡單的概念都變得難解。克洛在麻省理工學院開設的「教育科技的設計與開發」（Design and Development of Educational Technology）MOOC課上，學到了「主動學習」，他還知道了要準備GMAT這類的高壓考試時，非認知相關的技巧是和知識內容同等重要的。這使得克洛把這方面的見解拿出來，在公司裡討論軟體規劃時提出深入的想法。

再者，GMAT所囊括的概念包羅萬象，準備考試的人可能會由於範圍太廣而不知如何規劃讀書進度。克洛就從「學會如何學習」的MOOC課程中，學到了記憶組塊的概念。（本書第三章提過，記憶組塊的概念是每天反覆練習小塊的知識。這是發展各種專業的基礎。）

克洛學會運用記憶組塊，便開始規劃「大考應試公司」的線上資源，設計出一系列的小單元，讓學生得以反覆練習小組塊。接著，克洛的開發團隊設計出一個系統，學生可以在系統上做跟各組塊相關的練習題。舉例來說。開發團隊把「指數與方根」的概念獨立出來，設計成一個教學單位——「超級組塊」（über-chunk）。這個大組塊會再被細分成五十個左右的小組塊，每個小組塊都會帶著自己的一組練習題。這就是應考軟體的基本架構。這種結構方式感覺像是眾所皆知的常識了，不過別家考試補習機構做得不夠徹底，譬如說他們可能會把所有和指數有關的概念全部納入「算數」的大傘中。

克洛在數學科的表現是個「壞學生」，然而這意外地成為他寶貴的經驗，使得他知道哪些概念對學生來說特別困難。（對此，新加坡的邱緣安就會說，克洛把危機變成了轉機。）

「大考應試軟體」重新上線之後，各大雜誌爭相報導。他們也開始與世界頂尖大學和教育機構合作。「大考應試軟體」幫助上千名學生在

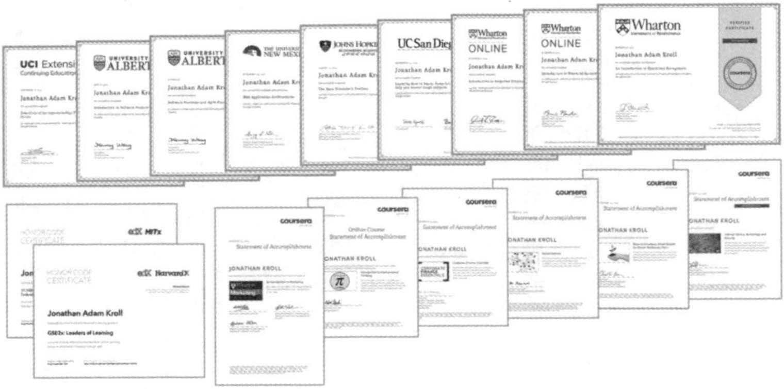

強納森・克洛的 MOOC 修業證書。藉由 MOOC 的幫助，克洛把神經科學研究的新發現直接應用到產品研發上，打造出實用又受歡迎的新產品。

GMAT、GRE和醫學院入學考試（MCAT）上拿到優異成績——另外，他們還幫助學生增進對現今社會非常需要的批判性思考和分析能力。他們不是僅針對考試教課，而是訓練學生各種重要的技能。

至於克洛本人呢？他在自學數學時，MOOC尚未問世，而他如今已明白了學習的強大力量可以帶來重大的人生改變。克洛也成了超級MOOC客，至今已完成十八門MOOC，不論是為了專業成長，或只是出於好奇，克洛都繼續在學習。

轉念關鍵

線上學習是溫故妙方

你可能會很訝異，高中所學的東西，現在一丁點兒都不復記憶。或者其實你從一開始就沒學好。線上學習提供了絕佳的資源讓你複習舊知識、加強應付大考所需要的技能，或單純用來學習一些基本技能。

超級學習者的訣竅

羅尼・迪・溫特（Ronny De Winter），一位來自比利時的軟體工程自由業者，他上過五十門MOOC。溫特如何善用這個資源呢？他的訣竅如下：

◆你在接下來的兩到三年裡，想要學會的東西是什麼？你要想清楚。

◆去MOOC或其他適合的學習資源——譬如Class-Central.com，尋找相關的課程。

◆報名MOOC之前，先仔細閱讀那門課的進度、需要的技能、教學大綱和每週的作業量。

◆安排你每週的學習時間。你不妨規劃比課程建議時間多一倍的時間來學習。

◆有些學生喜歡用1.2至兩倍的速度來聽影片課程。若你想超前，就必須在看影片前先快速瀏覽教學大綱和投影片，然後便可以兩倍速度看課程影片。

◆觀察上課第一週的學習進度。如果沒有從MOOC中學到太多東西，就不要再繼續上了。

◆一次不要修太多門課。寧可深入學習幾門課程，也不要隨便學很多堂課。大部分的課程在日後都會重新開課，所以如果你眼前的時間無法排入某一堂課，可以下次再修。

◆用討論區來幫助學習，提出問題請別人解答——不過要注意，討論可能會花很多時間。

◆選修新開設的課程時，可能會發現一些運作上的小問題，如果這令你感到困擾，你可以日後再來修課。不過新課程其實也可以很有趣，不要因為小錯誤就一味排斥新課。

學太多？有這回事嗎？

MOOC的價值有時在於它可以幫助我們退一步檢視自己真正想要學的是什麼，以及為什麼想要學它。西班牙馬德里的安娜・普列托（Ana Belén Sánchez Prieto），是研究中世紀古卷暨保存管理的教授，她對此有非常有趣的看法。安娜・普列托一開始非常質疑線上學習能有什麼價值，直到她任教的大學首度要推出線上碩士學程，她也自願要開一門課，原因無他，只因為她可以藉此有更多時間與她外派到異國的丈夫相處。畢竟，在線上教書就等於走到哪裡都可以教書。

普列托嘗試先自己去上一門線上課程，看看情況如何。普列托選修了布朗大學（Brown University）古典考古學者蘇・艾考克（Sue Alcock）的一門課：「考古學不為人知的小祕密」（Archaeology's Little Dirty Secrets）。普列托非常喜歡這門課，從課程內容中得到很多構想，她打算運用在自己的MOOC當中。說也奇怪，上了這堂課也才讓普列托意識到，她雖是考古領域的專家，但她未必知道最有效的教學法。有了這樣的想法之後，普列托又選修了另一門MOOC，「學習導向的教學法」（Foundations of Teaching for Learning）。她覺得這門課也很好。

接著普列托發現Coursera上有一整套跟教育有關的「專門」課程。她心想：「若是有一個『專業』，可以使我的履歷更好看。」她已經在學校擔任終身正式教授、她也熱愛現職，並不想轉換跑道。

結果，普列托把她能找到的所有教育相關MOOC全部上完了。然而，直到上了大衛．萊文（David Levin）在瑞雷師資培育學校（Relay Graduate School of Education）開設的「性格教育與打造正面的學習環境」（Teaching Character and Creating Positive Classrooms），這門課成為普列托學習的轉捩點。該課程上到一半，普列托的先生問她：「安娜，妳怎麼了？」普列托說：「我不敢說這堂課門可以讓我變成更好的老師，但它絕對幫助我變成了更好的人。」普列托覺得這門課讓她更深入認識別人，也教會她放過別人的缺點。

接著，普列托找到一些她很感興趣卻苦無機會學習的課程，例如電腦。查爾斯．賽文斯（Charles Severance）的網路與Python課程，打開了普列托的眼界。（附帶一提，MOOC界的

安娜．貝倫．桑切．普列托教授（右）正在準備她在 MOOC 課上要讓大家看的中世紀古卷。

老師和學生都非常喜愛這位「查博士」）。

普列托又上了HTML和其他網頁製作工具。

然後她開始用可汗學院（Khan Academy）上數學課。

普列托對於自己的學習能力感到非常興奮，而且線上學習還可以拿到證書，可是她最後卻失焦了，不論什麼課程都照單全收。「後來搞得我壓力很大，因為我還有自己的課要教。我失去了社交活動。最後，我還是必須誠實面對自己——我對MOOC上癮了。更糟的是，我上這些課不是為了學習，我的目標只是要完成課程、拿到證書。」說這話的時候，她已拿到五十張MOOC證書和九十一個可汗學院獎章。

於是她硬生生戒了MOOC。普列托終於意識到，博學多聞當然很意思，但她還是必須做出選擇。

停用MOOC幾個月之後，她重返了線上課程的世界。但這次她的修課方法比較均衡了。她開始「旁聽」遊戲設計的課程，然後把課程中的遊戲技巧應用在自己開授的MOOC中。普列托打算在正式報名這堂課之前，旁聽第二次，這樣她才能真正學會課程內容。現在，普列托的目標只有一個，就是學習——但是不要暴飲暴食。

當你讀到這裡的時候，普列托的MOOC「中世紀歐洲彩繪抄本大揭祕」（Deciphering Secrets: The Illuminated Manuscript of Medieval Europe）也就上線了。

轉念關鍵

平衡

人生中有許多學習的機會，有時候甚至會氾濫。如果你才剛踏入MOOC的世界，千萬要小心上癮。如果你對某一個科目很感興趣，可以先旁聽，有空時瀏覽課程內容，先不要擔心作業交期和課程截止日。修業證書是督促自己的動力。但你還是要自己評估，如何在「學習、證書」與「工作進度、家庭生活」間達到平衡。

為什麼MOOC等線上學習資源這麼重要

你大概會想，我為什麼要大費周章不斷強調MOOC和線上課程的重要性，傳統的教育性電視節目和影片不好嗎？前後兩者的差異在於：電視和一般影片的學習內容，只能讓學生被動地觀看（少數例外，稍後會提到）。也就是說，電視和傳統影片可以是學習的入門，但是這樣不夠。大部分人都需要一點額外的幫助，才能真正領會學習內容。設計得宜的MOOC就能提供這種額外幫助——這是藉由主動學習，讓學生有機會實際應用課程內容——這種學習法可以幫助大腦產生大幅度的實質改變。記得前面提到的嗎？克洛發現了「主動學習」的重要性，於是設計出一套成功的考試準備系統。這種從根本發生的大腦神經改變，不僅對心智彈性有正面作用，也能使人長期下來更健康、更長壽。

讓我做一點解釋。如果你處在被動的學習狀態，你就像是在電視上看到一種樂器叫做雙簧管，但是當你在主動學習時，你是自己實際吹到雙簧管。主動學習的力量非常強大——這種學習法可以幫助你推斷出邏輯論點、提出好問題、解決問題、像個專家般踢球、學會說外語、演奏某個樂器，或是變得更有創意。（有沒有想過這本書裡為什麼要設計小單元「換你試試看」？）

設計得宜的MOOC課程，可以藉由考試、寫功課、作業和討論區等各種設計得宜的單元來幫助學生主動學習。就算你只是隨意瀏覽課程影片，然後寫一寫小測驗，也會發現這些小測驗可以幫你用新的角度來理解課程內容，而且當然可以加強你新習得的知識，幫你檢視自己是否真的掌握了學習內容。（融合基本概念的深度測驗，當然比只需要「記住答案」的測驗好。但是要設計出深度測驗的難度也比較高）。話雖如此，對於積極學習也不需要過度執著，有時你需要的只是一點整體概念。看吧，這又是MOOC的一項優點了——你可以自由進來，然後從課程中自取所需。

對在學學生來說，MOOC有一個很棒的地方，就是這些課程之間有彼此競爭的關係。你只要上Class-Central.com等分析評比MOOC的網站就可以找到資訊。你可以在網站上看到課程評分，找出談判、演講、有機化學或其他你有興趣的課程中，評價最高的MOOC。閱讀修課心得也很有趣，這些心得有時候很像爛番茄（Rotten Tomatoes）網站上的影評。

但是MOOC當然也面臨一些挑戰。目前的狀況是，很多學生沒有足夠的動力來完成MOOC上需要的主動學習。（這就是為什麼像Dev Bootcamp這類的平台軟體程式課程雖然所費不貲卻有用，因為這些課程包含很多面對面互動。）另外一個問題是，MOOC教育通常無法轉換成正式學分，沒辦法累積成大學學歷。（將來，運用類似機場人臉辨識技術的MOOC監考新科技可能可以扭轉這個情形。）還有一個問題是，目前線上很多MOOC的課程架構還是太傳統了，教學法也相當被動。教授滔滔不絕錄完全部課程，再把影片剪成小段，讓授課影片看起來比較短，但是課程中唯一「主動」的部分只是一些粗糙的小測驗和沒有深度的作業。這些都不足以幫助你深入認識一個領域，也不能讓你藉著實作、練習來學習。

強納森．克洛發現，目前的教育認證趨勢是組合套餐模式，也就是說，教育變得比較像是自助沙拉吧，而不是坐下點餐的餐廳。有些腦筋動得快的線上教育機構，發現到學習管道可以非常多元。譬如線上教育公司Degreed，他們的網站可以讓你輸入自己在其他數百種線上教育平台上上過的課，也可以鍵入你讀過的書、看過的TED演講影片、文章、大學修過的課以及正式學歷。他們的標語是「學習的管道有一百萬種，在這裡你可以發掘、記錄、評量它們全部」。

大致介紹了MOOC，以及它如何廣泛應用在各種學習世界裡，接下來要討論的是線上學習的另一端，也就是從攝影機的角度所看到的世界。終於要進入那個天花板很低的地方了。

12 如何製作一門線上課程

我是個生性直率、很老派的美國中西部出身的工程師——那種只要有人找我去麥當勞吃午餐就會很開心的人。因此我萬萬沒想到哈佛大學會來邀請我去他們那裡演講，談我跟索爾克中心「腦神經忍者」泰倫斯・謝伊諾斯基一起合作的「學會如何學習」課程。我到了麻州劍橋後，就更驚訝了：演講廳塞滿了哈佛和麻省理工學院的人，大家急切想要知道我們用了什麼祕密配方來製作這堂線上課程。

後來我知道他們為什麼好奇了（至少知道一部分原因）。「學會如何學習」純粹是出於興趣和熱情的產物，製作成本不超過美金五千元，但是報名修課的學生人數是哈佛開設的幾十門MOOC的學生加起來的總數，而哈佛這些課程花了幾百萬美金，用了好幾百人。

說來有趣，推動我製作這門課的原因之一是我讀大學時遇到的一位非常糟糕的教授（我演講時沒有跟聽眾說這件事）——姑且稱他為「白目教授」。有天上課，他面對著黑板，努力想要解開他自己搞錯的一個不算太難的算式，學生坐在下面，開始聊起一個電視節目。此時他轉過身來，面對全班，挺著胸大聲說：「我從不看電視。」

那時我三十幾歲了，也幾乎不看電視。但正因為這個糟糕的教授嘲笑電視節目，我當下想的卻是：「我最好開始看電視！」

就這樣我開始看電視。不過我一週只看幾小時。但是正因為我花了一點時間看電視，接下來的二十年，我意識到影片和視覺圖像在訊息傳播上的力量非常大。身為一位作者，我可以寫一本書《大腦喜歡這樣學》，教大家如何學習數學等等科目。但我開始看電視並且與其他看電視或看其他影片的人聊過之後，我發現了一件很重要的事：最需要學習書籍中的內容的人，根本不會拿起我寫的這類書（或任何一類書）來讀。這些人看的是影片。

這沒有不對。記得上一章提到了看電視和影片不一定是被動學習嗎？影片不僅可以是主動學習的基礎（看影片講解怎樣通馬桶！），也可以引導你進入從古希臘神話乃至弦理論等各種主題，讓你更有動機想要深入探索。拍得好的影片很好看——哪怕影片內容是微積分這種困難的科目。若是可以與各種主動學習資源結合，影片就可以大幅提升學習成效。線上課程未必能讓學習過程變得簡單，但是一定可以藉著學習資源提升學習動力，並且讓學到的內

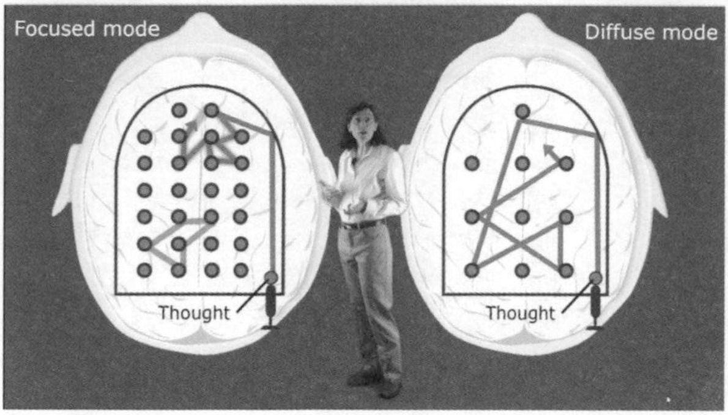

上圖是我站在地下室，未經處理的影像。照片上方有一塊黑色的東西，那是提詞機的遮罩。左右兩側有兩個黑色的「雨傘罩」，那是兩支棚燈。（沒錯，照片邊緣是壁爐和窗簾。）下圖是最後的合成影像，影像中，我站在專注模式和發散模式的兩張圖中間。拍攝的時候，我像個氣象播報員一樣，站在綠色螢幕前面，想像著到時我在畫面上的PowerPoint動畫前方走路看起來是什麼樣子。（「學會如何學習」課上有很多動畫背景是用簡易的PowerPoint加上錄製電腦螢幕畫面的軟體製作而成）。

容留在腦海裡。

前一章裡也提到，我們要去一個特別的地方。這裡就是了：我家的地下室的客廳——一個天花板很低的攝影棚，「學會如何學習」的課程內容就是在這裡完成的。前頁有攝影棚的照片。你花點時間看一下我們在地下室裡做什麼，絕對值得。將來等你要去找高水準的線上課程或面對面教學課程時，你就會知道該留意哪些關鍵。此外，也希望你可以對學習的未來有所認識。

你可能不會想知道的製作過程

在我和索諾斯基決定要開一堂叫做「學會如何學習」的線上課程時，我們就知道這不是簡單的差事。別的製作人有鉅額補助金，而我們沒有，我們背後也沒有大集團撐腰。但我們確實擁有一項資源：索諾斯基是加州大學聖地牙哥分校的教授，他的學校跟線上學習平台Coursera有直接的合作關係。

我研究了製作課程內容的各種可能方法，最後發現只有一個方法可行：去買一台攝影機，自己打造一間小型家庭攝影棚，在家裡完成課程影片。我就買了攝影機。

但這碰到一個大問題：我沒有任何拍片與剪輯的經驗。我只會按下攝影機上的按鈕，而且還得有人告訴我那個對的按鈕在哪裡。我還記得三年前有一次看到某人的專業攝影棚的照片，我心想：「哇！好專業！我絕對不可能弄出這樣的攝影棚！」

為了在地下室打造一個攝影棚，我在谷歌上搜尋「如何自製綠幕攝影棚」和「如何打攝影燈」。我在YouTube上看影片剪輯的教學影片，然後自己動手試。說真的，照著影片自己試做，讓我在自己的線上學習中可以主動學習，就是這樣我才能學會、學好。（如果你有興趣自己做，可以參考書末註腳，理解一下我辛苦換來的見解（註一）。那時要是能有一門關於如何製作MOOC影片的好課，我就不必這麼累了！）

綠幕的拍攝方法是，被攝者要站在一片綠色背景之前——只是一張簡單的綠布也行。在剪輯的時候，電腦可以施展巫術，把綠幕變成你想要的各種背景——就像本章一開始你看到的「大腦彈珠台」。我選擇使用綠幕拍攝法，因為這樣我就可以自由移動影像，還可以加入特效——我很後來才發現，其實綠幕法是進階的拍攝手法。

與我一起講授「學會如何學習」的泰倫斯・索諾斯基，在課上提到運動的重要性，而他也以身作則。我去加州找他那次，問他都在哪裡運動。後來就發現他跟山羊一樣爬在四百英尺（譯註：約一百二十公尺）高的岩壁，還在海邊慢跑好幾英里。

你可能會認為，我是工程師，所以我學拍片會比你學得快。但事實上，在今天想要做出有專業聲光效果的教育短片（甚至是使用複雜的綠幕），對誰都不會太難。當然，一開始製作新事物總是會帶來挫折。但我只要碰壁了，就會去請教附近學校的高中生。

索諾斯基是在聖地牙哥拍好他的教學影片，然後傳給我。我便在課程中加入他的專業看法，也就是在課程裡加入腦神經科學知識。索諾斯基是腦神經科學界的傳奇人物，也懂得應用腦神經科學研究來改善人的生活。

我先生菲利普（Philip Oakley）是我的英雄，也是幕後掌鏡人，在拍攝之餘，還處理提字機和收音的問題。此外他也負責粗剪。而且，他也給我精神上的支持。有時，一個鏡頭錄四次了還錄不好，我就扯掉麥克風，用浮誇的口氣說：「我做不到！」他會靜靜地聽我叫嚷，然後口氣平靜地叫我收拾情緒，繼續上工。

我的女婿幫忙製作了一些很酷的譬喻影像——衝浪殭屍、新陳代謝吸血鬼、注意力章魚等。我的兩個女兒也「自願」幫忙做一些小事，例如倒車到水溝裡，或是戴著過大的耳機看起來很呆。這倒是降低了一些製作成本。

用家人當「演員」也帶來了小小驚喜。我們的大女兒那時在讀醫學院，她有一門課的教授是位知名的專科醫生，有次教授上課上到一半忽然停下來，指著她說：「咦！妳在MOOC上出現過！」我女兒驚訝得下巴都要掉了。

我製作這門MOOC的同時，預選修課的學生人數逐漸增加：一萬人、三萬人、八萬人。很少有線上課程能在招生初期就吸引這麼多人。有點可怕，而且我們根本沒有打廣告。我根本沒有時間打廣告。

影片製作到一半，我聯絡了一門熱門課程的教授。真是大錯特錯。

我問：「你有什麼好建議嗎？」

他回：「去問我的製作人。」

我說：「好的。」但我心裡想的是：「媽呀！這人有製作人！我連拿出一毛錢請員工的錢都沒有。」

於是我和他的製作人見了面。「你要有心理準備，六個月不能睡覺。統整一組二十個人的製作團隊，不是小事，非常恐怖。」

我心想：「二十個人！製作團隊！」

我慌了。我卯起來工作，寫劇本、拍攝、剪輯——一天工作十六個小時。

當時就連學術界也鮮少有人聽過「MOOC」，所以我很難解釋自己的工作。企鵝出版集團旗下Tarcher

當我站在鏡頭前當大明星的時候，我先生總是穩穩地站在提詞機後方。

出版社的資深編輯喬安娜・吳（Joanna Ng），催促我趕快為即將出版的新書寫一篇序，這是傳統出版品使用的方法，這本書就是《大腦喜歡這樣學》，它的內容正是「學會如何學習」課程的基礎。我跟編輯說：「嗯……我最近有點忙——我在地下室製作MOOC。」

對話停頓了好一陣子。她這是禮貌過頭了，但誰遇到了不知道對方在搞什麼的時候不是這種反應呢。

「MOOC是什麼？」她問。

新視角的好處

對我而言，最大的障礙就是要拍大量的影片段落（而這同時也是最大的好處）。沒想到，製作過程中最耗時又最花錢的階段，就是影片剪輯。我還知道了影片製作過程中最關鍵的步驟也是剪輯，因為剪輯會直接影響到能否吸引觀眾的注意。能吸引到注意，正是學習的關鍵。

值得一提的是，在電視節目和電影製作中，整個製作和剪輯的重心就是要打造出引人入勝的聲光效果和故事內容，讓觀眾專注在螢幕上。然而在校園環境裡，製作的重心是放在要做出合乎授課時數規定的影片——這是學生修課評鑑的關鍵。但是很可惜的是，這種「滿足時數需求」的學界做法，影響了今日許多線上課程的製作方式。也許這些課程影片的品質很好，但光是影片品質好並不等於影片很好看，也不一定能讓學生學到東西。

若想知道要做到哪些元素才能製作出成功的教學影片，我們現在就來看一看——讓我帶著你從內行人的角度來認識MOOC的製作。

轉念關鍵

新視角的價值

親力親為，不因循傳統，可以讓你大有斬獲。雖然這可能會帶來重重困難，不過我仍建議你，把自己獨到的見解和新穎的行事風格應用到工作或興趣中。

洞察先機、願意學習

等待時機的同時繼續不斷學習，這就是成功的關鍵，舉一個絕佳的例子：Class-Central.com的創辦人戴沃．沙何（Dhawah Shah）。你可以在Class-Central.com上找到各領域評分最高的MOOC——就像是亞馬遜有自己的一套書籍評分機制一樣。

沙何說：

我在達拉斯當軟體工程師時，有個孤單的感恩節週末，我所有朋友都返鄉探親了，我無事可幹。那時，史丹佛大學宣布推出免費的線上課程，我非常期待，於是就自己做了一個簡單的單頁網站來記錄這些課程。我在社群網站上分享了我的網頁，也就是Class-Central.com。我發文之後才過了幾週，每個月就湧出上萬名來自世界各地的人使用這個網站。

後來，越來越多大專院校開始提供免費的線上課程，我這個Class-Central.com也變得熱門起來。我想要專心開發這個網站，就試著申請著名的矽谷教育科技（EdTech）育成中心Imagine K12計畫。沒想到真的通過了，得到九萬四千美元的投資金。

一切都來得很突然。原本Class-Central.com還只是我為自己設計的有趣網站——隔天它馬上變成了被賦予厚望的矽谷新創公司。但是我唯一會的只是寫程式，我不知道怎樣經營公司。

我必須在短時間內學會許多新技能，包括寫網誌、行銷、財務管理、專案規劃，還有領導能力和時間管理等等。有些技能我可以邊做邊學；有一些技能我則透過線上論壇、網誌、線上課程等等資源來學習。

我萬萬沒想到其實我很能掌握某些新技能。用這些技能，我可以觸及世界各地數百萬名使用者，幫助他們找出適合自己的線上課程。在創業的每一個階段我都需要學習新的技能，讓 Class-Central.com 日益完善。我學習新技能的能力，成為我最重要的技能。

戴沃・沙何是Class Central的創辦人兼負責人。Class Central網站上介紹各門MOOC，幫助學生找到最適合自己的課程。

講師是關鍵

在大學教室中，講課的教授掌握全局。教授當然需要涵蓋該課程的各個主題，但是同時也可以自行決定要用什麼方式授課和其他課堂上的細節——讀筆記、側滾翻、用投影片照本宣科，或是每逢月圓那天就要來個考試。沒有人會質疑教授的做法，尤其是明星學校中的資深教授——而這些等級的人也最常受邀開設線上課程。

這種「教授操生殺大權」的傳統教育方式延續到了線上課程——製作團隊每一個人都順著教授的意見。這是一大隱憂，因為多數的教授都搞不清楚線上教學是在幹嘛。

有些厲害的線上講師，他們設定的終極目標是要用線上課程打造出最棒的學習體驗。舉幾個例子，美國俄亥俄州立大學（Ohio State University）的吉姆．傅勒（Jim Fowler），開設了一門充滿藝術氣息的「微積分入門」（Calculus One），把微積分變得好懂又好玩；美國賓州大學（University of Pennsylvania）的艾爾．菲銳（Al Filreis），則開設了「當代詩詞」（ModPo）這堂課，把看似無比艱澀的當代詩詞教得平易近人。這兩位教授很善用媒體——尤其是菲銳，他喜歡用線上直播和學生互動，也會主動參與留言討論。

但是很多教授不是那樣。例如，第一門教人製作MOOC的大型線上課程就很失敗，這門課的講師在四萬一千名學生面前被當眾批評：「你不能憑空杜撰。」課程的第一週非常混亂，講師給的作業根本不可能完成，作業指示也非常模糊。後來這門課就停掉了。還有一些

MOOC不算糟，但很無趣。這些教授只是站在攝影機前說個沒完，完全沒有利用視覺效果，也不懂得善用影像。

最優秀的線上講師絕對是那個課程領域的專家，但同時也很願意至少學一點新科技來幫助線上學習——擷取電腦動作、動畫、音樂、音效、影片剪輯、攝影，等等。開設線上課程的一大挑戰就在於這件事實在還太新，沒有幾位講師能有足夠的經驗。就在我寫著這一章的當下，市面上還沒有出現製作線上課程教學的實用參考書，更沒有好的線上教學的研習課程。此外，許多教授沒有受過教學訓練，不管是在課堂上或是在線上，這意味著就算是教授們非常認真努力想要打造出成功的線上課程，到了實作時也會碰到重重阻礙。

重點是：要找對老師，才能得到絕佳的學習體驗，這位講師必須對這個新興線上平台懷有宗教般的強烈溝通意願。（所以，線上評比就可以幫助你找到這樣的講師。）

選擇MOOC時，還有一個實用的方法：研究顯示，只要觀看三十秒左右的授課影片，你就可以明白這位教授會不會教、是不是好老師。甚至，只需要短短的六秒鐘，你就可以有效判斷這位講師的良莠，這一部分靠的是稍縱即逝的微妙情緒表現。（我有時會在咖啡館偷偷觀察客人向店員點咖啡，一邊在心裡推敲他們是不是好講師的料。）不過，要注意了：有些教授看起來一板一眼，乍看像是無趣的老古板，一旦開啟了他們被低估的獨特幽默感，嘿嘿你就知道了。

有一群叫做「課程設計師」的人，可以協助教授設計出引人入勝的MOOC架構。線上「教室」不同於實體教室，兩者的節奏不一樣——舉例來說，好的教學影片長度應該介於六至十分鐘之間，有經驗的課程設計師會向講師解釋這些，然後幫助講師調整節奏。然而，經驗不足的課程設計師比較謹守理論，不懂得實際操作；譬如有些課程設計師會堅持，教學影片一定要在一開始就條列出學生在影片中將會學到的主要內容。這種方法在傳統教室兩小時的課程來說很管用，但是對五分鐘的影片來說，只要用影片標題就解釋一切了。事實上，若是在五分鐘的影片開頭就列出重點，學生馬上知道這支影片的內容會非常「具有教育內涵」——相當助眠。

從小測驗的單元，很能看出一個教授有沒有熱忱打造出好的學習經驗。設計測驗是煩瑣又費神的事，有些教授會把這個工作發給助教去做，這就意味著學生接觸到的是「替身演員」，而非大明星本人。雖然有些助教非常優秀。但這樣做很不酷，最後造成的學習經驗也會有落差。

有人跟我說過，製作MOOC最好的方法是「自然表現」，想到什麼就說什麼。這做法對我不管用。我剛開始錄製教學帶的時候，站在攝影機前面怯場到整個人動彈不得，說話也結巴。於是後來我都預先寫好所有台詞，然後用提詞機提詞——正式錄影片時我就不會嗯嗯啊啊了。結果，學生都喜歡我在影片中看似自然、又容易跟上的說話方式。再補充我另一個經驗：第一次在鏡頭前被拍攝的時候非常可怕。不論多努力想要克服恐懼感，只要一想到之後不知道會有幾百幾千人觀賞你的影片就覺得非常緊張。我初期錄製的一些（不好意思告訴你確切數字是多少）影片都進了電腦的資源回收桶。

此外，還有另一個原因：好的講師可以打破傳統，用新鮮又特別有效的方法來呈現教學內容。且讓我根據我製作MOOC的經驗說明這一點。

傳統上，名為「學會如何學習」的MOOC，應該要由教育學院的教授來製作，而不是工程師和腦神經科學家自行摸索。這門課也應該設定是要針對老師來學，因為老師的老師自然會認為只有老師才會真正對學習感興趣。（你可能會認為，針對大眾的學會學習課程一推出之後馬上可以人氣爆表，但你不妨問問自己，為什麼我推出「學會如何學習」的時候，坊間已有了上千門MOOC，卻還沒有一門類似我這堂課的課程。）

假如是用傳統的架構來設計「學會如何學習」，大概會類似這樣：兩週講教育歷史、兩週講教育理論、再兩週讓你認識嬰兒如何學習、最後幾週告訴你情感如何形塑我們的學習，可能再稍微談一下刻意練習等主題，或再用一、兩堂課粗淺地介紹腦神經科學，但不會太深入，畢竟腦神經科學非常深奧。

我們的「學會如何學習」課程之所以成功，是因為這門課回到初衷，用新鮮而可以立即應用的方式，帶大家認識學習這件事。在我們的課上，腦神經科學並不是補充單元，而是全課程裡各種關鍵概念的基礎；談到較深入的科學觀念時，我們會使用譬喻——我們相信選修這門課的學生都有能力藉著我們愛用的譬喻學習法來了解最艱澀的概念。課程中引用的研究文獻也都附有超連結，學生可以自行查找原文，比對我們提出的概念。

如果能用類似的創新學習法重新複習我們在大學學到的知識內容，不知可以喚起多少記憶呢？MOOC讓有創意、不因循傳統的教授有機會重新開始，同時也讓他們有一個平台可以觸及世界各地的學生。

幽默感

關於學習，有個討厭的小祕密說不定你早就知道了：光是想到要學習自己討厭的科目，例如數學，就會刺激大腦中的痛感中心，島葉。而這個痛苦感覺，可以用幽默來平衡，因為幽默可以刺激大腦中的「鴉片酬償系統」（opioid reward systems）——沒錯，幽默的作用有點像吸毒，只不過是健康的版本。幽默會造成腦神經的不協調機制，也就是它會製造意料之外的神經連結，而不同類型的幽默可以刺激大腦的不同區塊。幽默對於腦神經的作用，相當於讓腦中專注學習的區塊稍微放鬆，而讓腦中其他區塊活躍起來去處理笑話。不論情況是否真是如此，許多研究都顯示幽默對學習很有助益。

但很可惜，很多人——特別是大學教授，很難做到展現出幽默感。光是想出一個小小的笑點，就要花很多時間和心力，更別說要他們使用動態影像來呈現了。我和索諾斯基曾經收到一封小五學生寫來的稱讚信，她說她以前都不知道原來老師可以這麼幽默。我看著信，心想：「我們當然幽默了。要知道我們花了幾天時間才想出這些幽默哏的啊！可惡！」

不久之前，學習還主要發生在實體教室的時候，老師往往很懶得「寓教於樂」：搞笑又不是老師的工作！教授往往也低估了幽默的重要性，認為「需要講的東西太多了」，沒有時間講笑話。（可是啊，單純只在課堂上把該講的內容講完，根本無法保證學生真的把內容都吸收起來。）一點小幽默，也許會被視為惹人分心的細節，拖延了教學進度。但是網路世界競爭非常激烈。願意花費時間心力把幽默元素融入教學內容的課程製作人，可以把學習困難領域這件事變成一種享受，更可以吸引大量的學生來修課。

想要選擇最適合自己的課程時，不妨留意教授的評價，找一找大家覺得「有趣」、「幽默」的教授。這種教授往往又用心又有創意，在乎學生要什麼，而很多課程裡可能沒有這些……這麼說吧：如果有兩門課，品質相同，但是其中一堂很無聊、另一堂很有趣，你要選哪一個呢？

轉念關鍵

好教授帶你上天堂

想要知道某位講者是不是好老師，第一印象通常很準。你不妨去找常常出其不意釋放出幽默的教授——從這一點通常可以推想，上他的課應該能快樂學習。

成功的推銷員就像是優秀的老師

推銷員其實也就是老師，「時間」是關鍵重點。如果潛在客戶不能馬上搞懂你葫蘆裡賣什麼藥，不明白這藥對他們有什麼幫助，你就賣不出去，賣不出去你就沒錢吃飯。如果你賣的是複雜的技術性產品或服務，這件事就更是挑戰了。我們當初花了很多時間想出各種比喻，希望用譬喻來介紹我們想要銷售的產品。不妨想像一下，如果老師面對學生時要承受這種時間壓力會是如何。

——房貸資訊指南有限責任公司（MortgageLoan Directory and Information, LLC）前銷售部主管，布萊恩・布魯許爾

剪輯：善用每一秒鐘

我有個朋友以前在紐約一間大型廣告公司製作電視廣告，她看到了我替MOOC剪輯的幾支影片，深表驚訝。我以為是我剪得太糟糕了，但她竟然大為稱讚，她說：「不是以拍片維生的業餘人士，通常會把影片剪得太長。我不知道妳是怎麼做到的，我這樣說是稱讚妳哦——妳的作品跟電視廣告一樣：每一秒都沒有浪費掉。」

至於我是怎麼妥善運用每一秒鐘的呢？我不僅保持劇本精簡，也會注意不讓某件事在畫面上停留太久。就算是我本人看著螢幕上自己的特寫滔滔不絕，也會覺得無聊——所以我有時會先出現在螢幕的一側，十秒後我可能就換到另一側。或者，我先站在遠處，讓觀眾看見我的全身，然後再切換到中景，製造一種快速靠近的錯覺。從人類演化的角度來看，忽然拉近的視角，可能代表眼前出現了能置你於死地的動物或物件，所以身為人類，一旦有東西靠近眼前，我們就會瞬間集中注意力，就算那只是影片中的東西。

影片剪輯讓我感到比較意外的是，有時我為了剪出五分鐘的影片，需要花十個小時。（噢，如果我是專業剪接師，速度一定會加快。）雖然剪輯很耗時，但我發現剪輯是件很有創意的事。我開始用新的角度來看待電視——有時我會發現一些厲害的剪輯手法，讓人對靜止的場景仍可以保持興趣，這種發現真讓人興奮。

厲害的剪接師，似乎對於神經迴路的作用有種精準的直覺，知道如何讓人把注意力集中在影片上。他們可以做到把訊息傳達完整，但不會做得太滿而導致觀眾分心。動作，可以吸引注意力——尤其是出其不意、往前逼近的動作，這一點對於線上學習和一般學習來說都非常重要。這就是為什麼，有些得到優良教學獎的老師，上課時會跳上桌，而有些差勁的教授只是在課堂上播放死氣沉沉的簡報影片。儘管剪輯如此重要，可是呢，在MOOC的製作過程中，剪輯的地位像是個醜陋的同父異母姊妹——事情做完了才會想到還有這個人。

厲害的剪接師會幫你設計影像、聲音，安排影片的節奏。他們會和你一起解決問題，也很知道用哪些小技巧可以在預算之內就做到用生動方式傳遞訊息。厲害的剪接師很清楚各種敘事手法和製作方式，對各種細節也瞭若指掌。同樣一個景，用了不同的拍攝手法和剪輯方式或是聲音表現，其生動程度就會有非常大的差別。看著一個人說話的特寫鏡頭很容易感到疲憊，除非這個人像個諧星一樣幽默生動。但是沒幾個教授能像高明的諧星，所以聰明的講師都會找厲害的剪接師合作。

在影片中加入各種花俏的聲光特效，是需要花時間和花錢的。如果你是MOOC的剪輯師，通常你拿到的工資不允許你花二十個小時剪出一支精采絕倫的十分鐘短片，你頂多用幾個小時剪出一支十分鐘的影片。實際上，多數的MOOC影片也就是一位教授坐在大書櫃前講話，再穿插幾張圖片或板書，這種影片拿給超級強大的剪輯師也玩不出什麼把戲。

電玩界有一些概念和影片剪輯息息相關。我相信，在將來，成功的線上課程一定會包含很多線上遊戲的元素——不只是讓課程「遊戲化」，也運用了設計電玩的技巧來把觀眾吸入畫面中。音樂、音效、動作、幽默、遊戲化的設計，再加上人機介面，這些都在學習歷程中扮演舉足輕重的角色，卻也極容易被忽視，因為我們實在太習慣關在教室裡的學習方法了。

最棒的線上學習課程，是匯集了學界、矽谷、好萊塢三者合作之下的產物。

由於製作影像相關器材的價格日漸低廉，有更多年輕學子都能負擔這些設備了。一個在今日熟悉高科技器材的高中生，明日很可能就會成為教授，設計出超級厲害的線上課程，遠超過我們此刻所能想像。於是，最棒的MOOC便會是結合了學界、矽谷、好萊塢三者合作的產物。

爬進譬喻裡

我們很喜歡使用譬喻，因為譬喻可以直接把兩個相像的事物擺在一起，例如：「人生就像雲霄飛車」或是「時間是個小偷」。我在「學會如何學習」中大量使用譬喻，甚至走進譬喻裡面，例如本章前面提到的「大腦彈珠台」示意圖。可是，很多教授很怕使用譬喻，因為他們認為譬喻會過度簡化課程內容，這真可惜。這些教授沒有想到，事實上，根據「神經再利用」（neural reuse）理論，理解譬喻所使用的神經迴路，跟理解譬喻所指涉之困難概念所使用的神經迴路，兩者是一樣的。使用譬喻，不但不會簡化課程內容，反而可以幫助學生更快掌握困難的新概念。

譬喻在教學中不受重視，還有另外一個原因。製作MOOC的人和學校，是依靠「學習分析」（learning analytics，學生如何與線上課程互動的數據資料）來改善課程規劃。這類的學習分析，可以找出製作線上課程時常犯的錯誤，例如設計不良的測驗問題、容易誤導人的教學內容，以及冗長的影片。但是，學習分析沒有辦法告訴你：「如果你在解釋理論之前先使用譬喻，學生只要花一半的時間就可以理解你要講的概念，也可以學得更開心。」

我預測，未來的MOOC將會結合更多的譬喻視覺元素，因為目前使用這些技巧的MOOC通常都比較成功。對於學生來說，不管正在學的內容是什麼，都不妨試著想出一些譬喻幫助自己理解困難的主題，你會發現，譬喻可以把關鍵概念變得栩栩如生。

你也可以想像自己與正在學習的內容是同樣的尺寸，這種學習方法行之有年，也孕育出很多科學創意。愛因斯坦把自己縮小五百萬倍，想像自己可以超快速移動，追上一道光束的波長。諾貝爾獎得主細胞遺傳學者，芭芭拉．麥克林托克（Barbara McClintock），想像自己縮成四千萬分之一的大小，進入自己正在研究的奈米規模的基因世界，在那世界中，基因就像是芭芭拉的家人。

在影片中，我們可以讓教授騎在光束上；也可以在肺泡中游泳，直接指出人類的肺部在呼吸的時候會出現什麼變化；講師可以乘著質子，溜進半導體裡面。你也可以只是顯示光束、肺泡或質子的影像，不過呢，讓一個人帶著你進入複雜事物的內部，這種做法可以把學習過程變成一種人際互動的體驗。著有愛因斯坦傳記的作家華特．艾薩克森（Walter Isaacson）說過：「能夠把看不見的東西視覺化，這正是創意天才的重要特質。」利用線上影片的力量，我們可以教一般人運用想像力把概念視覺化。視覺化是非常厲害的工具。

正式和非正式的學伴

就我與世界各地上萬名學生互動的親身經驗來說，我覺得大概只有百分之五至十的學生能有較強的自發學習動力，能從頭到尾做完每一個測驗、作業和其他指定功課，達到修業完成所需要的全部條件。這些學生也可以靠自己就學得很好，我很感謝他們。

然而，大約有百分之六十的學生需要藉由跟其他同學討論、讓課程內容變得活潑，才能真正學得好。大部分的線上課程都設計了討論區，所以認識同學並非難事。此外，學習者也使用領英、臉書、推特、Snapchat等社群網站。還有一些學習者個人或圖書館創立了實體的社團，有點類似讀書會。很多夫妻一起上課、很多父母很喜歡和孩子一起上課。也有大學嘗試在新生座談之前讓新生先體驗MOOC是怎麼一回事。有些線上課程試過用Meetup和learnerhub等社交網站讓學生互動，其中比較成功的只有一個叫做Free Code Camp的自由開源軟體（open source）社群。（我在寫這段文的時候，Free Code Camp已有大約一千個獨立的讀書會了。）坊間也有「混成學習」（blended learning）實驗，例如從學生人數上萬的MOOC中找出表現優異的學生，讓他們參與密集的實體訓練營。

附帶一提，教授往往會要求學生研讀教科書。而儘管MOOC對同學的幫助並不亞於書本，但教授還不習慣叫同學回家看一堂線上課程——假如這樣做，教授就只要花一半的時間出現在課堂上，在課堂上做的是一定要面對面才能做的事（這就是所謂的翻轉教室）。一旦教授發現，把教學重擔分攤給頂尖的線上教材可以事半功倍，我相信他們就很難再走回頭路了。

無論如何，能和其他學生建立起連結，是強化學習的好方法。有些人很喜歡這樣認識新朋友，有些人則不喜歡。但就算你的個性特別獨立或特別孤僻，也一定會感到訝異，原來和親朋好友一起修MOOC是非常快樂的事情。

轉念關鍵

找學伴

跟別人一同學習可以加強學習的體驗——因此之故，討論區和社群網站相當重要。親朋好友就可以是很好的學習夥伴，若能跟他們一起修 MOOC，絕對非常好玩！

MOOC 能帶我們去哪裡？

自從過去一個世紀來，人類的整體智力有大幅的進步。這種大規模的智力提升，稱為「弗林效應」（Flynn effect），這是以發現此一效應的紐西蘭社會科學家詹姆士．弗林（James Flynn）而命名。弗林效應並非數據上的巧合，而是真有其事——一九〇〇年代初期，大部分的人類沒有我們今天所擁有的、可以加強認知技巧的學習機會。

弗林用籃球技術的進步為例，探討了這種改變。一九五〇年代開始，電視成為家家必備的電器，小孩子可以在電視上看明星籃球員比賽。孩子觀察職業籃球員怎麼打球，然後把這些技術帶入他們住家附近的比賽中。小孩在跟比自己程度稍好一些的孩子比賽時，自己的能力也會隨之進步；再進步；繼續進步。孩子參加比賽，不斷進步，也幫助其他人進步，這就會進入一個良性的循環。這些孩子日後也會把較精進的籃球技術帶到職業籃球賽中。

就某方面來說，像MOOC這類的課程方式也就像是孩子在電視上看的籃球冠軍賽。從一堂MOOC中看到某位優秀教師的傑出教學表現，可讓世界各地的學生老師都從中提升自己的能力。但不僅如此，MOOC還有更多好處：它可以用剪輯小技巧來吸引我們的注意力，也可以在影片中安排笑點，引觀眾發笑——並且藉此開啟下一個困難的新主題。MOOC可以使用譬喻幫助學習；可以加入精心設計的測驗系統，幫助學生加強需要加強的主題，帶我們突破學習的撞牆期。

MOOC的本質有一點像是約會。當你第一次和心儀的人出去時，通常會展現自己最好的一面。MOOC也讓老師有機會展現自己最好的一面——錄製影片時如果不小心表現糟了，只要把NG的影片段落剪掉，補上重錄的版本就行。反過來說，傳統課程就比較像是婚姻——你會看到講師的所有面向。某天上課時心情不好嗎？那沒辦法，實體課堂是即時呈現，教壞了的課就是教壞了，無法回頭。

傳統教室還缺少另一種東西：在走出了教室或教學大廳之後，很難有後續發展。但線上課程不是這樣，它就像好書——甚至比好書更厲害——可以發展出另外的一片天。在一門MOOC中學到的東西，可以藉著網路的力量加以普及——及於當地人，甚或全世界。

MOOC的發展還在起步期。我們才正要進入一個嶄新又充滿創意的教與學的良性循環，對於社會人士、大學生、各地中小學生都有助益。雖然說在我撰寫本書的此時,「學會如何學習」仍是目前全世界最受歡迎的MOOC,但不管我們在課程中使用了什麼厲害的把戲,總有一天會被其他更優秀的課程超越——那些課程更有意思、更幽默、讓學生學到更多東西,幫助許多為了終生學習而追求「轉念」的人。

如何選擇線上的課程和學習環境

想事先知道某一門線上課程是否適合自己,最便利的方法是去線上評分網站。當你要評估某一門課程是否符合你的學習目標,可以看該堂課是否具備以下列出來的各種條件,以下這些元素都會影響到學習的成效,以及是否能享受學習過程。

◆**使用視覺元素和動畫來呈現譬喻和類比**。根據「神經再利用理論」,使用譬喻和類比可以幫助我們更快了解困難的概念。

◆**有專為課程內容設計的視覺元素，而不只是套用現成的視覺效果**。如果一個講師沒有花時間設計出幫助學生學習的視覺圖像，你就知道這位講師和他所屬的教學機構對這門課不是那麼投入。但又不能光只是把書中複雜的圖片抽出來、插入影片中就夠了。經由影片的學習，跟透過書本的學習是不一樣的。複雜的圖像要一點一點逐步呈現在影片中——這會比把所有元素一口氣塞進來，更為有效。

◆**有許多動畫，剪輯節奏明快**。若是剪輯手法純熟，不是為了展現風格而剪，那麼好的剪輯可以保持注意力神經迴圈的活躍。現在的人越來越習慣YouTube影片的明快剪輯風格，有些甚至連說話中間的換氣都會剪掉，營造出快到不需換氣的感覺。

◆**幽默**。結合了幽默元素的學習內容可以引人發笑，可以刺激腦中帶來成癮愉悅感的多巴胺迴路。當你在攀登知識的大山，幽默也可以作為岩棚，讓你有機會中途休息，調整呼吸。

◆**樂觀友善的講師**。選擇平易近人、言語能鼓勵人、幽默風趣，又懂得深入淺出闡述困難教學內容的教授。你可能覺得教授不都應該要有這些特質嗎？但現實是，教授之所以能成為教授，是因為他們求學、研究一路以來都展現了自己能理解困難概念的聰明——或是另一種能把概念複雜化，使它看起來很困難的能力。但，說實話，有些教授根本只是愛吹噓的自大狂。

◆**幾乎沒有「嗯嗯啊啊」**。很可惜，MOOC 講師常被要求「即興演出」，不要照稿子讀。少數的線上課程教授即興演出仍然可以表現得很好，譬如麻省理工學院的艾瑞克．蘭德（Eric Lander），他的課正是鼎鼎大名的「生物學入門」（Introduction to Biology）。不過，即使是藍德也要看筆記。很多教授一面對鏡頭就會全身僵硬，無法好好講課；還有一些教授則是高估了自己。你可能會想，為什麼這種線上課程的影片不能像 TED 演講一般「隨性」呢？然而，一場二十分鐘的 TED 演講，需要七十個小時的練習。教授根本沒有這種時間來準備課程的影片。

◆**有小老師和助教、輕鬆自在的線上學習環境**。小老師和助教有點像是公園管理員——穿梭於各種論壇之間，確保每個學生都能享有值回票價的學習經驗，緊急時刻還需要「滅火」。充滿活力的小老師和助教也是講師的左右手——他們通常都非常有創意，知道課程在哪些方面需要改善。

◆**有線上討論區和其他可以與同學互動的媒介**。許多學生能藉由與其他人交流而獲益。令人意外的是，很多內向的學生其實很喜歡藉由線上討論區和同學互動——如果你太內向，不好意思在現實生活中與人交際，就可以使用線上討論區。

◆**遊戲化——在課程中加入得分、競爭、遊戲的元素**。有越來越多成功的 MOOC 會從線上遊戲汲取經驗。遊戲很容易使人沉迷——遊戲的設計通常會讓你在過程中小贏幾次，引誘你繼續往下破關，玩到忘記時間。在正確的時間點安排明快的音樂和音效也可以讓玩遊戲的人有身歷其境的感覺。

◆**設計得宜，容易跟上的課程架構**。稍微瀏覽一下教學大綱及課程網頁，便可以大致得知這門課是否適合你。如果在閱讀課程簡介的時候會對課程內容開始感到好奇，便是個不錯的開始。

◆**小測驗**。要確認自己是否真的理解了課程內容，有個妙方是一有機會就考一考自己。線上小測驗讓自我檢測變得更容易。此外，設計得宜的考題可以加深你對課程核心觀念的記憶。如果一門課的評語中提到小測驗方面的問題，就要多加留意。

◆**期末作業**。很奇怪，上課多年後我們都已經忘光當初的講課內容了，但就是會記得課堂作業或是報告。不僅如此，好的期末作業可以讓你真心愛上課程內容。（我曾經碰過一個人，他在讀研究所的時候做了一份以美國賓州為主題的報告後就愛上賓州，最後便搬到賓州住）。

換你試試看

找一門線上課程來上！

上網找一門你有興趣的 MOOC 吧。（註二）MOOC 的主題包羅萬象，你可能不會想到你自己最愛的類型小說作者或電視劇也開了課——但說不定這些主題的 MOOC 真的存在。

今日規模最大的 MOOC 供應平台是 Coursera，這裡提供各種領域的主題、以不同語言授課的課程。也提供商管碩士和數據科學碩士學程以及「專業課程組」。

＊＊＊＊

中文版編註：

原書在此列出很多的 MOOC 平台，考慮到讀者的需求，將這資料挪往書末，請見本章的註二。

在台灣，目前的線上學習也已開始發展，例如本書作者便與交通大學的教育所合作，開設了一門簡明版的「學會如何學習」（Learning How to Learn），有興趣的讀者可以上網搜尋。

尾聲　如何教馬學會聽話

「露易絲」遇到了一個難題：她養的寵物馬「史貝克」想要置她於死地（註一）。

史貝克踢了露易絲的頭部一腳，露易絲應聲倒地，五分鐘後才恢復意識——幸好在她倒地不起之後，史貝克失去興趣，跑開了。

露易絲和先生住在美國華盛頓州沿海地區。有天他們開車前往東部去探親的路上，她看到加油站的布告欄上有一張傳單，是史貝克那時的飼主貼出來的。經營牧場的主人在廣告上說，史貝克是一隻好奇心很重的可愛小馬，熱愛探索新事物，有時會一腳踩入飲用水池中，有時又把自己困在新的折疊式馬棚裡出不來。廣告單上的敘述把露易絲逗引得非常心動。她覺得，經過多年的兼職祕書工作和全職母親經歷，小馬史貝克就是她要的；她的退休生活要過得非常恬靜。回程，露易絲和先生特地去見了史貝克。

怪的是，史貝克無視於露易絲的存在。當露易絲把史貝克從馬圈中牽出來，史貝克就拖著露易絲，自顧自嚼著路旁的草。然而露易絲愛上史貝克了——當場就把牠買了下來。史貝克是有那麼一點野性，但是露易絲相信，只要稍加訓練，牠很快就能變得跟「靈馬艾德」（Mr. Ed）一樣棒。

可惜事與願違。某天下午，史貝克以後腳站起，抬起前腳——牠往前傾，準備攻擊露易絲——牠張大口，連後排牙齒都可看得清清楚楚。還有一次，史貝克直接把露易絲給踢出馬廄。露易絲整個人摔跌在地，腳跛了好幾週。露易絲的受傷清單上逐漸增加項目——傷到見骨的拇指、瘀青、被重重踩踏的腳趾。

露易絲試圖要駕馭史貝克，但是她才跨上馬，史貝克就拱起身子狂亂跳動，執意要甩掉她。或是有一次，牠等露易絲坐好、放鬆之後，忽然一個側身，甩掉了她，還試圖往她身上滾壓。如果露易絲用韁繩牽住他，史貝克就會等他們走到山坡時，用頭頂露易絲，把她撞下山坡，有時又會自己跑開，跑到鄰居的院子裡狂奔。

露易絲從小就喜歡動物——她著迷於動物如何思考和如何學習。可是眼看事態失控，露易絲開始懷疑史貝克是不是患有精神病。

而露易絲還面臨到另一個問題。如果她告訴別人她這陣子發生的事，史貝克的下場可能就是被做成狗食。

露易絲無計可施。史貝克每況愈下。

發掘隱藏的潛能

據說，現代人在六萬年前遷徙至歐洲和亞洲，在這兩大洲發現了馬。（有晚餐囉！）人類獵殺馬匹作為食物已有好幾萬年的歷史。而到了大約六千年前，終於有人發現馬的潛力。馬有奶可以擠；馬可以負重、牽引；馬甚至可以——天啊！馬可以用來騎乘！豢養馬在人類文明史上功不可沒。本書前面有一章提到馬對科曼契人開疆闢土的貢獻。

思考一下這段話：人類花了超過五萬年的時間才發現馬的驚人潛力，然而在這五萬年裡，馬兒一直近在眼前。

如何突破學習的障礙並發掘自己的潛能，這說法可以涵蓋的面向很廣，我們也在書裡讀到，世界各地、各行各業都有人轉念成功，人生為之翻轉。但是當我們開始挖掘轉念背後的科學，發現這些人有一個共同之處：他們做到的、改變的，他們所學到的事物，都比自己原先想像的程度多非常多。我們的潛力就在自己眼前，我們卻看不見。

我撰寫這本書的契機，是因為我自己就是個尋找事業第二春的中年人。（就和荷蘭電玩高手潭雅·德貝一樣。）我在早就應該事業穩定、人生方向確定的時候，幸運地遇見了一個可以改變自己的機會。這個機會帶著我，從一個以語言和人文學科為專長的人，轉換跑道成為工程學教授。

我在製作「學會如何學習」課程影片的時日裡，看見那些不斷學習的人所能達到的改變，重新獲得啟發。我看到一個又一個不拘年齡、處於人生不同階段的人，都有能力學習、有能力改變——而且不僅是從人文學科轉到工程學科，事實上是可以轉到任何一個領域。這種翻轉，不只是追隨熱情而去，更是擴展你的熱情——在生活中或是職業裡，你都可以重新思索自己的新方向，然後藉由學習，把夢想化為行動，擴展自己的視野。

我在寫這本書的時候聽到了上千則啟發人心的故事。也就是說，我在書中特別提出的個人案例，只是各種可能性的冰山一角。我還可以在書裡收錄十倍數量的真實故事，而這些故事都還是帶有相同的特質——用學習來重新塑造工作和生活。

學習的兩個面向

學習有兩個相互重疊的面向，我們在書中都探討到了。第一個面向是要先知道一件事：**不管任何年紀、抱持什麼樣的目標，人人都可以翻轉——也就是利用學習來造就生活的大改變。包括閱讀書籍在內的學習方式，可以激發出一連串的改變**——就像克勞蒂亞．麥道絲戰勝憂鬱，新加坡的邱緣安重新框架態度而達到事業生活兩得意。大量修習線上課程的人也展現出學習力量之強大。隨著年齡增長，學習可以幫助我們保持頭腦清晰。我遇到的一些熱愛學習的退休人士，總讓我聯想到表現超齡而絕頂聰明的青少年，與他們相處就是好玩。

第二個面向，則與職業有關。從職業的選擇、在職的進修，到轉換跑道，這三者都需要有一顆求知若渴的心，也需要有一種冷靜審視學習方向和目標的能力。此外，能退一步綜觀全局的能力也非常重要，就像那位從物理主修換到腦神經科學的學者，泰倫斯・索諾斯基，當他意識到自己專精的物理領域裡面有很多限制，於是就轉換到腦神經科學，在這個新領域裡帶來更多貢獻。另一面，行銷大師阿里・奈克維卻轉換到搜尋引擎優化的領域，在這個領域裡，他原本有限的電腦技能成為問題，於是他奮發圖強，用線上課程來填補專業技能的不足，逐漸增強能力，獲得升遷，最後升到管理階層。

這裡有個關鍵需要特別留意，索諾斯基和奈克維都在換到新領域之後發現到，他們先前具備的背景和經驗乍看之下與新領域並不相干，後來卻證明對於新的職業大有價值。索諾斯基的物理學訓練，讓他在學習與腦神經科學有關的數學模型時具有優勢。奈克維的高爾夫球背景，讓他在心理上有所自覺，懂得避免讓過去的失誤影響到未來的行為，也讓他在體育相關的行銷工作駕輕就熟。

事實上，這本書從頭到尾都有一個共通的主題：**一開始看似完全無用的背景和曾經接受的訓練，在新工作中通常都非常實用。**譬如，阿寧・侯德在電機工程師的訓練中養成的理性思考能力，幫助他轉換到木工的跑道。潭雅・德貝在電動遊戲上的長才看似無足輕重，卻為她帶來管理線上社群的新工作。強納森・克洛學習羅曼語系語言的背景，幫助他學會電腦科學。從樂手變成醫學院學生的葛漢・基爾，靠著音樂專長得以更有效地診斷病人。

葛漢・基爾從音樂領域轉換到醫學這種「硬科學」（譯註：一般人把自然科學視為硬科學，把社會科學視為軟科學），看似不可能做到，然而他的例子說明了我們可以從自己認定的「我就是要做這個了」的熱情拓展到其他領域，甚至可以做到我們以前討厭的行業。日漸豐富而普及的線上學習工具，使得翻轉職涯變得比以前更容易。這位葛漢，就是先在iPhone上讀微積分先修的電子書，然後在搭公車去表演或上學的途中先瀏覽相關概念。

線上學習的世界，很貼近人類大腦學習的方式。譬如說，線上課程可以把教學濃縮成容易記憶的小單位，用方便記憶的影片來吸引注意力。每一支教學影片都可以是那位教授的最佳表現。力量強大的線上學習工具可以讓學生反覆練習，直到每一個概念都進入記憶組塊、成為自然反應。若能再與傳統教科書結合，甚至加上教室中的「真人」指導，進行相關活動，可以創造出學習界的最強組合。

此外，隨著MOOC發展越趨成熟，與之有關的線上社群也會持續進步。計畫周延、富有創意、容易取得的線上教學資源，不僅能夠改善學生的生活，也需要老師本身努力求進步。這些新的教學資源也掀起教育科技界的數位學習革命，為教育和學習產業重新注入活力。

> 不論是什麼職位……我們在找的人，需要具備的首要條件是一種一般的認知能力，而不是看智商高低。這是指學習能力、邊做邊學的能力；是把零碎資訊整合起來的能力。
>
> ——谷歌 資深人資副總裁 拉茲落．博克（Laszlo Bock）

轉念的挑戰之一在於，根本沒有人在一開始就教我們如何學習。也就是說，我們年輕時追求的目標常是當時我們自認拿手的項目，然後感覺這就是自己的興趣所在——是自己的天職。因此，當我們要學自己沒有「天分」的科目時，成績就會一落千丈，於是進一步強化了「這是天生條件」的想法。我們很容易忘記有些事物要花較長的時間才能變得拿手——而一旦我們掌握了它，這些事物也就可以變成我們的新興趣。不僅如此：從事數學教育的普林賽斯．艾拉堤也讓我們看見，由於人生的厄運暫時奪去我們從事興趣的機會，但我們可以運用這段時間拓展興趣，還可以學習成長。

幾百年來，傳統學習場所幾乎只局限於實體的校舍中，也只專為年輕人設計，於是我們的社會就掉入了一種「年輕人才學習」的情結。現在有了線上的學習系統和資源，大家開始意識到，不論幾歲的人都應該學習。像新加坡這樣的創新國家非常注重把學習當成生活方式，重視所有形式的學習的價值。

了解大腦的運作方式，幫助我們善用學習的各種面向。我盡可能在本書中收錄最新的見解，探討成人如何繼續學習，與時俱進——學習型的生活方式如何幫助我們預防老化可能造成的心智遲緩和衰退。其中的關鍵之一在於數位媒體。例如，達芙妮．巴佛利爾和亞當．加扎利兩位學者告訴我們，電動遊戲是一種很棒的新學習方式，有助於維持並加強認知能力。然而，需要動用大腦專注模式的冥想方式，可以增強和專心有關的神經網絡，而覺察冥想則可以增進與神經預設的發散模式相關的發散、想像過程。

換你試試看

轉念的關鍵

以「轉念的關鍵」為標題，列出你讀了本書之後認為最關鍵的概念（這可以幫助你把這些概念變成記憶組塊，牢記在心）。你覺得，別人認為的關鍵概念跟你的會一樣嗎？如果不一樣，為什麼呢？

掌控全局

其他哺乳類動物的學習方式，似乎也使用了類似我們人類的學習方式，甚至有證據顯示牠們也有大腦的專注模式和發散模式。只不過，動物不會說話，所以學習起來比較困難。試想有隻狗在你身旁跳來跳去，猜測著你要牠做什麼——你要我打滾嗎？不是哦……那要我坐好嗎？可惡……又猜錯。拜託告訴我你要我做什麼？我會照做的！

看樣子，小馬史貝克的問題之一就是無法與外界溝通。

史貝克是一匹黑亮的駿馬，臀部有白色斑點——所以才被命名為史貝克（譯註：英文裡斑點是specles，縮寫成specs，就是史貝克）。史貝克的出生過程很不順利，牠出生之後的第一個月體弱多病，但牠很可愛，很快就受人寵愛。牧場主人的女兒愛德溫娜（Edwina）想要留下史貝克，便開始用牧場老僱工的把戲來訓練。一開始，愛德溫娜訓練史貝克趴下。不過她的教學方式有很大的問題，她會不斷踢史貝克的左腳，還硬扭牠的頭，讓史貝克失去重心而跌倒。

對於這種訓練方式，露易絲說：「有些人覺得教馬兒學會一些小把戲很好玩，但是一定要用對方法，因為你怎麼教，牠就怎麼吸收。」換句話說，看似很小的把戲也可能變成是馬兒與人類互動方式的基礎。

史貝克也的確吸收了這個把戲：「趴下」成了史貝克的習慣。牠只要感受到壓力，就會立刻趴下——因為人類顯然希望牠趴下。於是史貝克學到了只要牠趴下，不論是出於怎樣的刺激使牠趴下，都可以把造成牠不愉快的事情停下來。更好的是，牠可以藉此控制身邊的人類。如果有人騎在史貝克身上，但是牠不喜歡，牠只要停下來、把人甩下身、打個滾，這樣便可以不必被人騎，立刻見效。

此外，史貝克從愛德溫娜身上還學到別的。愛德溫娜會使用工具來誘導史貝克做出她期望看到的行為，但這些工具會弄痛馬兒。若想要史貝克退後，愛德溫娜會用金屬蹄鉤猛力拍打牠胸口，史貝克就會退後，但是牠明顯心裡想的是：「我現在退後是因為妳很煩，要是沒有這個臭蹄鉤拍打我，我才不會就範！」

馬兒在生氣時，或是與不信任的人交手時，會亂踢、亂咬、用力踱步。這些行為，史貝克都有。愛德溫娜還有其他馬，個頭都比史貝克大，也比較乖，所以愛德溫娜最後就跑去騎其他馬，放著史貝克不管。史貝克的體型不足以從事一般的農場工作，就被愛德溫娜的父親送去殘障兒童專屬的馬術營。殘障兒童需要性格溫和又特別有耐性的馬，但史貝克不是這種馬——就又被送回牧場了。

馬可以學習，但是學習可以學到好行為，也可以學到壞行為。愛德溫娜的方法並不是刻意要傷害史貝克——她只是照著牧場僱工的建議行事罷了。但是史貝克小時候遭受這樣的對待，造成牠憎恨的性格，不只憎惡學習，也憎惡人類。史貝克搞不清楚人類到底要教牠什麼。

若是史貝克能說話，牠可能就會說：「你們這樣對待我太不合理了！」從史貝克的角度來看，牠討厭學習——其實牠更討厭的是人類。

這種討厭學習的情緒、這種你戳一下我走一步的心態，並不專屬於馬兒——人類也會這樣。中學輟學生札克．賽瑞斯早年就看著他許多朋友因為討厭學習而養成問題行為。當然，賽瑞斯的朋友不是被鎖在馬廄中或綁在木樁上，他們的選項比史貝克多。所以他們就在教室裡胡搞，無視於討厭的老師，只盡最低限度的努力，不要被當就好（這就像史貝克——我現在會聽妳的，但若非必要我是不會理妳的！）賽瑞斯的朋友很快也開始吸毒，有人則為了得到自己想要的東西而訴諸暴力手段。這跟史貝克走向毀滅的道路一樣。

突破

話說五十年前，露易絲小時候住在華盛頓州福克斯（Forks）時，養了一匹可愛溫柔的馬，常常騎著牠四處閒晃。五十年前的養馬經驗，也造成現在的問題——露易絲自以為很懂馬。事實上，面對史貝克這種難以駕馭的家畜，露易絲儘管六十二歲了卻仍是新手，無法善加處理。她試過各種方法，全部無效。當史貝克出現各種叛逆行為——推人、亂踢、亂咬，這時旁邊若是有個經驗老到的馬術師在場，抽幾下鞭子就可以讓牠就範。但對露易絲來說，史貝克的攻擊性只是可怕又令人困擾罷了，抽鞭子讓馬兒聽話完全不是她的作風。

露易絲無計可施，放下馴馬相關書籍，決定上網找馴馬專家求救。（換句話說，就像我們在書中看到的幾個例子，露易絲去找了位師父）。露易絲說：「訓練師會指派作業，要我跟史貝克照著練習，拍下影片。這位訓練師可真嚴格——我一犯錯她就會吼叫，不過這是因為她擔心我的安全。我跟著她練習了兩年。我沒跟幾個人說起這件事，因為沒有人會相信我竟然會請一位遠在東岸的人來幫忙解決問題——但是我們做到了！真是多虧了她——也多虧了線上學習資源。」

一開始，路易絲很訝異，史貝克竟然不懂得給人空間。舉例來說，當露易絲走進馬圈裡，想要與史貝克相處，史貝克會湊上前來，推開她的椅子、用鼻子把她的眼鏡頂歪、用牙齒咬走她的書，甚至還會把椅子撞翻，露易絲還得往旁邊跳開。從來沒有人訓練史貝克要有耐性，所以他會推開露易絲來得到自己想要的東西——通常是食物。史貝克也發現，靠著咬人、站起來、拒絕前進或乾脆趴下，就可以要到牠要的東西。然而這麼一來，露易絲待在史貝克身旁就變得非常不安全。

露易絲實在不知道到底該從哪裡開始解決問題。最後事情終於有了突破：馴馬師教露易絲使用「連結目標訓練法」（bridge and target）來和馬兒溝通。這種方法很簡單，但是要注意一些小訣竅。簡單來說，「連結目標訓練法」是要訓練者做到讓動物認識你想要牠靠近的目標物。（史貝克的目標物，是一枚兩英尺大的塑膠圓盤，上面標記了X字樣。）做法是：當動物接近目標物的時候，發出咯咯聲——動物越是接近目標物，發聲的速度就越快。這個建立連結的過程，有點像是小孩子在玩「冷和熱」遊戲（譯註：把一個物品藏起來，讓團體中的其中一個人去尋找，尋找的人越來越靠近物品時，其他人就要說：「變熱了」，遠離了物品時，其他人就要說：「變冷了」），發出咯咯聲的速度逐漸加快，這意思就是在說：「變熱了、更熱了！就是它。」

就像那位蘇利文老師（Ann Sullivan）發現，在手心寫字可以引導盲啞又桀驁不馴的海倫．凱勒（Helen Keller），「連結目標訓練法」也幫助了史貝克。藉此，史貝克發現如果牠自發性地想要靠近目標物（主動學習！），人類不但會給提示，讓牠知道自己是做對或做錯，碰到目標物後還可以得到藍莓點心。一切由牠自己決定！沒有人會用金屬鉤拍打牠或把牠絆倒。

馴馬師要露易絲觀察史貝克——要認真觀察，這樣才能讀懂史貝克的態度和舉止。露易絲經由觀察，發現史貝克雖然會聽話，但有時會露出不悅的眼神，耳朵也往後貼，顯出生氣的樣子，身體非常緊繃，好似在說：「我會照做，但去你的！」

露易絲還發現一個關鍵：要去觀察動物行為背後的意涵，而不只是看牠們是否能完成指令。這就類似媽媽叫小孩收拾房間，叫了一百次，孩子才不甘不願說一句「好啦！」，然後踩著重步，嘴裡念念有詞，抱怨媽媽。

嗯，用惡劣態度去做事，等於沒有把工作做完。露易斯也說：「態度決定一切。一定要非常注意你自己的做法會助長怎樣的態度。」

> **轉念關鍵**
> 態度決定一切。

想讀出馬兒的態度，首先是要觀察牠。露易絲的建議：「馬兒在開心、放鬆的時候，你可以感覺得到。馬兒感到緊繃、不對勁的時候，狀態是不一樣的。」

這個部分很難從書裡學到，露易絲說：「這必須靠學習時的直覺，需要經驗，也需要老練的師父提點。」

露易絲還學到另一項寶貴的經驗，就是要錄下練習影片，以便事後檢討。露易絲說：「我本來以為自己是個很強的訓練師。」但等到她的師父看過影片之後，才真正知道究竟出了什麼問題。

露易絲開始按照馴馬師的指導來訓練史貝克。頭幾週的練習中，她沒有進入馬圈。史貝克的第一堂課，要學的是不把頭伸到馬圈外，同時保持開心的態度：耳朵往前（馬耳往前豎通常是好現象），身體放鬆。如果牠照著做到了，史貝克便能得到獎賞。史貝克不乖的時候，露易絲就處罰牠；但她的處罰方式就只是離開。露易絲一旦離開，史貝克就錯失了贏得獎賞的機會。史貝克需要為自己的不良行為付出代價，這可以提升露易絲在史貝克眼中的地位，因為如果史貝克不遵守遊戲規矩，導致露易絲離開，遊戲就結束了。特別的是，這種訓練方法其實讓史貝克也有控制權。

接下來，露易絲開始進入馬圈裡訓練史貝克。露易絲學會了觀察，並鼓勵史貝克吐氣；馬兒和人類一樣，吐氣代表身心的放鬆。露易絲說：「如果我跟牠之中有一方感到焦慮，我就會刻意很平靜地吐一口大氣，而且發出聲音，史貝克通常也會跟進。」露易絲說，光是這種呼吸法，就可以改變人馬兩方的情緒氣場。

露易絲和史貝克發展出共通的語言後，史貝克繼續學到更多了。史貝克學會了踢足球、你丟我撿、用畫筆畫畫。玩「不要進馬廄」遊戲時，飛快跑到露易絲前頭，牠還會像鋼琴家那樣用鼻子快速滑過鋼琴琴鍵。露易絲從廚房的窗戶往外看著史貝克自己練習各種技能，有時牠會自創新招，表演給露易絲看。

史貝克現在非常喜歡讓露易絲修剪馬蹄，他會自己伸出腳，像是在理容院給人修指甲一樣，還會給露易絲愛的親吻。露易絲現在不需要馬鞍或韁繩就可以騎上史貝克——她只要用聲音下指令，史貝克就知道他們應該要一起往哪個方向前進。

最後，「連結目標」成為露易絲和史貝克的共同語言，讓雙方能順利溝通。而這種溝通方式可以替史貝克留面子——沒錯，馬也有自尊心——同時讓牠享受成功的滋味。這下史貝克有能力用正面的方法掌控環境，並且因此得到獎賞。

露易絲回顧他們人馬雙方的進步，說：「如果能夠與某一種動物建立起尊重和信賴的關係，又能找到有效的溝通方式，動物也會有所回應。而你也會開始發現各種層面的隱藏潛力。」

露易絲自己也經歷了心態上的轉換。露易絲有兩個姊妹都在當老師，因此她也很自然就把史貝克的轉變和人類的經歷拿來做比較——公立學校的老師很難得到學生的尊重和信賴，而且對於無理、不尊重或危險的行為沒有足夠的懲罰機制。

露易絲說：「史貝克對於自己不明白的事情，或是牠認為不合理的事情會有所反抗。大多數的馬只會默默接受，避免衝突。如果史貝克真的是比較特別的馬，那麼牠和其他的馬有一點是不同的，你越是給牠壓力，牠就越想反抗。就算到了現在，史貝克偶爾還是會用亂咬之類的舊習慣來測試你的極限。但是牠現在可以平靜地接受矯正了，有點像小孩測試父母極限但是被識破。」

看著史貝克和露易絲今日的相處模式，真的覺得很不可思議：他們兩方非常尊重彼此，也很愛彼此。史貝克不只是對露易絲提供的點心和關注有興趣而已，牠熱愛學習。

露易絲最近在訓練中結合了記憶組塊的概念——她發現，通常在練習三次之後，史貝克就可以弄懂新任務或新技能是怎麼回事，不論是叼起畫筆作畫，跳到小檯子上，或是去關門。露易絲非常訝異，史貝克可以藉著刻意練習來加強技巧——把球踢進網子裡、叼起橡膠指揮棒後丟到呼拉圈另一側、或是繞著很小的圈圈慢跑（這對馬兒來說很不容易）。露易絲覺得史貝克是真心想要學好各種技能。露易絲覺得特別有意思的是，史貝克在學習上很像人類：剛開始學新事物時會出現困難，但每練習一次，牠的表現都比上一次更好。

另外露易絲也很意外，原來史貝克不單只是學生——還是個很有創意的創造者，喜歡想些新點子。露易絲發現：「當你培養出像史貝克這般精明的學生之後，他就會開始為了自我成就而展現創意，而不是要來討好你。史貝克有一項創意的展現，就是他學會藉由控制我來達到牠的目的。這跟去做到我夢想著要讓他學會的各種任務是不同的。」舉例來說，當史貝克準備好要見人時，牠會站在馬圈中最高的檯子上，然後用某種特定音調喊叫一聲，好像在說：「快出來，順便帶點牧草來吧。」換句話說，史貝克是在把露易絲訓練成可以隨傳隨到。露易絲也會仔細聆聽史貝克的需求，並給予回應——史貝克有時會對某些練習課程提出建議，甚至提出自己改良過的版本。有趣的是，史貝克就是個好老師，也有可愛的一面——牠很喜歡逗露易絲發笑。露易絲的好心情似乎可以給史貝克帶來滿足感和成就感，讓牠有動力成為好老師和好學生。而史貝克的好心情反過來也會感染到露易絲。

露易絲回顧著這段路——從每晚掉眼淚，到後來認為史貝克是上天賜予她的禮物。露易絲說：「我相信，當史貝克開始認識自己的世界、並且發現牠可以用正面的方法主動控制環境時，牠的態度就開始改變了。」露易絲很期待自己和史貝克的未來進展，「還有更多東西等著他們一同學習」。

史貝克一點也不是「有精神病的馬」，牠是馬界的天才。想要爬入車內跟大家在一起，半夜自己進出馬圈再潛入屋子內，史貝克隨時準備探索新世界——並且表演自己學到的技巧給大家看。

打開希望的大門

如果你能讀完這本書，你肯定是個求知若渴的人。希望本書的內容可以幫助你，讓你的人生不受限，更能拓展各種興趣。要記得，人類花了五萬年才發近在眼前的馬兒的真實價值。今天在你眼前有多少優勢呢？一旦發現了這些優勢，你的生活就可以有大幅度的改變。學習有時是會帶來壓力沒錯，但是學習也可以幫助我們找出自己內心最深處的需要，讓自己活得更豐富、更有活力。

然而，許多人和史貝克一樣抗拒學習，或是很快就放棄，打算停在生命的現階段就好。你可能會想問，這些人有辦法翻轉態度嗎？

如果在本書最後要我給出建議，我會這麼說：有時候，我們就是需要一個特別的人，一位師父，來替我們把大門的鎖解開，就像露易絲變成史貝克的伯樂一樣。我希望這本書可以鼓勵你去接觸別人——那些被拒於門外的人。希望你可以用自己的發現來啟發你周圍的人，讓他們也能了解學習是一件美好而快樂的事情。

換你試試看

成為轉念大師

現在，可以來複習你閱讀本書時寫下的筆記和想法了。至此我們涵蓋了很多主題，但是你的筆記應該可以分成這些項目：拓展興趣、創造夢想、成功的訣竅，一定也會有很多其他的類別。當你讀筆記、整理想法時，你發現了什麼關於你自己、關於你的目標、你的夢想的共通點嗎？以「掌握我自己的態度翻轉」為標題，寫下你個人的突破和領悟。讀了本書後，你對自己也有了些新發現，那麼你現在有什麼實際的計畫嗎？

最後一個問題。回顧上述種種之後，你一定能找出一條正面積極的道路來面對未來。那麼你是否也能幫助別人踏上這條正面積極的道路呢？

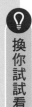

- 德國：openHPI、Lecturio、Moocit、Mooin、OpenCourseWorld。
- 希臘：Opencourses.gr。
- 印度：SWAYAM、NPTEL。
- 義大利：EduOpen、Oilproject。
- 日本：JMOOC。
- 俄羅斯：Stepik、Intuit、Lektorium、Universarium、Openedu.ru、Lingualeo.com。
- 西語和葡語世界：Miríada X、Openkardex、Platzi。
- 斯里蘭卡：Edulanka。
- 台灣（繁體中文）：eWant。
- 烏克蘭：Prometheus。

■其他

- Duolingo：免費語言學習APP，包含多國語言。
- Crashcourse：幽默詼諧的教育影片，從人文與科學領域開始，現已囊括廣泛的主題（YouTube頻道）。
- VSauce：超級好笑又白爛的教育影片（YouTube頻道）

尾聲

1.「露易絲」和「史貝克」兩個名字，是當事人與作者協議之後使用的化名，本章其他許多與他們真實身分相關的細節也經過修改。史貝克在遇見露易絲之前的早年生活為虛構故事，而內容來源是我融合了我認識的人的敘述和曾經養過牛、馬的退休軍人女兒的養馬經驗。對此，幾十年前我跟幾個朋友設計了一款暢銷多年的教育性桌遊《牧養馬兒》（Herd Your Horses）。這可能跟家族遺傳有點關係，我外公以前就經營牧場，也是墨西哥羅斯威爾（Roswell）附近一帶的「馬教官」。我曾經拜訪露易絲本人，也在她的馬場中與小馬史貝克相處過，我可以親自見證史貝克是一匹厲害的馬，書章節中提到的各種技能他都能做到。

- Udacity：為科技領域專業人才設計的課程，提供「微學歷學程」（Nanodegree programs），還有與喬治亞理工學院合作的電腦工程碩士學程。
- Lynda.com/Linkedin Learning：提供軟體、創意、商務技巧的上千門課程。
- Codeacademy：提供免費熱門電腦語言的編程課程。
- Shaw Academy：愛爾蘭的線上學習平台。提供專業領域的課程，以直播方式進行一學生可在線上和講師、同學互動。
- Pluralsight：提供網站內容設計、IT、創意訓練。課程數量龐大。（權利金制度造就了史上第一位經由線上教學成為巨富的老師）。
- Udemy：素人專家提供的課程，涵蓋主題多元，包括技術性課程和職場技能。在企業訓練中非常熱門。
- Stone River Academy：網頁、App和遊戲設計。
- Skillshare：素人專家提供的創新藝術、設計、企業、生活風格和科技課程。
- Eliademy：芬蘭的線上教學平台。簡單好用，適合所有人。基礎教育的老師可以用這平台平台來打造、分享、教授線上課程。
- Treehouse：網頁設計、編寫程式、商務相關課程。
- General Assembly：設計、行銷、科技和數據相關課程。
- Tuts+：自己動手做的教學影片。

■ 也有教授語言和語言相關文化的線上學習平台（有些地區或語言有重複）：

- 阿拉伯語世界：Rwaq、Edraak。
- 奧地利：iMooX。
- 巴西：Veduca。
- 中國（簡體中文）：XuetangX、CNMOOM、Zhihuishu。
- 歐洲：EMMA（European Multiple MOOC Aggregator，歐洲MOOC統整平台）、Frederia.EU。
- 法國：The France Universite Numerique（法國數位大學）、OpenClassRooms、Coorpacademy。

目的教職員。關於幽默阻礙學習，最常被引用的文獻是Harp and Mayer, 1998；有趣的是，這種學習阻礙常見於文字教材中，而非「情境教學」中；不過，衝突的是，這項研究的作者之一Richard Mayer本人就是難能可貴的幽默講者。

2. 以下列出的資料多數是美國大專院校創設的MOOC的平台，非美國大專院校的MOOC則會特別標示。此處的「MOOC」取廣義的定義，泛指所有學費低廉的或免費的線上課程。

- Coursera：規模最大的MOOC供應平台，提供各種學科領域、以不同語言授課的課程。也提供商管碩士和數據科學碩士學程以及「專業課程組」。
- edX：提供各種主題、以多種語言授課的課程。也有「微碩士」（MicroMasters）課程組。
- FutureLearn：多種領域、以多種語言授課的課程。多數是英國大學的課程，少數是其他國家的課程。提供「領域課程組」（Programs）。
- Khan Academy：提供從歷史到統計等各種不同領域的教學影片。提供多語服務，也運用遊戲化教學。
- Kadenze：藝術和創意科技的課程。
- Open2Study：澳洲的線上課程平台，教授許多知識。
- OpenLearning：澳洲的線上課程平台，教授許多知識。
- Canvas Network：讓教授推廣自己的線上課程給更多使用者。涵蓋許多領域的大量課程。
- Open Education by Blackboard：類似Canvas Network。
- World Science U：運用高超的視覺設計來傳播科學知識的平台。
- Instructables：讓使用者可以上傳自創DIY影片的平台，使用者可以評價別人上傳的影片。

■ 給專業人員、專家導向的學習平台（有些使用訂閱機制）：

- MasterClass：最頂尖的專家傳授他們拿手的領域—凱文·史貝西（Kevin Spacey）教演戲；球后小威廉絲（Serena Williams）教網球；瓶中精靈克莉絲汀（Christina Aguilera）教唱歌；安妮·萊柏維茲（Annie Leibovitz）教攝影。

攝影機，回來後一定要再檢查一次焦距—焦距很容易不小心跑掉。

■ 可能需要使用小蜜蜂麥克風，夾在領子上。把麥克風夾端的電線繞幾圈，一起夾到領子上。這可以防止電線扯得太緊。如果少了這個步驟，收音時就會收到很多雜訊，在後製時很難處理掉。你在第一支影片中可能會看起來像個死人，不過不要擔心，這非常正常，你會慢慢習慣站在攝影機前，到時就不會這樣了。（如果你是第一次被拍攝，但頭幾天卻沒有緊張的感覺，我會很好奇你在「海爾病態人格檢核表」可以得到幾分。）

自己當主角的畫面，最好交由別人剪輯。但你至少要懂基本的剪輯，這樣你會更有創意、找出新的可能性。若你是在攝影機前很容易怯場的人，自己剪輯影片倒是不錯。一開始你可能會用放大鏡嚴格審視自己，好像怎麼修、怎麼剪都沒有救。過一陣子，你會慢慢發現電視新聞中的專業人士也會犯下你盡力避免的那些「錯誤」。親自剪輯自己的影像可以幫助你不過度執著於自己的樣子，因為隨著時間你會慢慢懶得用放大鏡看自己。

人在緊張的時候講話音調可能會變高、變尖，要多加留意。女性講話音調本來就比較高，如果不注意，一不小心就會聽起來像討厭的花栗鼠。不論男女，除非你天生的音質低沉，否則都請練習用比較低沉的音調說話。

不要穿白色內衣。白色內衣會從上衣透出來— 一定要選穿膚色內衣（如果你不穿內衣那就沒差別了）。身上戴著珍珠項鍊是很美沒錯，但是項鍊可能會敲到麥克風，導致收音時收到討厭的碰撞聲，所以要盡量避免。

我會使用提詞機，只要哪一段沒講好，我就會很想回到五分鐘短片的最開頭再來一次，就算是到了片尾才搞砸我也要從頭來過。千萬不要像我一樣，因為你無論如何都要剪接，剪接才能創造出動作感。你只要從沒弄好的那句話、那段話或是那段概念的開頭重錄就可以了。

有些人喜歡讀腳本，有些人則喜歡用提詞機。多數講師在沒有準備的狀態下說話，都會有點鈍。但是，讀稿的問題是寫稿時很容易寫得太八股，讓聽的人昏昏欲睡。此外，教職員很容易出現「要上的內容太多」的心態，尤其是STEM科

3. 有份研究（Gruber, 1981. Horovitz, et al., 2009）提到，預設的神經網絡連結在淺眠狀態時依然在運作：「連結在淺眠時持續運作其實是可預期的，因為反映自身的思緒不可能忽然中斷，而是會在一個人逐漸入睡後慢慢削弱，直到進入深度睡眠便會完全消失。」

4. Patston and Tippett, 2011; Thompson, et al., 2012; Chou, 2010。電玩設計師在設計遊戲時會加入一點背景音樂，玩家在複雜的情境中要計畫接下來的行動時，背景音樂可以幫助他們專心（「預防性控制」，proactive control）；然而同樣的音樂可能也會在遊戲時讓簡單的小反應失靈（「反應性控制」，reactive control）。

第11章

1. 應本人要求，「李伏爾」是化名。

第12章

1. 為了製作「學會如何學習」的課程影片，我先是在四個月裡陸續架設了攝影棚、學習剪輯影片、製作出最初幾支最後都被丟掉的可怕影片。接下來的三個月，我用全部時間寫腳本、拍攝影像、剪輯，一天往往工作十四個小時，另外還要設計練習題和評量標準。

我建議大家：盡可能使用綠幕，因為綠幕方便後製時加入其他動作元素。你可以讓「主角」在畫面的前後方切換，也可以在全身景跟特寫之間切換。這樣可以刺激觀眾不同層次的注意力運作機制。

以下是製作MOOC時可以運用的訣竅和需要避免的事情：

■ 快門速度要快，80很不錯。這可以避免你的指頭之間隱約露出綠幕的綠色。

■ 使用綠幕時，架棚燈請使用四點打光法取代三點打光法。這是為了配合較快的快門速度（如上述），這樣才能避免指間露出微微的綠色。

■ 使用綠幕時，特別要注意焦距。可以使用攝影機的對焦放大功能，對準主角的眼角，因為眼角最容易有皺紋（除非你的主角只有兩歲）。若需要暫時離開

註釋

第4章

1, 德貝玩的遊戲是Tazlure.nl（奇幻類）和一個背景設在十七世紀的英國法庭遊戲。德貝請我不要在書裡附上後者的連結，因為這款遊戲有人數限制。

第10章

1. 關於「反天才論」的討論，見 Ericsson and Pool, 2016, 222–225。這份研究提到，有些案例中，某些人之所以看似對某事沒有天分，常是由於早期有權威人物迫使他們相信自己並無天分。研究發現，完全音癡的人其實少之又少。另一方面，我們也很清楚有些人的神經結構使得他們在學習某些事物上特別困難。另份研究（Finn, et al., 2014）發現：「與〔一般〕讀者相比，有〔閱讀障礙〕的讀者在視覺路徑中，以及在大腦視覺區塊和前額葉注意力區塊間的連結比較發散⋯⋯」侯德的閱讀障礙是否可能和他的音樂障礙有關呢？有一些學者的研究指出，有閱讀障礙的人有時會伴隨「時間缺陷」（timing deficit）的問題，而這種缺陷會影響音樂能力（Overy, 2003）。侯德對於音樂權威人物（接受侯德在音樂方面的缺陷）的反應，跟他對數學權威人物（藉著正面迎戰來加強他的能力）的反應不相同，兩者是有趣的比較。我個人相信，不論神經架構差異的根本為何，只要學習者能找到克服心魔的路，就算你的神經架構致使你學習困難，但不同的架構仍能幫助你用不同的、深入的、更有創意的方式來理解事理。
2. 根據 Einöther and Giesbrecht, 2013; Lieberman, et al., 2002的研究，當我們處在思考模式的時候（希望大家都還花時間處在這個模式），各種波長的腦波會一起作用，但是依據我們的意識狀態，一次只會有某一種腦波是主要狀態。有趣的是，注意力缺陷過動症（ADHD）患者的 α 和 β 波等波長較長的腦波比較活躍，而專注力則與波長較短的 β 腦波有關。

大腦喜歡這樣學改變
（原書名：給大人的人生翻轉學）
Mindshift : break through obstacles to learning and discover your hidden potential

作　　者　芭芭拉・歐克莉（Barbara Oakley, Ph.D.）
翻　　譯　高霈芬
社　　長　陳蕙慧
責任編輯　李嘉琪（初板）、翁淑靜（二版）
封面設計　江宜蔚
內頁排版　Juppet、洪素貞
校　　對　沈如瑩

讀書共和國集團社長　郭重興
發行人兼出版總監　曾大福
出　　版　木馬文化事業股份有限公司
發　　行　遠足文化事業股份有限公司
地　　址　23141 新北市新店區民權路 108-4 號 8 樓
電　　話　02-22181417
傳　　真　02-86671891
Email　service@bookrep.com.tw
郵撥帳號　19588272 木馬文化事業股份有限公司
客服專線　0800221029
法律顧問　華陽國際專利商標事務所　蘇文生律師
印　　刷　呈靖彩藝股份有限公司
初　　版　2017 年 11 月
二版一刷　2022 年 11 月

定　　價　400 元
ISBN　978-626-314-290-9（紙本書）
978-626-314-293-0（PDF）
978-626-314-292-3（EPUB）

國家圖書館出版品預行編目（CIP）資料

大腦喜歡這樣學改變 / 芭芭拉 . 歐克莉 (Barbara Oakley) 著 ; 高霈芬譯 . -- 二版 . -- 新北市 : 木馬文化事業股份有限公司出版 : 遠足文化事業股份有限公司發行 , 2022.11
面 ;　公分
譯自 : Mindshift.
ISBN 978-626-314-290-9(平裝)

1.CST: 自我實現 2.CST: 終身學習

177.2　　111015195